应用型本科会计人才培养系列教材
YINGYONGXING BENKE KUAIJI RENCAI PEIYANG XILIE JIAOCAI

# 初级财务会计（第二版）

CHUJI CAIWU KUAIJI

主　编○朱小云

副主编○唐　浩　伍程程　张小云　杨　春

西南财经大学出版社
Southwestern University of Finance & Economics Press
中国·成都

创百年名校　育华夏英才

応用型本科会计人才培养系列教材

YINGYONGXING BENKE KUAIJI RENCAI PEIYANG XILIE JIAOCAI

# 编委会

## 主任委员

郭银华 教授　　陈美华 教授

## 委　　员（按姓氏笔划排序）

杨洛新 教授　　　张翠凤 教授　　　陈　云 教授

邵文梅 教授　　　俞雪花 教授　　　高艳荣 教授

郭秀珍 教授　　　崔　莉 教授　　　韩明君 教授

创百年名校　育华夏英才

# 总 序

    会计学院是广州华商学院最早成立的院系之一，现开设会计学、财务管理、审计学和税收学四个专业。其中，会计学专业设会计师、注册会计师、管理会计师、金融会计、会计智能化和国际注册会计师（ACCA）六个专业方向；财务管理专业设公司理财和财务分析师（CFA）两个专业方向；审计学专业设审计师和信息技术（IT）审计两个专业方向；税收学专业设注册税务师专业方向。经过多年的探索，会计学院逐步形成以下办学特色：一是以 ACCA 和 CFA 为代表的国际化教学特色，二是以管理会计师（GAMA）卓越班为代表的协同育人特色，三是以线上线下混合教学实验区为代表的建构教学特色，四是将会计与投融资融为一体的多学科融合特色，五是以华商云会计产业学院为代表的产教融合特色。目前，会计学专业为国家一流专业建设点，财务管理专业为省级一流专业建设点，会计学科为广东省会计类特色重点学科。

    在长期的教学实践中，广州华商学院一直秉承优质的教学理念，优选国内同类教材中最受欢迎的教材作为各专业课程的指定教材。教材选定的一般原则是：若有多种同类教材，首选教育部规划教材；若有多种教育部规划教材，首选其中的获奖教材；若没有教育部规划教材，优先选择国内知名高校的教材。这种教材筛选方式保证了会计学科各专业教学的高质量，但也不可避免地带来了一些问题。首先，所选教材难以满足应用型高校会计人才培养的需要。财政部出台的《会计行业中长期人才发展规划（2010—2020 年）》明确指出，适应经济社会发展对高素质应用型会计人才需求，加大应用型高层次会计人才培养力度。华商学院作为一所民办应用型高校，不论是从办学分工，还是从社会需求角度考虑，都必须以培养应用型人才为主要目标，但现有的教育部规划教材或名校教材大多偏重理论教学，鲜有明确为培养应用型人才而打造的教材。其次，各专业教材之间的衔接度不高。现有教材大多是各专业教师根据各学科教学要求选择的高规格知名高校教材，导致所选各学科教材之间的衔接度不高，有的内容重复讲授，有的内容则被遗漏，教学内容缺乏系统安排。最后，所选教材知识陈旧，跟不上相关会计准则与制度的变化。近年来，我国会计准则及税法、审计等相关法规制度均发生了较大变化，如新的《企业会计准则》的持续发布和重新修订、《管理会计基本指引》和《管理会计应用指引》的发布与实施，以及增值税法规和《中华人民共和国企业所得税法》的相继修订，导致现有教材内容跟不上制度的变化，学生无法系统地学习最新专业知识。在这一背景下，及时编写一套实践性和系统性强、体系完整、内容新颖、适用于应用型高校会计人才培养的会计系列教材就显得极为必要。

本系列教材的特点主要表现在以下几方面：第一，实践性强。本系列教材知识体系的构建、教学内容的选择以应用型人才培养为主要目标。第二，系统性强。各教材之间互有分工、各有重点、密切配合，共同构建了一个结构合理、内容完整的知识体系。第三，通用性强。本系列教材力求同时满足会计学、财务管理、审计学和税收学四个专业，多个专业方向同类课程的教学和学习要求，既方便了教师的教学安排，又增加了学生跨专业选课的便利性。第四，新颖性强。本系列教材根据最新发布的会计准则、税收法规，以及相关规章制度编写，以确保学生所学专业知识的新颖性。第五，可读性强。本系列教材力求做到通俗易懂、便于理解和使用，以方便学生自主学习、自主探索。

本系列教材包括会计学、财务管理、审计学和税收学四个专业的专业基础课、专业必修课和专业选修课教材。首批教材包括《初级财务会计》《中级财务会计》《高级财务会计》《成本会计》《管理会计》《财务管理》《审计学》《会计学》。第二批教材包括《财务共享服务》《会计信息系统》《企业行为模拟》《资本市场运作》《高级财务管理》。第三批教材包括《会计职业道德》《金融会计》《税法》《税收筹划》等。

本系列教材由广州华商学院的教授或教学经验丰富的教师担任主编，并由广州华商学院特聘教授或特聘讲席教授负责审稿，从而为所编教材的质量提供了保证。鉴于本系列教材涉及面较广，相关会计准则、制度处于不断的变动之中，加之编者学识有限，难免存在不当之处，真诚希望各位读者批评指正。

2021 年 6 月

# 第二版前言

---

　　随着市场经济体制的逐步完善，我们越来越意识到财务会计在经济发展、财务资源分配以及各类经济实体运作过程中的重要作用。从经济学的角度看，会计是服务于经济管理的信息系统。经济越发达，经济结构、经济运行机制也将越复杂，作为为经济管理服务的会计也就越重要；反过来，会计的发展也会制约或促进经济的发展。会计改革进程的加快，必将促进会计学科教育的改革。因此，会计教学必须及时调整会计学科体系，更新会计教材的内容，以保证会计理论与会计实务能够有机结合，适应我国改革形势的需要。

　　对于财务会计专业的本科生来说，初级财务会计、中级财务会计和高级财务会计三层梯级结构形成了专业主干课程的完整知识体系。如果将这三门课程比喻为构筑整个会计学专业知识体系的"金字塔"，那么这三者必须遵循"循序渐进"的原则，在教材内容的安排上进行科学的分工与协同，避免重复。初级财务会计处在整个"金字塔"的底部，是财务会计专业的基础课或启蒙课，因此该课程应让学生了解会计核算工作的主要内容、核算对象及其流程，尤其是要让学生了解一般会计核算程序，即从原始凭证开始到会计报表结束这一过程。对这一过程的了解十分重要，无论是以后的中级财务会计、高级财务会计，还是管理会计、财务管理、财务报表分析、审计等课程，会计报表数据的形成过程均需要学生了解，因为它对整个财务会计专业课程起着统驭作用，是整个财务会计学的骨架。中级财务会计处在整个"金字塔"的中部，是对初级财务会计中部分内容的进一步深化，是触及财务会计核心问题的开始，重点解决资产负债表、损益表中每一个项目的确认和计量问题以及现金流量表和所有者权益变动表的编制技术问题。将资产、负债、所有者权益、收入、费用、利润的确认标准与计量规则作为中级财务会计的主要内容，是对初级财务会计中记账凭证部分内容的进一步深化。高级财务会计处在整个"金字塔"的顶部，是对中级财务会计内容的进一步补充和完善，对一些尖端问题，如合并报表、外币折算、物价变动会计等进行专题探讨。高级财务会计是对初级财务会计、中级财务会计的进一步补充和完善，通过补充、完善，使财务会计三门专业课程形成一个骨架分明、血肉丰满的整体。

基于以上理解，本教材在安排初级财务会计内容时，紧密结合最新税法及会计法律法规，按照循序渐进的认识规律，从会计人员所需的会计基本知识、基本技能和基本方法出发，结合创新应用型经济管理人才培养的目标，对该课程的教学内容进行取舍，重组教学模块，构建了以知识、能力和素质教育为核心的理论教学内容体系。该体系由会计基本理论模块、会计基本核算模块、会计组织管理模块、综合实训模块四个部分组成。会计基本理论模块包括第一章总论、第二章账户与复式记账，通过这一模块为读者建立起清晰的会计确认的理论框架；会计基本核算模块包括第三章至第七章，介绍借贷记账法下主要经济业务的核算、会计凭证、会计账簿、财产清查和财务报表，这部分将会计计量、会计记录、会计报告紧密结合起来，是对第一模块理论的运用与实践；会计组织管理模块包括第八章账务处理程序、第九章会计工作管理；综合实训模块，即附录模拟实训将会计核算方法进行了一个全过程的体现，是对前面三个模块的一个综合实训，这也是本书的一个创新点。

朱小云、唐浩负责本教材的组织工作，各章编写的具体分工如下：第一章由杨春执笔；第二章由唐浩执笔；第三章、第六章、第七章和模拟实训由朱小云执笔；第四章、第五章由张小云执笔；第八章、第九章由伍程程执笔，全书由朱小云统稿整理。

本教材不仅可作为高等院校会计学、财务管理以及其他经济、管理类专业在校本科生学习会计的启蒙教科书，也可供从事会计、财务管理和其他经济管理工作的人员自学、培训之用，每章都附有专门的复习思考题和习题，便于教材使用者及时巩固所学知识点。由于编者水平有限，书中难免存在不足之处，恳请专家学者及广大读者批评指正。

编　者
2023 年 1 月

# 目 录

# 第一章
# 总 论

## 第一节 会计的产生与发展

会计作为一项记录、计算、考核经济收支的古老学问，经历了由简单到复杂，由低级到高级，由不完善到逐步完善的漫长过程。作为一种经济管理活动，会计的产生同社会生产密切相关，并随着生产的发展而不断发展。会计的产生与发展大致经历了六个阶段。

### 一、用于记述会计组织与功能的萌芽阶段

会计的产生最早可追溯至"结绳记事""磊石计数""刻竹为书"，但这些早期的计量行为同时也被认为是"统计"或"数学"的起源。据考古学家证实，处于新石器时期的河南贾湖人（迄今 8 000 余年）使用的契约符号已领先于埃及的纸草文书。大约 2 000 年以后，人们又可以清楚地看到陕西半坡村人和山东大汶口人运用的数码、刻划符号和彩绘符号。可以推断，人类的计量行为可能产生于对生存所依赖的物品的计数，这可能就是最初的"统计"。随后，商品交换促进了货币的产生，进而产生了使用货币作为计量单位的计量行为，货币单位的广泛使用使具有不同计量单位的商品的使用价值可以相互比较，并加以汇总，进而产生了会计。可见，会计的产生有两个重要标志：一是使用了专门的计量单位，二是能够用货币这种特殊的计量单位"汇总"反映经济物品的使用价值。

"会计"一词最早见《周礼·天官·司会》，"掌邦之六典、八法、八则之贰，以逆邦国都鄙官府之治……凡在书契版图者之贰，以逆群吏之治，而听其会计。以参互考日成，以月要考月成，以岁会考岁成。"《史记·夏本纪》中记载："自虞夏时，贡赋备矣。或言禹会诸侯江南，计功而崩，因葬焉，命曰会稽，会稽者，会计也。"这一说法在《管子》《墨子》《吕氏春秋》《淮南子》《吴越春秋》等书中也有类似记载。清代思想家焦循在《孟子正义》中给会计下了一个至今看来仍相当准确的定义："零星算之为计，总合算之为会。"这一定义标志着会计早已有了相对固定的内涵。

在复式簿记产生之前，古罗马人在公元前后几个世纪内，将古代会计推到了一个较高的水平。这一时期的会计主要有以下特点：一是古代簿记的目的非常有限，当时人们仅仅希望对管理者进行审计，因而用实物计量单位反映的记录是很有效果的；二是罗马计数符号决定了当时的账户记录只能采用文字叙述的方式，而不是采用分栏列数的方式；三是每个地主和商人都可能只是将其债权债务记录在涂了蜡的木制计算板上；四是当时的银行为每个客户登记了账目，表明信用关系的证据一般由目睹建立信用关系的人提供；五是当时的账簿主要有两种，一种是较为随意的保存期较短的日记账，另一种则是记录完整且保存期较长的现金出纳账；六是表明现金来源的符号"dr"（贷）已经出现。

中国古代会计无论是在会计制度上，还是在记录形式上，在世界范围内都处于领先地位。我国著名会计学家郭道扬教授将复式簿记产生前的中国会计的历史贡献概括为以下五个方面：

第一，周代（公元前1046—前256年）的中国官厅会计，在会计组织与国库组织、财政支出原则、会计报告制度及审计制度等方面均做出了重要贡献，创立了诸如天官冢宰中的权责分工及司会制度，"以九式之法，均节邦之财用"的理财原则，分旬、月、年向上报告的制度以及旬考、月考、岁考等审计监督方式。对此，郭道扬教授将其称为"世界官厅会计的典范"。美国会计学家迈克尔·查特菲尔德认为："在周朝，官厅会计制已极为成熟……在内部管理、预算和审计程序方面，在古代社会里，周人可以讲是无与伦比的。"

第二，秦代的会计法律条文堪称世界会计发展史上的珍品。战国时期（公元前475—前221年）李悝在其所著《法经》一书中有许多条文都涉及会计方面，这对其后的秦朝经济立法有着直接的影响。秦朝是一个典型的以法立国的朝代，秦律中有关会计方面的条款不仅明确具体，而且条款的内容十分细致深入，其涉及的内容，非古巴比伦人的《汉穆拉比法典》可比。秦律对会计官员的职业道德有明确规定，要求会计官员必须廉洁奉公，不得有违法乱纪的行为。秦律规定，凡会计官员离任移交，必须在上级官员的监督之下查对账目并盘点实物，发现盘亏视情节轻重予以处理，发现盘盈，盈余数额应不计入账。秦律中有关上计报告编制及报告的条文十分详尽，会计年度以十月为岁首，岁末轧账期后收到的财物，应计入下一年度，不允许混淆期限。

第三，汉代的会计报告制度——上计制度内容完整，影响极为深远。始于周代的上计制度，经过战国及秦代的演进，到汉代已相当健全。上计使用的载体被称为"上计簿"，把上一级官员乃至皇帝接受或审查"上计簿"的制度称为"受记"。《九章律》中的上计律把上计制度的有关要求和程序规定下来，每到岁末，各地纷纷委派上计吏将上计簿送达京都，由中央财政部门综合汇总，然后上报皇帝。据《后汉书》记载，"汉武帝"亲临"受记"就有四次，对上计报告的审查也十分严格。这种自上而下逐级编制上计报告，逐级进行审查的制度在汉代统治的400多年几乎没有断过。汉代以后，几乎历朝历代都继承了这种制度，并一直延续到现在，因此，上计制度的影响极为深远。

第四，汉唐时代的结记账方法——四柱结账法，为复式簿记的产生奠定了方法基础。早在东汉（25—220 年）就有了可以考据的使用四柱结账法的历史记录。进入唐代，四柱结账法已是一种常见的结账方法，并采用四柱结账法编制财务报告。这种会计报告编制形式的产生，促使中式会计报告由文字叙述向数据组合式编制阶段发展。宋代（公元 960—1279 年）不仅在账目结算中普遍采用四柱结账法，而且已能够运用四柱之间的关系（旧管+新收＝开除+实在或新收－开除＝实在－旧管）进行试算平衡。到明清时代（1368—1912 年），四柱结账法已普遍应用于当时官厅与民间会计的各个方面。四柱结账法作为会计账簿的基本结构，为之后复式记账法的应用提供了重要基础。四柱结账法的产生、运用不仅促进了中式会计方法的建立，而且为中国固有的复式簿记"龙门账"和"四脚账"的产生奠定了思想基础与方法基础，当今的四柱结账法已为世界所公认，并且依然在现代会计方法中占有一席之地。

这一时期留下的关于会计的记录大多是对会计的组织方式、基本功能以及具体的记录、报告、稽查方法的描述。

### 二、复式记账方法的应用及理论总结阶段

复式记账方法（复式簿记）的产生意味着会计成为一种记录经济行为的专门技术，而对复式记账方法的总结概括则标志着会计理论的正式产生。一般认为，复式簿记的产生源于人们对经济活动进行连续、全面记录的需要。因为对任何一项经济事项的记录都会涉及来源和去向两个方面，所以对其全面记录必然要在两个或两个以上的科目或会计项目中同时进行登记，这就是复式记账方法产生的根源。

（一）复式簿记的产生

现存最早的复式簿记资料是 1211 年 6 月佛罗伦萨一家钱庄的账簿记录，而现存最早的介绍簿记方法的书籍则产生于 1340 年的热那亚。复式簿记之所以最早产生于地中海沿岸的各商业城市，与其所具备的各项条件是分不开的，具体表现在以下几方面：

（1）比萨雷奥纳多大公（Leonardo of Oisa）于 11 世纪引入并推行阿拉伯数字，简洁明了的阿拉伯数字很容易用于账簿记录，从而带动了复式簿记的产生。

（2）造纸术发明于中国的西汉年间，大约在唐代传入阿拉伯国家，后传入欧洲各国，造纸术的传入为簿记的广泛应用提供了基础条件。

（3）特殊的地理环境使地中海沿岸国家很容易成为欧洲、亚洲、非洲商品贸易的集散地，意大利沿海城市成为连接东西方贸易的中心。

（4）航海技术的进步，使长途海运成为可能，进而促进了东西方贸易的发展。

（5）航海贸易的发展催生了合伙企业的产生，进而产生了记录合伙企业产权关系及其经营业绩的需要。

（6）大规模航海贸易对运作资金的需求，推动了借贷活动和商业信用的广泛开展。

上述条件共同发生作用，最终促成了复式记账方法的产生。

### （二）对复式簿记法最早的系统研究——《簿记论》

1494年，意大利文艺复兴时期的著名数学家卢卡·帕乔利（Luca Pacioli）在其所著的《算术、几何、比及比例概要》一书中的第三部分"计算与记录要论"（通称《簿记论》），首次系统地介绍和论述了复式簿记，从而为复式簿记的推广和应用奠定了基础。为此，卢卡·帕乔利被公认为"现代会计之父"。"《簿记论》是会计发展史上的里程碑，是簿记理论专门而系统研究的历史起点，自从产生了《簿记论》，簿记法被世界学术界所肯定，簿记学乃至会计学才真正成为一门科学，得以屹立于世界科学的丛林之中。"

《簿记论》系统地研究了复式记账的基本原理、基本方法以及具体会计处理实务。其主要贡献可以概括为以下几个方面：

（1）系统论述了簿记对商人的重要作用。帕乔利指出，一个成功的商人必须具备三个条件：首先，坚持记账规则，正确真实地处理好账目；其次，商人必须是精明的簿记员，要善于应用数学、遵守规则，并精于计算；最后，要善于应用借贷记账法，账簿记录要有条不紊，以掌控自己的经营活动。

（2）编制详尽的财产目录并注重财产清查。帕乔利从对成功商人忠告的角度介绍了"财产目录"的编制方法，并认为，即使占有一万项财产，也要仔细地逐项进行记录，要明确财产的状况和性质。

（3）从数学的角度总结了复式记账平衡原理，并用如下公式予以表述"一人所有财务＝其人所有权之总值"，首次完整地表达了财产总额等于权益总额的平衡公式。

（4）系统总结了复式记账规则，以"借"（Per）和"贷"（A）为标识区分账户的基本结构，并作为记账符号，规定标号应书写在每笔分录的开头，先写借方，再写贷方，分录编制遵循"有借必有贷，借贷必相等"的基本规则。

（5）将借贷记账法与账簿体系、账户设置结合起来，并通过账户借方余额与贷方余额的平衡关系编制"平衡试算表"，以检查账簿记录是否正确。

（6）极为重视簿记凭证的作用，详细阐述了有关付款单据的底稿、汇票或商品收据以及机密信件的保存方法和顺序；把簿记凭证与财产安全同等看待，并从契约与诚信的高度来看待凭证。

"卢卡·帕乔利《簿记论》的问世，开辟了人类会计发展史上的新时代，它对近代乃至现代簿记或会计思想、方法，以及簿记或会计教育事业的发展都具有重要影响。在会计发展史上，《簿记论》是一部永远也不会过时的著作。"

### （三）中国复式簿记的产生与发展

由于封建经济的束缚，中国会计在近代已落后于西方，但在宋代封建经济达到了顶峰状态，复式簿记产生的一些环境因素已经具备，由此产生了中国的复式记账法，如"三脚账""龙门账"以及"四脚账"等。

1. "三脚账"

"三脚账"是在单式簿记基础上产生的一种不完全复式记账方法，它产生的确切时间已无法考证，目前有据可查的应用时间在明代。"三脚账"的账簿记录以"流水账"或"日清账"为重点。"流水账"又具体分为"货清簿""银清簿"和"往来簿"，分别登记货物买卖、现金收付以及应收应付事项。"三脚账"以"来、去""入、出"或"收、付"为记账符号，凡现金出纳以"入、出"为记账符号，货物买卖以"收、付"为记账符号，往来款项以"来、去"为记账符号。"三脚账"的记账规则为：现金入出、货物收付只记录现金及货物的增加及减少，而不记录其来源及去向；往来业务既要记录债权（收账）、债务（去账）的形成与结算，又要记录对应事项，如赊销货物时，一方面要记录"收账"的增加，另一方面又要记录货物的减少等。"三脚账"的名称实际上就来源于此，转账记录因需登记两笔，故称"两脚"，而货物买卖、现金收付业务只需登记一笔，故称"一脚"，两类业务共"三脚"，故称"三脚账"。因此，"三脚账"既不是单式记账，也不是完全的复式记账。

2. "龙门账"

"龙门账"产生于明末清初。一般认为，"龙门账"是山西票号的一种制度，因此，它的产生与山西票号的兴起直接相关。"龙门账"的账簿设置采用"草流""流水簿""总清簿"以及"抄红账"体系。其中，"草流"起原始凭证作用，于业务发生时记录；"流水簿"起整理账目的作用，一般于当日晚间由"草流"整理过入；"总清簿"又称"誉清簿"，进行总分类核算；"抄红账"又称"结册"，用于结账并对外报告。"总清簿"的全部账目共划分为四大类，即"进""缴""存""该"。其中，"进"为收入类，"缴"为费用支出类，"存"为资产类，"该"为资本及债务类。"龙门账"以"来、去"或"收、付"为记账符号，账簿登记遵循"有来必有去，来去必相等"的记账规则。记账程序为：按照记账规则分类记录"流水簿"，在此基础上，分项过入"总清簿"，期末根据"总清簿"编制"结册"，"结册"分为"进缴结册"和"存除结册"，两者又称为"进缴表"和"存除表"。结账后，根据会计要素之间的基本平衡关系"进－缴＝存－该"进行账项核对，"进""缴"余额之差与"存""该"余额之差核对相符，即为"合龙门"。可见，此种复式记账方法的名称来源于此。

3. "四脚账"

"四脚账"又名"天地合"，是在"三脚账"和"龙门账"基础上产生的一种比较成熟的复式记账方法。其产生时间目前已不可考证，但一般认为它大致产生于清代。"四脚账"具有较为完备的账簿组织，其账簿体系由以下三大部分组成：

（1）"流水账"部分。其具体包括"草流"和"细流"两部分。"草流"依然

5

起记录经济业务发生的原始凭证作用；"细流"是在"草流"基础上整理而成的序时账，具体又分为作为普通日记账使用的"日清账"，作为库存现金日记账使用的"银清账"，作为商品进销日记簿使用的"货清账"。

（2）"总清账"部分。"总清账"分类反映店铺的一切经济事项，具体又分为反映往来款项的"交关总"，反映商品进销的"货总"，反映其他事项的"杂总"，相当于现代会计中的"总分类账"与"明细分类账"。

（3）簿记报告部分。簿记报告采用类似于"龙门账"的结册，具体包括反映盈利情况的"进缴结册"和反映资产、负债以及资本的"存除结册"。与"龙门账"相同，"四脚账"的账目也分为"进""缴""存""该"四大类别，并以"来""去"为记账符号，账簿登记遵循"有来必有去，来去必相等"的记账规则。"四脚账"采用中式账簿通用格式，即一张账页以中线分割为上下两部分，上来下去，平账方法采用类似于借贷记账法的"借方发生额＝贷方发生额"的基本原理，即"上来＝下去"。由于"上"为天，"下"为地，上下平衡即为"天地合"，该种记账方法的名称即来源于此。

总体来说，"龙门账"与"四脚账"已具备复式记账的基本要件，只是在一些次要问题上还存在不足，如不重视原始凭证的收集与整理，记账文字方面不具有阿拉伯数字所特有的简洁性。尽管如此，以"龙门账"与"四脚账"为代表的中国式复式记账事实上已具备现代复式记账方法的基本要件。

### 三、现代会计方法的产生及理论总结阶段

16世纪文艺复兴运动扩展到西欧各国，揭开了欧洲近代史的序幕。文艺复兴最直接的效果就是解除了人们的精神枷锁，促进了科学与技术的创新，进而促使工业革命的发生。工业革命又称产业革命，发源于英格兰中部地区，是资本主义生产完成了从工场手工业向机器大工业过渡的阶段。工业革命是以机器取代人力，以大规模工厂化生产取代个体工场手工生产，其带来的两项重大变化，即机器化大生产和工厂制度，对会计理论及会计方法的产生与发展带来了重大影响。

#### （一）机器化大生产的影响

工业革命最重要的标志就是机器化大生产。恩格斯指出，分工、水力的利用，特别是蒸汽机及机器的广泛应用，是从18世纪中叶起工业用来震撼旧世界的三个伟大杠杆。其中，铁路业的兴起是工业革命时期最先进生产力的集中体现。

以铁路机车为代表的机器化大生产最明显的特征就是设备投资额大，使用年限长，从而引发了一系列会计问题：一是对巨大的设备的投资费用是一次性计入费用，还是分期计入费用；二是如果分期计入费用，应如何确定分期计入费用的金额。

总体来说，铁路机车的发明及铁路运输业的发展使人们逐渐认识到，大额机器设备投资应作为一种经常性费用在其寿命期内分摊，进而提出了"折旧"的概念，折旧会计便应运而生。折旧会计的产生使生产成本得到较为完整的补偿，从而使

"利润"的概念得以确立，伴随而来的是"股利来自利润""会计分期""配比原则""费用分配""成本计算"等概念得到普遍认可。因此，"折旧"概念的形成对会计方法的演进有极为重要的历史作用。

（二）工厂制度建立的影响

工业革命带来的另外一个巨大变化是工厂制度的建立。到 19 世纪 40 年代，随着工业革命的逐步完成，在英美各国，以机器化大生产的工厂制度逐步代替了以手工劳动为主的手工工场制度。工厂制度的广泛确立及企业投资规模的普遍扩大对会计方法的变革带来的影响主要有以下三个方面：

1. 企业生产经营的连续性

由于机器化大生产工厂规模大、投入高，若不经过较长时期的连续经营，就无法收回投入的资本。与此同时，经营活动的稳定性和连续性往往又是提高生产经营效率的客观要求和必要手段。因此，持续不断地开展生产经营活动是机器化大生产的内在要求，进而为一系列会计方法的建立提供了重要基础，如分期摊销机器设备原始投资额，分期报告业绩，并定期根据报告业绩分红等，最终促使"持续经营"概念的确立。

2. 生产经营活动的复杂化

与单纯的只有买进、卖出的商业活动相比，工厂的生产过程要复杂得多。它不仅要购买土地、修建厂房、购置机器、购进材料、雇佣工人，还要对材料进行加工制造，并将制造出的产品销售出去。由于生产过程极其复杂，使得盈利过程不再是商品购买价格与销售价格的简单比较，必须合理、准确地将各项生产要素耗费与生产成果进行匹配，进而确定企业的经营成果，最终促使"配比原则"等一系列会计概念的产生。

3. 股份公司的建立

机器化大生产使企业的原始投资大幅度增加，从而使单个投资者难以通过自己的力量建立一个企业。当众多的股东共同投资建立一个企业时，经营权与所有权的分离就成为不可避免的事情，进而促进了"会计主体"概念的产生。与此同时，为了让不参与公司经营的股东了解公司的基本情况，定期编制财务报表的制度及对财务报表进行定期审核的制度也相继建立。可见，股份公司的产生和发展是现代财务会计方法快速发展的主要动力。

**四、尝试建立统一会计制度的会计惯例梳理阶段**

到 19 世纪末，尽管会计方法及会计职业得到了空前发展，但在会计理论研究方面却几无进展。正如哈特菲尔德（Henry R. Hatfield）所说，当时，大西洋两岸的从业会计师们都是管理和传统的盲从者，他们往往按照惯例和传统来解释实务，但这些管理和实务的解释经常是不完善和站不住脚的。进入 20 世纪以后，许多会计学者试图从理论层面对会计方法或会计惯例进行概括，借以更好地指导实践。其中，代表性人物及其主要贡献有斯普拉格的《账户原理》、美国注册会计师协会的前身——美国会计师协会制定的《统一会计》以及佩顿的《会计理论——兼论公司会计的一些特殊问题》。

（一）斯普拉格的《账户原理》

斯普拉格（C.F.Sprague）曾经是美国一家储蓄银行的总裁，是第一批通过纽约州注册会计师考试的注册会计师，并按字母顺序号取得了第11号注册会计师证书，旋即加入纽约州注册会计师协会。斯普拉格非常注重会计教育，他认为，教育，特别是合适的教育，是会计发展必不可少的。在斯普拉格的积极推动下，纽约大学于1901年正式设立商业、会计和财务学院，并开设会计课程，斯普拉格担任该校无薪教师。有关资料显示，斯普拉格在教学上非常成功，《账户原理》一书就是他根据教学资料整理而成的。《账户原理》的主要贡献表现在以下两个方面：一是以资产负债表为核心来组织账户，二是对会计要素进行了系统论述。

（二）美国会计师协会的《统一会计》

在20世纪初期，美国企业的会计处理是相当随意的，企业的会计程序、会计方法以及会计报表的格式与内容往往取决于管理当局的意见及注册会计师的意见。为了提高财务报表质量，促进会计程序的规范化和统一化，1909年，美国公共会计师协会任命了一个会计概念专门委员会，开始了会计程序规范化的尝试。1915年，美国联邦贸易委员会（Federal Trade Commission，FTC）主席提出必须为全国主要企业建立一套统一的会计制度。当时，由于企业的资金主要来自银行贷款，作为企业重要的债权人和报表使用者——银行特别关心企业的偿债能力，因此，资产负债表成为最重要的会计报表。1917年，美国联邦贸易委员会与美国联邦储备委员会共同做出决定，要求向银行申请贷款的企业必须编制标准的资产负债表，并委托美国会计师协会（American Institute of Accounts，AIA）提出标准的资产负债表的格式及其编制程序的备忘录，经审议后，美国联邦储备委员会将其批转给全美银行与金融协会评议，并与1917年4月以《联邦储备公报》的名义发行，同年又以《统一会计》的名称正式发布。1918年，美国会计师协会又将其改名为《编制资产负债表的标准方法》（*Approved Methods for the Preparation of Balance Sheet Statement*）正式颁布，以统一会计报表格式及编制方法。

《统一会计》的主要贡献主要有以下三点：

（1）提出了按资产、负债"流动性"大小排序的概念，规定资产负债表中的资产必须按照流动性递减的顺序排列，负债必须按照偿还期的先后顺序排列。

（2）主张按"成本与市价孰低原则"计价。

（3）对一些重要的资产、负债项目，如固定资产等，必须把反映其生产能力的账面原价与其价值变动部分分开。

这些主张对之后会计报表格式及其编制方法产生了极其深刻的影响。

（三）佩顿的《会计理论——兼论公司会计的一些特殊问题》

佩顿（William A. Paton）是继卢卡·帕乔利之后最著名的会计学家。佩顿一生著述极为丰富，1918 年与史蒂文森（R. A. Stevenson）合作完成了《会计原理》一书，1922 年公开出版了以其博士论文为基础的专著《会计理论——兼论公司会计的一些特殊问题》，首次对会计理论问题进行了系统阐述，成为会计理论发展史上的一个重要里程碑。

佩顿在其《会计理论——兼论公司会计的一些特殊问题》一书中，不仅讨论了会计中的一些特殊问题，如利润的确定、商誉、资产计价（主张以市价计价）、库藏股、资本保持以及物价变动等，还系统探讨了一些基本会计理论问题，如会计的定义、会计的功能、会计与企业组织形式、会计恒等式、收入确认标准以及会计假设等。在会计假设部分，佩顿首次提出了主体、持续经营、会计平衡公式、财务状况与资产负债表、成本与账面价值、应记成本与收益、顺序性七个会计假设。在资产计价方面，佩顿认为，最能满足管理当局需要的信息，是有关资产的价值信息，而不是有关成本的数据；在物价波动幅度较大的情况下，为了充分反映公司的财务状况和经营成果，有必要以资产的市价对其成本进行必要的调整。总体上讲，不论是从内在逻辑性还是从其对后世的影响讲，该书都可以称为在会计理论发展史上开启了一个新时代的重要著作。

### 五、服务于准则制定的现代会计理论阶段

20 世纪初期，尽管制定统一会计制度的呼声不断升高，但仍有一部分执业会计师极力抵制会计处理统一化的做法。1929 年，席卷全世界的经济大危机爆发，很多人把经济危机爆发的原因归咎于证券市场上的投机欺诈行为盛行和企业会计报表严重失实。为了改善会计职业界的形象，美国政府在加强对市场经济干预的同时，于1933 年和 1934 年相继颁布了证券法和证券交易法，规定所有上市公司都必须提供统一的会计信息，并授权美国证券交易委员会（SEC）负责制定统一的会计原则。1938 年 4 月，美国证券交易委员会发表了第 4 号《会计准则公号》（*Accounting Series Release*，*ASR No.* 4）——《财务报表的管理政策》（*Administrative Policy of Financial Statement*），将会计原则制定的权限授予美国会计师协会，由此开始了由会计职业界来制定会计准则的新时代。

（一）会计程序委员会

1938 年，美国会计师协会成立了一个由 21 位委员组成的会计程序委员会（Committee of Accounting Procedure，CAP），美国著名会计学家乔治·梅担任首届主席。会计程序委员会从次年开始陆续发表了多项《会计研究公报》（*Accounting Research Bulletins*，*ARBs*），公布了一系列为其所认可的会计原则、会计程序和会计概念。1939—1959 年的 20 年，会计程序委员会共发表了 51 份《会计研究公报》，其中前 8 份《会计研究公报》专门阐述一些基本名词和概念，其余的则是具体实务规范。

尽管在会计程序委员会发布的《会计研究公报》较为注重会计实务问题，但在这一期间，会计理论的发展也出现了重大进展。其中，最具代表性的人物及著作有

佩顿和利特尔顿撰写的《公司会计准则导论》及利特尔顿撰写的《会计理论结构》。

（二）会计原则委员会

由于美国会计程序委员会制定的《会计研究公告》提出了数量过多的惯例，且允许企业有太多的选择权，非但没有解决统一会计规范问题，反而导致会计信息可比性缺失。1959 年，美国注册会计师协会（American Institute of Certified Public Accountants，AICPA）单独成立了会计原则委员会（Accounting Principles Board，APB）。会计原则委员会由来自会计师事务所的代表及少量来自工商界、政府部门和会计教育界的代表组成，取代会计程序委员会成为公认会计原则的制定机构。

会计原则委员会的主要职责是推动公认会计原则构成内容的书面表达。因此，会计原则委员会把制定会计实务处理的指南或公告作为工作重点，在 1959—1973 年陆续发表发表了 31 份意见书。此外，会计原则委员会还发表了一些报告，这些报告代表会计原则委员会对一些会计与报表的基本问题的观点，但并不作为公认会计原则的内容。

会计原则委员会与之前的会计程序委员会的一个重大区别是会计原则委员会发布的公告的权威性和强制力得到认可与提高。美国注册会计师协会还在其《注册会计师职业道德守则》（CPA's Code of Professional Ethics）第 203 条明确认可会计原则委员会的权威性。从此，美国的公认会计原则文告转入具有较高权威性和强制性的新阶段。

（三）美国财务会计准则委员会

然而，会计原则委员会的工作并没有令会计职业界和工商界满意。随着外界批评的加剧，美国证券交易委员会也公开指责会计原则委员会的"意见书"容易导致误解。由于无法解决外界提出的批评，该委员会最终解体。取而代之的是美国财务会计准则委员会（Financial Accounting Standards Committee，FASB），其于 1973 年 6 月 30 日正式宣告成立。美国财务会计准则委员会取代会计原则委员会成为一个新的独立性较强的会计准则制定机构，并一直工作到现在。

在各类会计文告中，《财务会计概念公告》集中体现了会计理论的研究成果。美国财务会计概念框架主要由美国财务会计准则委员会发布的一系列《财务会计概念公告》（Statements of Financial Accounting Concepts，SFAC）组成。从 1978 年起，美国财务会计准则委员会共发布了 8 项《财务会计概念公告》，具体包括：

《财务会计概念公告第 1 号——企业编制财务报告的目的》。

《财务会计概念公告第 2 号——会计信息的质量特征》。

《财务会计概念公告第 3 号——财务报表的各种要素》（已撤销）。

《财务会计概念公告第 4 号——非盈利组织编制财务报告的目的》（已撤销）。

《财务会计概念公告第 5 号——企业财务报表项目的确认和计量》。

《财务会计概念公告第 6 号——财务报表的各种要素》。

《财务会计概念公告第 7 号——在会计计量中使用现金流量信息和现值》。

《财务会计概念公告第 8 号——编报财务报告的概念框架》。

美国《财务会计概念公告》，尤其是第 8 号公告，对会计理论的发展具有极为重要的意义。可以说，当前广泛为世界各国学者所认可的会计理论体系，基本上都是在此基础上建立起来的。

### 六、会计理论不断融合发展的国际化阶段

（一）国际会计准则委员会对会计理论发展的促进

随着经济全球化步伐的加快，会计信息使用者对作为商业语言的会计的通用性要求逐步提高。1973 年 6 月，由英国、法国、加拿大、澳大利亚、联邦德国、日本、荷兰、墨西哥、爱尔兰以及美国 10 个国家的 6 个会计职业团体发起的国际会计准则委员会（International Accounting Standard Committee，IASC）在伦敦成立。该组织致力于国际会计准则的制定工作，从成立开始到进行改组的 40 多年间，共制定了 41 项会计准则，发布了 33 项解释公告，并于 1989 年正式批准发布了《编报财务报表的概念框架》。该框架在引言中指出："本框架确立为外部使用者编报财务报表所依据的概念。"该框架在理论上的贡献主要表现在以下几个方面：

（1）将会计的基本概念按其内在逻辑关系系统地罗列于一项文件之中，具体包括报表的目标、决定财务报表信息有用性的质量特征、基础假设、构成财务报表的要素的定义、确认和计量、资本和资本保全概念等。

（2）在会计概念框架之中提及并定义"基础假设"，从而为理论的构建设定了前提。

（3）引入资本和资本保全等概念，从而为收益确定奠定了理论基础。

（二）联合概念框架项目对会计理论的促进

进入 21 世纪以来，伴随着世界经济危机波及范围的不断扩大，美国财务会计准则委员会（FASB）和国际会计准则委员会（IASC）都在不断深入探讨会计的一些基本理论问题，并在会计概念框架的制定方面寻求合作。其中，很重要的一个联合项目就是对概念框架的重新审视，目标是建立一个通用的概念框架。由于会计概念框架对于指导和评价会计准则体系的建立有着极为重要的意义，因此美国财务会计准则委员会和国际会计准则委员会的这个概念框架联合项目对于会计准则的国际协调也将有深远的意义。

# 第二节　会计的定义与特征

## 一、会计的定义

按照形式逻辑的定义规则，一个定义应能正确地指出邻近属概念和种差。所谓邻近属概念，是指被定义项最近之所属，如人既属于哺乳动物，又属于生物，在这

里，哺乳动物是邻近属概念，而生物则不是邻近属概念；所谓种差，是指能够把被定义的种项与同一邻近属概念中的其他种项区分开来的特性。显然，会计是一项管理活动，或者说会计是一项会计人员进行的管理活动，是不符合这一定义规则的。首先，管理活动并不属于会计的邻近属概念；其次，"会计人员进行的"工作不能很好地体现种差；最后，用"会计人员进行的"工作定义"会计"有循环定义之嫌。因此，"会计管理活动论"非但没有抓住会计的本质，而且扩大了会计的内涵。

关于会计到底是艺术还是科学，佩顿在1922年出版的《会计理论——兼论公司会计的一些特殊问题》一书中讨论的第一个问题就是会计的定义。他认为，应从三个方面对会计加以阐述：第一，建设性。每个企业需要一系列账户和会计科目体系、一组账簿和相应的凭证与表格、一套日常记账程序，也就是说，必须要组织、计划、安排实际的会计方法与机制，以适应不同企业的具体需要。第二，科学性。如实登记经济业务的过程，系统记录影响到具体企业的所有明显事项，所记录的结果是确定的。第三，创造性。定期地解释、分析企业的日常记录，编报供管理者、投资者等使用的财务报表。显然，上述三个方面中，第一个方面和第三个方面可以理解为艺术，而第二个方面则可以解释为科学。这一观点表明，会计既有艺术的一面，也有科学的一面。会计艺术的一面表现在会计职业判断、会计估计以及如何利用会计信息等方面不可能得出唯一的结论，但在依据历史凭证进行记录方面，或者依据确定的会计标准进行会计处理、编制会计报告方面，其结论又往往是确定的或唯一的。可见，简单地将会计理解为科学或艺术都是有失偏颇的，随着会计理论的深化和发展、科学研究方法的不断引进和广泛应用、会计准则体系的不断完善以及会计人员素质的不断提高，会计必将有越来越多科学的成分。

那么，会计到底是信息系统还是控制系统呢？按照系统论的观点，首先，世间万物皆为系统，因此无论是控制系统还是信息系统，都是系统。其次，任何一个信息系统都是一个控制系统，离开信息，一个控制系统将无法实现其预定控制目标。最后，任何一个信息系统都是一个控制系统，离开控制，信息系统将无法输出符合规定要求的信息。因此，看一个系统到底是控制系统还是信息系统，要看其主要的标志是什么。区分一个系统与其他系统的重要标志有三个：一是系统与环境之间的关系，二是系统的边界，三是系统的目标。其中，对自然系统来说，主要以功能为标志，而对于人为系统而言，则以目标为其主要标志。从系统与环境的关系来看，系统与环境之间有物质、能量和信息的交换。显然，会计系统与环境之间的交换主要是输入、输出信息；从系统的边界来看，会计（主要指财务会计）系统加工的信息主要是来自会计主体（企业或单位）的信息；从系统的目标来看，会计系统的主要目标是输出对会计报表使用者决策有用的信息。因此，会计系统用信息系统来描述，更能体现其本质特征。

### 二、会计的基本特征

基于以上分析，以下从环境、边界以及目标三个方面来概括会计的本质特征。

需要说明的是，会计按照其基本目标不同可区分为财务会计与管理会计两门子学科。由于本书重点论述财务会计理论问题，因此有必要区分财务会计与管理会计并分别概括其基本特征。

（一）财务会计的基本特征

财务会计系统是会计系统的一个子系统，因此除了具备会计系统的基本特征外，还具备以下两个基本特征：

1. 基于特定经济主体外部利害关系人的共同需要提供基础财务信息

财务会计系统的目标是基于特定经济主体外部利害关系人的共同需要提供基础信息。所谓特定经济主体的利害关系人，具体包括与企业有特定经济联系的所有利害关系人，如现有或潜在的投资者和债权人、政府经济管理部门、企业管理当局、企业职工、供应商、客户、注册会计师以及社会公众等；所谓共同需要，是指经济主体外部关系人多种多样，所需要的会计信息千差万别，企业或单位没有能力也没有必要提供利害关系人所需要的所有信息或特定信息，而只能提供反映企业基本财务活动状况的基础信息。经济主体提供的基础信息当然也是企业内部管理所需的会计信息，但这并不应影响财务会计系统的目标是以服务于外部为主的"外部会计"。

2. 输入、加工以及输出信息具有连续性、完整性、系统性

财务会计系统输入、加工以及输出信息具有连续性、完整性、系统性的特征。所谓连续性，是指财务会计系统连续地、无遗漏地分类记录企业或单位发生的一切经济业务，并通过定期报告的形式将接连不断的经济业务报告给会计信息使用者；所谓完整性，是指财务会计系统完整地记录经济主体发生的全部经济业务，既不能遗漏某些经济业务，也不能遗漏经济主体内的部分经济单位的经营活动，财务报告应完整地反映经济主体财务活动的全貌；所谓系统性，是指财务会计系统的设置符合系统的一般特征，其科目设置、记账程序以及凭证、账簿、报表体系等都具有整体性、层次性、联系性、有序性等基本特征。连续性、完整性以及系统性是财务会计区分于管理会计乃至其他信息系统的最重要的特征。

（二）管理会计的基本特征

管理会计系统是在财务会计系统的基础上，伴随着企业经济关系的日益复杂化而逐渐发展起来的。著名会计学者莱昂德·R. 艾米认为，向管理当局提供信息并指导其行为，至少同外部报告同样重要，而且这只能随着时间的推移而变得日益重要。他还指出，为决策提供信息方面是会计师最薄弱的环节，但从战略上说，这是最重要的任务。管理会计着重阐述会计人员必须向管理当局提供有助于计划、决策和控制的信息。尽管管理会计的历史算不上太久，但却显示出良好的发展前景。与财务会计系统相对应，管理会计系统的特征可以概括为以下两个方面：

1. 为企业经营管理提供有用的会计信息

管理会计的目标是基于企业管理当局的要求提供对其决策有用的会计信息。企业管理当局包括上至公司董事会与其重要成员，如董事长、董事以及公司经营高层

管理者，下至企业中下层各级管理者，乃至具体管理实施人员；既包括财务管理者，也包括营销、采购、技术、生产以及人力资源管理等领域的管理者。所谓对其决策有用的会计信息，是指对其经营管理，包括计划、组织、指挥、协调、控制等经营管理活动有益的能够用货币计量的所有信息或相关信息。随着股东权益保护要求的日益提高，一些原本只是用来满足企业管理者需要的信息，也成为对外报告的必报信息。例如，分部报告信息原来仅仅是一种用来满足内部管理需要的管理会计信息，而现在已成为必须对外报告的财务会计信息。这表明，管理会计信息与财务会计信息最根本的区别不在于加工的信息最终为谁所用，而在于提供的信息到底是基于谁的需要而加工的。

2. 输入、加工以及输出信息具有灵活性

与财务会计相对应，管理会计输入、加工变换以及输出信息具有灵活性的特征，而不具有财务会计连续性、完整性以及系统性的特征。首先，管理会计加工的信息可以是企业经营活动的某一期间或某一环节，如重大决策事项的可行性研究报告，或者制造过程某一环节的成本分析等；其次，管理会计加工的信息往往是针对企业生产经营活动的某个分厂、车间，或者某一项具体活动，从而不具有完整性的特征；最后，管理会计报告往往不像财务会计一样，有完整的格式化的账表体系，其往往根据企业管理当局的需要编制格式灵活、形式多样的管理会计报告。

通过以上分析我们可以得出以下结论：会计系统有广义和狭义之分。广义的会计系统是一种控制系统，不仅包括对企业经济活动发出的货币信息进行加工变换的财务会计子系统，也包括对会计信息的真实性、公允性进行审计的真实性鉴证子系统；不仅包括对企业的财务活动进行直接管理的财务管理子系统，还包括对企业财务活动的合法性进行检查的舞弊审计子系统。狭义的会计是针对特定经济主体建立的，旨在对该主体经济活动发出的能够用货币计量的信息进行输入、加工变换，并输出对决策有用信息的货币信息系统。在这一定义中，"针对特定经济主体建立的"规定了会计发生作用边界或空间范围；"输入、加工变换，并输出"货币信息体现了会计系统与环境的交换关系；"输出对决策有用信息"则是会计系统运行的基本目标。会计系统按其运行目标不同，又分为财务会计和管理会计两个子系统。其中，财务会计子系统是基于特定经济主体外部利害关系人的共同需要而建立的会计信息系统，而管理会计子系统则是基于企业管理当局的决策要求而建立的会计子系统。

将会计的概念区分为广义和狭义两种理解有着极为重要的理论及现实意义。在现实生活中，由于人们习惯将管理财务并处理财务关系的财务管理活动与专门提供企业财务活动发出信息的会计活动以及专门鉴证会计信息真实性、公允性与合法性的审计都混同为会计，并将从事财务管理、会计以及审计工作的人都统称为会计人员，因此广义的会计概念仍有其存在的意义，但在进行理论研究，或者围绕会计程序和方法进行规范时，我们又必须承认会计是一个以提供财务信息为主的经济信息系统。在这种情况下，狭义的会计的理解则更为科学、准确。

# 第三节 会计的概念框架

## 一、会计的目标

（一）会计目标的含义

会计产生和发展的历史告诉我们，人类在社会实践中运用会计的目的是要借助会计对经济活动进行核算和监督，为经营管理提供财务信息，并考核评价经营责任，从而取得最大的经济效益。这是由商品个别劳动时间和社会劳动时间的不同以及人力、物力资源的有限等之间的基本矛盾决定的。不同经济主体为了追求经济利益，无不利用会计这项经济管理工作。那么，会计能提供些什么信息呢？这就要明确会计的目标是什么。会计的目标概括来讲就是设置会计的目的与要求。具体而言，会计的目标就是对会计自身提供经济信息的内容、种类、时间、方式以及质量等方面的要求。也就是说，会计目标是要回答会计应干些什么的问题，即对从事的工作，先要明确其应何时以何种方式提供合乎何种质量的何种信息。

会计目标指明了会计实践活动的目的和方向，同时也明确了会计在经济管理活动中的使命，成为会计发展的导向。制定科学的会计目标，对于把握会计发展的趋势，确定会计未来发展的步骤和措施，调动和借助会计工作者的积极性和创造性，促使会计工作规范化、标准化、系统化，更好地为社会主义市场经济服务等都具有重要的作用。

（二）受托责任观与决策有用观

从会计的目标形成与结果来看，要回答何谓会计的目标，必须首先弄清以下四个基本问题：

第一，谁需要会计信息？

第二，各需要什么会计信息？

第三，所需要的会计信息应具备什么性质？

第四，怎样提供所需要的会计信息？

对这些问题的回答不同，就形成了不同的学术流派，其中较有代表性的学术观点有受托责任观和决策有用观。客观地说，这两大学术流派的相互区分，不仅仅在于观察视角的不同，更在于两者形成于不同的历史时期，从而对会计目标的认识程度有一个不断发展和深化的过程。

1. 受托责任观

受托责任最早使用"custodianship"表达，如美国会计学会于 1966 年出版的《论基本会计理论》一书就用了这一词汇。由于这一术语更多地用来表示中世纪庄园的管家职责，因此在受托责任成为一个重要的会计术语之后，就转而使用"stewardship"来表示管家对主人应承担的受托资源管理的责任。20 世纪 70 年代以后，随着受托责任含义的扩充，有人主张用"accountability"（直译为"会计责任"）来代替"stewardship"。然而，不论用哪一个词汇来表达，受托责任的基本含义始终没有太大的变化，概括起来主要有两个方面：一方面，受托责任的当事人主要涉及委托人和受托人。委托人为资源的所有者，而受托人接受委托人的委托代为管理受托资源，因而承担了合理、有效地管理和使用受托资源，并使其尽可能多地保值增值的责任。另一方面，作为资源的受托方，其承担了如实地向资源的所有者或委托方报告其管理受托资源的过程和结果的义务，即报告履行受托责任的义务。

可见，受托责任观产生的前提是所有权与管理权或经营权的分离。在两权分离的情况下，拥有资源所有权的委托人必然要求管理其资源的受托人如实报告其受托责任的履行情况。由于报告受托责任的工作主要是由会计来完成的，据此有人把会计的目标定义为以恰当的形式向资源所有者（委托人）如实报告资源管理者（受托人）受托责任的履行情况。由于这种观点把受托人或资源管理者履行受托责任情况作为会计的主要目标，因此被称为"受托责任观"。其主要特点如下：

（1）从谁需要会计信息的角度讲，会计信息的使用者按理说只包括资源的所有者，即企业的股东或投资者，但会计信息的使用者有逐渐扩大的趋势。现有的受托责任观的会计信息的使用者还包括债权人和外部环境提供者，前者将资金委托给企业使用，后者则为企业提供了赖以生存的外部环境，如所处社区往往是企业空气资源、水资源以及人力资源的提供者，因此所在社区也要了解企业履行受托责任的情况。

（2）从会计信息的用途讲，受托责任观强调会计信息主要是用来反映资源管理者或受托人履行受托责任的情况，以使委托人了解自己财产的保值增值情况，进而做出是否继续委托受托人或是否提高工薪报酬的决策。

（3）从会计信息的性质讲，由于受托责任观强调如实反映受托人过去的经营业绩，因此较为强调提供的信息的可验证性。在这种情况下，基于历史成本计量的会计信息就成为备受推崇的信息。

（4）从如何提供会计信息的角度讲，受托责任观强调反映受托人过去的业绩和财产的现状，而不强调与未来决策相关性较高的现金流量的情况，因此只需要提供主要反映过去业绩的利润表和反映当前财务状况的资产负债表。

受托责任观认为，会计的基本目标是向资源的委托者提供受托人履行受托责任的会计信息。以此为逻辑起点，会计信息的质量特征强调会计信息的可验证性，而不论资产、负债的真实价值是否发生了变化。这是因为对经济责任履行情况的考察需要以有据可查的会计资料为依据，在交易事项的法律形式与经济实质出现不一致时，看重的是其法律形式，而非其经济实质。由此而推之，有据可查的信息通常是以历史成本为计量基础，而历史成本计量基础通常以币值不变为基本前提。在此基础上，会计要素的定义强调从取得成本的角度来描述，如佩顿和利特尔顿在《公司会计准则导论》一书中，明确基于"未消逝成本观"来定义资产，指出资产就是营业或生产要素获得以后尚未达到营业成本和费用的金额。依据上述概念及其相互之间的逻辑关系构建的会计的概念框架如图1-1所示。

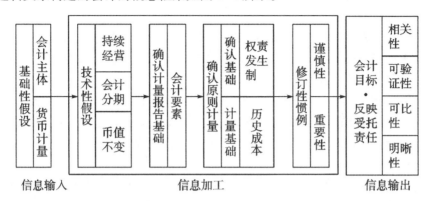

图1-1 基于受托责任观的会计的概念框架

2. 决策有用观

20世纪60年代以后，高度发达的资本市场成为企业融资的重要场所，以发行股票及债券的形式从资本市场融资成为企业筹集资金的主要方式。在这种情况下，企业会计报告使用者不再局限于投资者、债权人、政府机构、企业职工等利害关系人，而是扩展到企业潜在的投资者、债权人、证券公司、风险评估机构、供应商、客户、独立审计机构、企业所在社区以及社会公众等多个方面，他们都需要借助企业财务报告了解企业的会计信息，并做出各自的决策。这样一来产生了会计是为企业各利害关系人进行决策提供有用信息的观点，即决策有用观。1953年，斯多波斯（G. J. Staobus）率先提出了财务会计的目标是决策有用性的观点。美国财务会计准则委员会（FASB）在其发布的第1号会计概念公告《企业编制财务报告的目的》中正式表达了这一观点。其要点如下：第一，财务报告应该提供对现在的和潜在的投资者、债权人以及其他使用者做出合理的投资、信贷以及类似决策有用的信息。第二，财务报告应该提供有助于现在和潜在的投资者、债权人以及其他使用者评估来自销售、偿付到期有价证券等的实得收入（现金流入）的金额、时间分布和不确定的信息。

对比受托责任观，我们可以将决策有用观的特点概括如下：

（1）从谁需要会计信息的角度讲，会计信息的使用者既包括现在的和潜在的投资者、债权人，也包括政府管理部门、企业管理者、职工个人及工会、供应商、客户、风险评估机构、注册会计师以及社会公众等，通常也可以用企业利益相关人或企业利害关系人来表述。

（2）从会计信息的用途讲，决策有用观强调会计信息是作为企业各利益相关人进行经济决策的重要依据。会计信息使用者的性质不同，决策的类型就有所不同，如职工的决策可能是决定离开或进入报告公司；客户的决策可能是决定是否购买报告公司的产品；注册会计师的决策则可能是决定是否接受报告公司的委托。决策类型不一样，所关注的会计信息的内容和重点就会有所不同，但此类决策所需信息均可以从会计报告中获取。

（3）从会计信息的性质讲，决策实际上是对未来情况的判断，因而这种观点更看重有助于预测未来的现金流量信息，即交易或事项带来的未来现金流量的金额、时间分布以及风险评估方面的信息。

（4）从如何提供会计信息的角度讲，决策有用观不仅要求企业提供反映过去业绩的利润表和反映当前财务状况的资产负债表（因为这些报表同样是预测未来的重要资料），更强调企业应提供与未来决策相关性更强的财务状况变动表或现金流量表。

决策有用观认为，会计的目标是向决策者提供对其决策有用的信息。对决策有用的信息必然是真实可靠的信息，而可靠的会计信息强调会计信息的可验证性，即过程真实，也强调会计信息的结果真实，即会计信息应能如实反映企业的经营成果和资产、负债的真实价值。此外，可靠性还强调决策者决策的性质及其对信息的准确度要求，因此可靠性质量特征成为决策有用性的最为重要的衡量标准之一。以此为逻辑起点，我们可进一步推知其他相关会计概念：首先，在现实经济生活中，物价变动是经济常态，币值不变假设是难以成立的，如果忽略这种变化，所提供的信息就是没有用的，因此我们必须承认"市场价格"变动这一经济现实，并将其作为会计确认、计量以及报告的基本前提。其次，在承认市场价格不断变化的前提下，会计计量必须以公允价值作为会计计量基础，如实记录资产、负债价值信息的变化，进而提供对决策有用的信息。再次，在决策有用观下，对资产本质的描述并不在意企业为取得一项资产付出了多少代价，而是看中这项资产能够给企业带来多少未来经济利益，因此会计要素的定义大都基于未来收益观来描述。最后，在交易和事项的经济实质与其法律形式不一致时，反映其经济实质的信息往往是对决策有用的会计信息，因此实质重于形式原则成为一项不可或缺的修订性惯例或质量要求。依据上述概念及其相互之间的逻辑关系构建的会计的概念框架如图 1-2 所示。

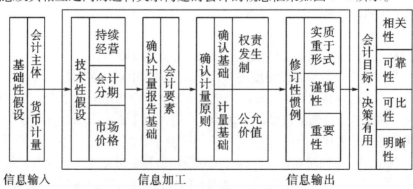

图 1-2　基于决策有用观的会计的概念框架

（三）决策有用观与受托责任观的融合

在会计基本目标的两种基本表述中，受托责任观的内涵略显狭窄，而决策有用观中的决策则有太过模糊而难以界定之嫌。相对而言，决策有用观更能为人们所接受，并获得到了世界范围内几乎所有国家和地区的会计人员的认可。然而，随着委托代理理论的广为人知，委托与受托的内涵日渐扩大，两种观点出现了融合的趋势。

从谁需要会计信息的角度看，决策有用观的信息使用者包括现有或潜在的投资人、债权人、经营者、职工、政府机构、注册会计师、供应商、顾客以及社会公众等与企业利益相关的各个方面，而受托责任观的信息使用者表面上只包括企业所有者、债权人等。但是，正如受托责任观的代表人物井尻雄士指出的，一个公司对其股东、债权人、雇员、客户、政府或有关联的公众承担受托责任。在一个公司内部，一个部门的负责人对分部经理负有受托责任，而部门经理对更高一层的负责人承担受托责任。就这一意义而言，说我们今天的社会是构建在一个巨大的受托责任网络之上，毫不过分。因此，如果从这个角度来理解会计信息使用者，则两种观点几乎没有什么差别。

就会计信息的用途而言，受托责任观强调的会计信息，主要用于反映受托人受托责任的履行情况，而决策有用观强调的是会计信息不仅用于考察受托者的业绩及对委托人责任的履行情况，还要为其他信息使用者做出各自不同的决策提供依据。

从需要什么会计信息的角度看，受托责任观最关心的是能够如实地反映受托责任履行情况的有关企业经营业绩的信息，而决策有用观不仅关心有关企业经营业绩的信息，更关心对决策有用的相关企业未来现金流动的金额、时间分布及其不确定方面的信息。

就会计信息强调的重点而言，受托责任观强调的是反映过去的、客观的会计信息，而决策有用观则不仅强调过去的、客观的会计信息，更强调面向未来的、与决策相关的会计信息。

可见，如果从狭义的角度理解受托责任观，用来反映受托责任履行情况的信息只不过是决策有用信息的一部分，即委托人通过财务报告评价受托责任的履行情况，以做出是否继续维持或终止委托关系的决策。

如果从广义的角度理解受托责任观，即将委托与受托的关系扩展到广义的委托代理关系之上，那么反映受托责任的信息将不仅仅是企业所有者及债权人关心的有关受托资源保值增值方面的信息，也包括其他资源委托者，如委托自身资源的职工、委托环境资源的社区、委托信用资源的供应商关心的相关信息。会计信息的性质不仅要求能够反映过去、现在，也要求能够预测未来。也就是说，基于这一角度来理解委托与受托关系，则两种观点在内涵上趋于一致。

一般而言，人为扩大受托责任观的做法似乎有些牵强，因此可以把决策有用观，即提供对会计信息使用者决策有用的信息视为会计的基本目标，而把受托责任观，即反映受托责任的履行情况看成决策有用的重要组成部分和核心内容，更有助于人们把握会计的基本目标。我国企业会计准则就采取了这种融合的方式，即把会计的基本目标定义为财务会计报告的目标是向财务会计报告使用者提供与企业财务状况、经营成果和现金流量等有关的会计信息，反映企业管理层受托责任履行情况，有助于财务会计报告使用者做出经济决策，财务会计报告使用者包括投资者、债权人、政府及其有关部门和社会公众等。

这两种观点适用的经济环境不同，受托责任观要求两权分离是直接进行的，所有者与经营者都十分明确，两者直接建立委托受托关系，没有模糊和缺位的现象；而决策有用观要求两权分离必须通过资本市场进行，两者不能直接交流，委托者在资本市场上以一个群体出现，从而使两者的委托关系变得模糊。

（四）会计目标与会计目的、会计任务

会计目标与会计目的不同，会计目的是相对于会计实践活动而主观提出的，它不属于会计信息系统，是在该系统以外回答人们利用会计信息来干些什么的；而会计目标则不是，它属于会计信息系统的组成部分，一经明确，作为其具体化的会计职能就确定了。因为会计目标提出后，不论是从质的方面，还是从量的方面，都规定了会计能提供什么种类和内容以及什么方式的信息，此时会计目标不能超出这个范围，除非又提出新的目标。会计目标能深刻地反映会计目的，会计目的又反过来约束会计目标。因为没有高要求的会计目的，也就设计不出高的会计目标。即使设计了较高的会计目的，在会计自身功能不好的情况下，也无法为会计活动提出相应的高目标。因此，会计目的只能通过影响会计目标而促使我们去发展会计本身所具有的功能，并且借助其发展来促进会计目的的实现。

会计目标主要是表明会计信息使用者及其要求的信息和信息范围，其实质是在总体上规范会计信息的需求量，旨在界定提供会计信息量的多与少。

会计目标与会计任务不同，会计目标尽管也是人们主观提出来的，但是它是构成会计信息系统的组成部分，是有客观依据的。它主要是就会计提供什么数量、质量的信息提出明确的目的与要求，不是对整个会计工作提出目的与要求。会计任务是人们主观提出的，是就会计工作而言的，是进行会计工作之前的一种设想，即进行会计工作应该达到什么目的与要求。我们应该注意会计目标、会计目的和会计任务之间的区别与联系。

## 二、会计信息质量特征

会计作为一项管理活动，主要目的之一是向企业的利益相关者提供反映经营者的受托责任履行情况和供投资者做决策的会计信息。要达到这个目的，我们就必须要求会计信息具有一定的质量特征。会计信息质量特征也称会计信息质量要求、会计信息质量标准。根据我国《企业会计准则——基本准则》的规定，会计信息质量特征包括以下八项：可靠性、相关性、可理解性、可比性、实质重于形式、重要性、谨慎性、及时性。这些质量特征要求会计人员在处理会计业务、提供会计信息时，应当遵循这些对会计信息的质量要求，以便更好地为企业的利益相关者服务。

（一）可靠性

《企业会计准则——基本准则》第十二条规定："企业应当以实际发生的交易或者事项为依据进行会计确认、计量和报告，如实反映符合确认和计量要求的各项会计要素及其他相关信息，保证会计信息真实可靠、内容完整。"

可靠性也称客观性、真实性，是对会计信息质量的一项基本要求。因为会计提供的会计信息是投资者、债权人、政府及有关部门和社会公众的决策依据，如果会计数据不能客观、真实地反映企业经济活动的实际情况，势必无法满足各有关方面了解企业财务状况和经营成果以进行决策的需要，甚至可能导致错误的决策。可靠性要求会计核算的各个阶段，包括会计确认、计量、记录和报告，必须力求真实客观，必须以实际发生的经济活动及表明经济业务发生的合法凭证为依据。

在会计实务中，有些数据只能根据会计人员的经验或对未来的预计予以计算。例如，固定资产的折旧年限、制造费用分配方法的选择等，都会受到一定程度的个人主观意志的影响。不同会计人员对同一经济业务的处理出现不同的计量结果是在所难免的。但是，会计人员应在统一标准的条件下将可能发生的误差降到最低程度，以保证会计核算提供的会计资料真实可靠。

（二）相关性

《企业会计准则——基本准则》第十三条规定；"企业提供的会计信息应当与财务会计报告使用者的经济决策需要相关，有助于财务会计报告使用者对企业过去、现在或者未来的情况作出评价或者预测。"

相关性也称有用性，也是会计信息质量的一项基本要求。信息要有用，就必须与使用者的决策需要相关。当信息通过帮助使用者评估过去、现在或未来的事项，或者通过确证或纠正使用者过去的评价，影响使用者的经济决策时，信息就具有相关性。这就要求信息具有预测价值和确证价值（又称反馈价值）。

信息的预测价值和确证价值是可以统一的。例如，关于企业拥有资产的数量和结构的信息，对使用者来说，既可以用来预测企业利用现有机遇应付不利形势的能力，也可以证明过去对企业资产数量和结构以及计划经营活动的预测与结果的一致性。同时，预测未来的财务状况和经营业绩以及股利和工资的支付、证券价格的变动等使用者关心的其他事宜，常常以当前财务状况和过去经营业绩的信息为基础。

（三）可理解性

《企业会计准则——基本准则》第十四条规定："企业提供的会计信息应当清晰明了，便于财务会计报告使用者理解和使用。"

可理解性也称明晰性，是对会计信息质量的一项重要要求。提供会计信息的目的在于使用，要使用就必须了解会计信息的内涵，明确会计信息的内容，如果无法做到这一点，就谈不上对决策有用。信息是否被使用者理解，取决于信息本身是否易懂，也取决于使用者理解信息的能力。可理解性是决策者与决策有用性的连接点。如果信息不能被决策者理解，那么这种信息毫无用处。因此，可理解性不仅是信息的一种质量标准，也是一个与信息使用者有关的质量标准。会计人员应尽可能传递、表达易被人理解的会计信息，而使用者也应设法提高自身的综合素养，以增强理解会计信息的能力。

（四）可比性

《企业会计准则——基本准则》第十五条规定："企业提供的会计信息应当具有可比性。"

为了明确企业财务状况和经营业绩的变化趋势，使用者必须能够比较企业不同时期的财务报表。为了评估不同企业的财务状况、经营业绩和现金流量，使用者还必须能够比较不同企业的财务报表。因此，对整个企业及其不同时点以及对不同企业而言，同类交易其他事项的计量和报告，必须采用一致的方法。

可比性也是会计信息质量的一项重要要求。可比性包括两方面的含义，即同一企业在不同时期的纵向可比、不同企业在同一时期的横向可比。要做到这两个方面的可比，就必须做到同一企业不同时期发生的相同或相似的交易（事项），应当采用一致的会计政策，不得随意变更，确需变更的，应当在附注中说明；不同企业发生的相同或者相似的交易（事项），应当采用规定的会计政策，确保会计信息口径一致、相互可比。

（五）实质重于形式

《企业会计准——基本准则》第十六条规定："企业应当按照交易或者事项的经济实质进行会计确认、计量和报告，不应仅以交易或者事项的法律形式为依据。"

如果要真实地反映拟反映的交易或其他事项，那就必须根据它们的实质和经济现实，而不是仅仅根据它们的法律形式进行核算和反映。交易或其他事项的实质，并非与它们的外在法律形式相一致。实质重于形式就是要求在对会计要素进行确认和计量时，重视交易的实质，而不管其采用何种形式。

在这方面，最典型的例子当数对融资租入固定资产的确认。从形式上看，该项固定资产的所有权在出租方，企业只是拥有使用权和控制权。也就是说，该项固定资产并不是企业购入的固定资产，因此不能将其作为企业的固定资产加以核算。但是，由于融资租入固定资产的租赁期限一般都超过了固定资产可使用期限的大部分，而且到期时企业能够以非常低的价格购买该项固定资产，因此为了正确地反映企业的资产和负债状况，对于融资租入的固定资产一方面应作为企业的自有固定资产加以核算，另一方面应作为企业的一项长期应付款加以反映。

（六）重要性

《企业会计准则——基本准则》第十七条规定："企业提供的会计信息应当反映与企业财务状况、经营成果和现金流量等有关的所有重要交易或者事项。"

重要性是指财务报告在全面反映企业的财务状况和经营成果的同时，应当区别经济业务的重要程度，采用不同的会计处理程序和方法。具体来说，对于重要的经济业务，应单独核算，分项反映，力求准确，并在财务报告中重点说明；对于不重要的经济业务，在不影响会计信息真实性的情况下，可以适当简化会计核算或合并反映，以便集中精力抓好关键。

重要性的意义在于，对会计信息使用者来说，对经营决策有重要影响的会计信息是最需要的，如果会计信息不分主次，反而会有碍使用，甚至影响决策。对不重要的经济业务简化核算或合并反映，可以节省人力、物力和财力，符合成本效益原则。

需要明确的是，重要性具有相对性，并不是同样的业务对不同的企业都是重要或不重要的事项。对某项会计事项判断其重要性，在很大程度上取决于会计人员的职业判断。一般来说，重要性可以从性质和数量两个方面进行判断。从性质方面来说，如果某会计事项发生可能对决策产生重大影响，则该事项属于具有重要性的事项；从数量方面来说，如果某会计事项的发生达到一定数量或比例可能对决策产生重大影响，则该事项属于具有重要性的事项。

（七）谨慎性

《企业会计准则——基本准则》第十八条规定："企业对交易或者事项进行会计确认、计量和报告应当保持应有的谨慎，不应高估资产或者收益、低估负债或者费用。"

谨慎性又称稳健性，是指在处理具有不确定性的经济业务时，应持谨慎态度，如果一项经济业务有多种处理方法可供选择时，应选择不导致夸大资产、虚增利润的方法。在进行会计核算时，企业应当合理预计可能发生的损失和费用，而不应预计可能发生的收入和过高估计资产的价值。

谨慎性的要求体现于会计核算的全过程，在会计上的应用是多方面的。例如，对应收账款提取坏账准备，就是对预计不能收回的货款先行作为本期费用，计入当期损益，以后确实无法收回时冲销坏账准备。又如，固定资产采用加速折旧法等。

遵循谨慎性，对于企业存在的经营风险加以合理估计，对防范风险起到预警作用，有利于企业做出正确的经营决策，有利于保护投资者和债权人的利益，有利于提高企业在市场上的竞争能力。但是，企业在运用谨慎性时，不能滥用，不能以谨慎性原则为由任意计提各种准备，即秘密准备。例如，按照有关规定，企业应当计提坏账准备、存货跌价准备等减值准备。但是，在实际执行时，有些企业滥用会计准则给予的会计政策，在前一年度大量计提减值准备，待后一年度再予以转回。这种行为属于滥用谨慎性，计提秘密准备，是企业会计准则所不允许的。

（八）及时性

《企业会计准则——基本准则》第十九条规定："企业对于已经发生的交易或者事项，应当及时进行会计确认、计量和报告，不得提前或者延后。"

信息的报告如果不适当地拖延，就可能失去其相关性。当然，及时提供可能会损坏可靠性。企业可能需要权衡及时报告与提供可靠信息的优缺点。为了在及时的基础上提供信息，企业在了解某一交易或其他事项的所有方面之前，就可能有必要

23

做出报告，这就会损害可靠性。相反，如果推迟到了解所有方面之后再报告，信息可能极为可靠，但是对于必须在事中决策的信息使用者来说，用处可能很小。要在相关性和可靠性之间达到平衡，决定性的问题是如何最佳地满足使用者的经济决策需要。

上述八项会计信息质量特征，在实务中常常需要在各要求之间权衡或取舍。其目的一般是为了达到质量特征之间的适当平衡，以便实现财务报告的目标。质量特征在不同情况下的相对重要性，属于会计人员的职业判断问题。

### 三、会计假设

会计核算的对象是资金运动，而在市场经济条件下，由于经济活动的复杂性决定了资金运动也是一个复杂的过程，因此面对变化不定的经济环境，摆在会计人员面前的一系列问题必须首先得到解决。例如，会计核算的范围有多大，会计为谁核算、给谁记账；会计核算的资金运动能否持续不断地进行下去；会计应该在什么时候记账、算账、报账；会计在核算过程中应该采用什么计量手段，等等。这些都是进行会计核算工作的前提条件。

会计假设，即会计核算的基本前提，是指为了保证会计工作的正常进行和会计信息的质量，对会计核算的范围、内容、基本程序和方法所做的合理设定。会计假设是人们在长期的会计实践中逐步认识和总结形成的。结合我国实际情况，企业在组织会计核算时，应遵循的会计假设包括会计主体假设、持续经营假设、会计分期假设、货币计量假设。

#### （一）会计主体假设

《企业会计准则——基本准则》第五条规定："企业应当对其本身发生的交易或者事项进行会计确认、计量和报告。"这是对会计主体假设的描述。

会计主体是会计工作服务的特定单位或组织。会计主体假设是指会计核算应当以企业发生的各项经济业务为对象，记录和反映企业本身的各项经济活动。也就是说，会计核算是反映一个特定企业的经济业务，即只记本主体的账。尽管企业本身的经济活动总是与其他企业、单位或个人的经济活动相联系，但对于会计来说，其核算的范围既不包括企业所有者本人，也不包括其他企业的经济活动。会计主体假设明确了会计工作的空间范围。会计主体是会计反映的特定对象，会计主体假设规定了会计信息的来源空间，它要求会计加工的信息只能来自特定的经营主体。这就意味着，来自主体之外的任何经济单位或个体的信息，即使与主体有密切的经济联系，如来自企业工会或股东并反映其经济活动的信息，也不能用针对特定经营主体而建立的会计系统来加工。之所以将会计主体称为假设，是因为会计主体既有其存在的客观依据，也有主观判断或人为划分的成分。其存在的客观依据是在正常情况下，每一个会计主体都有自己独立的经济活动；其主观判断的成分表现在经济主体的经济活动往往与其相关的经济活动密不可分，如企业与股东的经济活动以及企业与其子公司的经济活动往往难以截然分开。在划分会计主体时也难免有主观划分的成分，如是否把企业的下属分公司确定为一个独立的会计主体等。

会计主体具有三层含义，即独立体、整体和实体。独立体意味着，会计主体一定要有自己独立的经济活动，或者说它的经济活动一定能够与相关主体的经济活动划清界限。也就是说，如果不能划清界限，就不能成为一个会计主体，如一个企业的策划部门和内部审计部门就不能成为一个会计主体，原因是它们没有自己独立的收入来源和费用支出。所谓整体，是指会计反映的对象是企业整体，而不能只反映企业经济活动的一部分或一个环节。当然，财务会计有时也会对准企业经济活动的某个局部或环节，如分部会计，但其最终目的是通过报告局部情况来帮助财务报告使用者监控全局。所谓实体，是指会计主体是一个经济实体，而不一定是一个法律主体，如由多个具有法人资格的公司按照控股关系组成的公司集团以及一个具有自己独立经济活动的分公司等，它们都不具有法人资格，但都可以成为一个会计主体。从另外的角度讲，一个法人单位或个人都是一个享有法定权利并承担法律义务的人，按理都应通过会计来反映其经济活动，但在现实中，一个自然人或一个规模较小的法人单位，往往由于其经济活动较为简单而不建立账簿进行独立核算，因而也就不必成为一个会计主体。会计主体与法律主体不是同一概念。一般来说，法律主体必然是会计主体，但会计主体不一定就是法律主体。会计主体可以是一个有法人资格的企业，也可以是由若干家企业通过控股关系组织起来的集团公司，还可以是企业、单位下属的二级核算单位。独资、合伙形式的企业都可以作为会计主体，但都不是法律主体。

提出会计主体假设的目的就是要明确会计反映的主体及其空间范围，或者将会计系统的信息来源限制在规定的范围内，以使人们在设计这一系统时有一个明确的空间界限。在运行这一系统时，人们能够清楚地知道，会计系统加工的信息来自特定的经济主体，会计系统输出的信息是反映特定主体财务状况、经营成果及财务状况变动情况的信息。会计主体假设是持续经营、会计分期假设和其他会计核算基础的基础，因为如果不划定会计的空间范围，则会计核算工作就无法进行，指导会计核算工作的有关要求也就失去了存在的意义。

（二）持续经营假设

《企业会计准则——基本准则》第六条规定："企业会计确认、计量和报告应当以持续经营为前提。"这是对持续经营假设的描述。

持续经营是指会计主体的生产经营活动将无限期地延续下去，在可以预见的未来不会因破产、清算、解散等而不复存在。持续经营之所以是一种假设，是因为这一假设既有其存在的客观依据，也有主观判断的成分。其客观依据是大部分企业都能够持续地生存下去，或者说任何一个企业在成立伊始都准备持久地生存下去；其主观判断的成分表现在很多企业会因特殊原因而被迫中断经营。正因为企业有可能出现经营活动无法持续下去的情况，才需要通过假设为其铺平道路，否则连续确认、记录、计量，并定期报告的会计方法将无从建立。持续经营假设是指会计核算应当以企业持续、正常的生产经营活动为前提，而不考虑企业是否破产清算等，在此前提下选择会计程序及会计处理方法，进行会计核算。尽管客观上企业会由于市场经济的竞争面临被淘汰的危险，但只有假定作为会计主体的企业是持续的、正常经营的，会计的有关要求和会计程序及方法才有可能建立在非清算的基础之上，不采用破产清算的一套处理方法，这样才能保持会计信息处理的一致性和稳定性。持续经营假设明确了会计工作的时间范围。

会计核算使用的一系列方法和遵循的有关要求都是建立在会计主体持续经营的基础之上的。例如，只有在持续经营的前提下，企业的资产和负债才能区分为流动的和非流动的；企业对收入、费用的确认才能采用权责发生制；企业才有必要确立会计分期假设和配比、划分收益性支出和资本性支出、历史成本等会计确认与计量要求。

持续经营假设对会计方法的建立具有重要的意义。首先，从会计确认的角度看，如果企业不能持续地经营下去，就没有必要对企业的经营活动进行分期报告，如果没有会计分期，按权责发生制将交易和事项在不同期间进行确认的会计原则就没有必要。从会计计量的角度看，如果企业不能持续经营，财务报告使用者关心的不是一项资产应该在本期摊销多少计入费用以及摊销后资产的剩余价值是多少，而是关心这项资产现在值多少钱或其可变现净值是多少。因此，固定资产折旧、无形资产摊销以及费用与相应的收入如何进行恰当配比等方法将失去存在的依据。从会计报告的角度讲，如果企业不能持续生存，分期定时报告企业财务状况及经营成果的方法将不复存在，因为人们此时关心的不过是企业的清算资产和清算损益是多少。因此，持续经营是一系列会计方法建立的前提，离开持续经营假设，现行会计方法中的绝大部分都将失去其存在的依据。

基于以上原因，我国《企业会计准则第30号——财务报表列报》的基本要求规定，持续经营是会计的基本前提，是会计确认、计量以及编制财务报表的基础。企业会计准则规范的是持续经营条件下的企业对其发生交易和事项进行确认、计量和报告，如果企业经营出现了非持续经营，应当采用其他基础编制财务报表。因此，在编制财务报表的过程中，企业管理层应当对企业持续经营的能力进行评价，对企业持续经营的能力产生严重怀疑的，应当在附注中披露导致对持续经营能力产生重大怀疑的重要的不确定因素。非持续经营是企业在极端情况下出现的一种情况，非持续经营往往取决于企业所处的环境以及企业管理部门的判断。一般而言，企业如果存在以下情况之一，则通常表明其处于非持续经营状态：一是企业已经在当期进行清算或停止营业，二是企业已经正式决定在下一个会计期间进行清算或停止营业，三是企业已经确定在当期或下一个会计期间没有其他可供选择的方案而将被迫进行清算或停止营业。

企业处于非持续经营状态时，应当采用其他基础编制财务报表，比如破产企业的资产可以按其可收回价值或可变现净值计量，负债可以按照预计偿付的金额计量等，并在附注中声明财务报表未以持续经营为基础列报，披露未以持续经营为基础的原因以及财务报表的编制基础。由于企业在持续经营和非持续经营环境下采用的会计计量基础不同，所得出的经营成果和财务状况就会有所不同，因此在财务报表附注中披露非持续经营信息对报表使用者而言非常重要。

（三）会计分期假设

《企业会计准则——基本准则》第七条规定："企业应当划分会计期间，分期结算账目和编制财务会计报告。会计期间分为年度和中期。中期是指短于一个完整的会计年度的报告期间。"这是对会计分期假设的描述。

会计分期是指把企业持续不断的生产经营过程划分为较短的相对等距的会计期间。会计分期假设的目的在于，通过会计期间的划分，分期结算账目，按期编制财务报告，从而及时地向有关方面提供反映财务状况和经营成果的会计信息，满足有关方面的需要。从理论上来说，在企业持续经营的情况下，要反映企业的财务状况和经营成果只有等到企业所有的生产经营活动结束后，才能通过收入和费用的归集与比较，进行准确计算，但那时提供的会计信息已经失去了应有的作用。因此，必须人为地将这个过程划分为较短的会计期间。

会计分期假设是对会计工作时间范围的具体划分，其中一个重要问题是期间长短的问题。期间太长会导致会计信息失去及时性，而期间太短则会增加信息成本。在中世纪的意大利，有些家族企业每次结账时间的间隔期长达十年之久，到了16世纪，东印度公司则于每次航海活动结束时进行结账清算，直到英国工业革命发生以后，按年、按月结账的做法才逐步普及开来。目前，世界各国采用的会计年度一般都与本国的财政年度相同。我国的企业会计准则规定，会计期间分为年度和中期。我国以日历年度作为会计年度，即从公历的1月1日至12月31日为一个会计年度，但在企业生产经营活动开始或结束的特殊年度，年度则为当年实际经营期间。会计年度确定后，一般按日历确定会计半年度、会计季度和会计月度，凡是短于一个完整的会计年度的报告期间均称为中期。

会计分期假设有着重要的意义。有了会计分期，才产生了本期与非本期的区别，才产生了收付实现制和权责发生制以及划分收益性支出和资本性支出、配比等要求。只有正确地划分会计期间，才能准确地提供财务状况和经营成果的资料，才能进行会计信息的对比。

会计分期是指人们为了及时、有规则地报告企业的财务状况、经营成果和现金流量而人为地将持续不断的经营活动分割为首尾相接、间隔相等的期间。会计分期是一个主观判断成分较多的基本前提，这是因为在现实生产经营实践中，很难找到产品生产经营周期与日历周期相吻合的生产经营活动。在多数情况下，企业的生产经营活动尤其是产品生产，在时间上是继起的、在空间上是并存的，人们不可能等到企业某项经营活动最终结束时才予以报告，因为那时已时过境迁，会计信息已失去及时性。为了有规则地报告企业的财务活动情况，人们只好假定企业的经营活动是可以分期进行的，只有这样才能为定期提供财务报告奠定基础。

会计分期同样是会计方法建立的基础，如果不做这样的约定，分期报告的方法将不复存在；如果不进行分期，以会计分期为基础的权责发生制将失去其存在的意义，进而导致以权责发生制为基础的会计方法将失去其存在的基础。同样，如果没有会计分期，分期计提折旧、跨期分摊费用等常用会计方法均失去其存在的意义，甚至连资本性支出、收益性支出以及期间费用等概念都失去了存在的必要性。此外，会计期间还发挥着与纳税期间、股利分派期间相配合的重要作用。因此，会计分期对会计方法的建立起着举足轻重的作用。

（四）货币计量假设

《企业会计准则——基本准则》第八条规定："企业会计应当以货币计量。"这是对货币计量假设的描述。

货币计量是指会计主体在会计核算过程中应采用货币作为计量单位记录、反映会计主体的经营情况。企业使用的计量单位较多，为了全面、综合地反映企业的生产经营活动，会计核算客观上需要一种统一的计量单位作为计量尺度。货币作为商品的一般等价物，能用以计量一切资产、负债和所有者权益以及收入、费用和利润，也便于综合。因此，会计必须以货币计量为前提。需要说明的是，其他计量单位，如实物、劳动工时等，在会计核算中也要使用，但不占主要地位。

我国的企业会计准则要求企业对所有经济业务采用同一种货币作为统一尺度来进行计量，若企业的经济业务用两种以上的货币计量，应该选用一种作为基准，称为记账本位币。记账本位币以外的货币则称为外币。我国有关会计法规规定，企业会计核算以人民币为记账本位币。业务收支以人民币以外的其他货币为主的企业，也可以选定该种货币作为记账本位币，但编制的会计报表应当折算为人民币来反映。

货币本身也有价值，它是通过货币的购买力或物价水平表现出来的，但在市场经济条件下，货币的价值也在发生变动，币值很不稳定，甚至有些国家出现恶性的通货膨胀，对货币计量提出了挑战。因此，货币计量是指会计计量应采用而且只能采用同质的货币单位作为计量单位。所谓同质的货币单位，是指不同时期的单位货币具有相同的购买力。这一假设实际上隐含着三层含义，或者说包含了三个二级假设：第一，企业的经济活动可以用多种货币单位计量，在多种计量单位并存的情况下，会计应当选择而且只能选择货币单位作为基本计量单位。所谓应当选择，是指只有货币计量单位，才能全面综合地提供可比的会计信息；所谓只能选择，是指如果不选货币单位作为基本计量单位，所建立的计量系统就不是会计。因此，这一假设规定了会计与其他计量活动的界限。第二，在选择货币单位作为基本计量单位的情况下，企业的经济活动，尤其是涉外企业的经济活动，可能涉及多种货币单位，在多种货币单位并存的情况下，会计只能选择一种货币作为基本计量单位，这种基本计量单位就是记账本位币。选择一种特定货币作为记账本位币的假设，使企业在存在多种货币单位的情况下，能够用一种最通用的货币单位统一衡量不同货币单位表现的经济活动，从而保证了不同经济业务的可比性。第三，在选择一种货币作为记账本位币的情况下，由于货币的购买力是不断变化的，为保证不同时期的会计信息具有可比性，必须假定币值是相对稳定的，即所谓币值不变假设。币值不变是货币计量被称为"假设"的最直接的原因，这一假设为会计方法的建立铺平了道路，因为如果在币值不断变化的情况下说会计信息具有可比性是根本不能成立的。但在现实生活中，尽管币值在不断变化，但如果变化幅度不大，人们仍然是可以接受的。也就是说，对其发生的微小变化是可以忽略不计的，这就是币值不变假设存在的依据。当然，如果货币购买力变化幅度超过一定界限，人们必须采用一定的方法对财务报告进行适当调整，以保证会计信息的有用性。一方面，我们在确定货币计量假设时，必须同时确立币值稳定假设，假设币值是稳定的，不会有大的波动，或者前后波动能够被抵销；另一方面，如果发生恶性通货膨胀，我们就需要采用特殊的会计原则，如采用物价变动会计原则来处理有关的经济业务。

综上所述，会计假设虽然是人为确定的，但完全是出于客观需要，有充分的客观必然性，否则会计核算工作就无法进行。这四项假设缺一不可，既有联系，也有区别，共同为会计核算工作的开展奠定了基础。

### 四、会计的确认

确认是指决定将交易或事项中的某一项目作为一项会计要素加以记录和列入财务报告的过程，是财务会计的一项重要程序。确认主要解决某一个项目是否确认、如何确认和何时确认三个问题，它包括在会计记录中的初始确认和在财务报告中的最终确认。凡是确认必须具备一定的条件。

我国《企业会计准则——基本准则》中规定了会计要素的确认条件，即初始确认条件和在报表中列示的条件。

会计要素的初始确认条件主要如下：

第一，符合要素的定义。将有关经济业务确认为一项要素，首先必须符合该要素的定义。

第二，有关的经济利益很可能流入或流出企业。这里的"很可能"表示经济利益流入或流出的可能性在50%以上。

第三，有关的价值及流入或流出的经济利益能够可靠地计量。如果不能够可靠地计量，确认就没有意义。

举例来说，《企业会计准则——基本准则》第二十一条规定的资产确认条件为："符合本准则第二十条规定的资产定义的资源，在同时满足以下条件时，确认为资产：（一）与该资源有关的经济利益很可能流入企业；（二）该资源的成本或者价值能够可靠地计量。"

经过确认、计量之后，会计要素应该在报表中列示。资产、负债、所有者权益

29

在资产负债表中列示，而收入、费用、利润在利润表中列示。

根据企业会计准则的规定，在报表中列示的条件是符合要素定义和要素确认条件的项目，才能列示在报表中，仅仅符合要素定义而不符合要素确认条件的项目，不能在报表中列示。

举例来说，《企业会计准则——基本准则》第二十二条规定："符合资产定义和资产确认条件的项目，应当列入资产负债表；符合资产定义、但不符合资产确认条件的项目，不应当列入资产负债表。"

会计加工处理信息的方法主要是分类记录和报告。分类记录和报告必须首先解决的问题就是要有一套明确的归类标准。在分类标准既定的情况下，还要判断所发生的交易或事项应该归入哪一类别，能否归于某一特定类别以及何时对其进行归类记录和报告等。这一过程就是通常所说的会计确认，因此会计确认是会计方法的基础，是研究会计理论不可回避的重大问题之一。会计确认在本质上就是将企业发生的交易或事项在特定的时间内按其性质认定为某一特定的类别或具体项目。

（一）会计要素

会计目标是向会计信息使用者提供反映会计对象运动状况的信息，这些信息往往是由一些基本信息指标体现出来的。为了全面揭示会计对象的运动状况，所设置的信息指标应能充分体现会计对象的运动特征。会计对象，即企业的资金运动也可以从静态和动态两个方面来把握。从特定时点来看，一方面，企业的资金被许多具体的形态所占用，表现为资产；另一方面，这些资产又必定来源于不同的渠道，具体表现为负债及所有者权益。从某个特定时期来看，企业的资金会因耗费而减少，同时也会因收回而增加，具体表现为费用及收入，而净增加则表现为利润。在这里，资产、负债、所有者权益、收入、费用、利润都是描述企业资金运动状态或基本特征的信息指标。

基于以上分析可以得出结论，会计要素是为实现会计目标而选定的，能够全面体现企业资金运动状态的基本特征，是会计加工信息的基本归类标准，也是用来揭示会计对象运动状态的基本信息指标。会计要素体现了企业交易或者事项的经济特征，但却不是对企业交易或事项进行分类的结果。会计要素既是复式记账的基础，也是会计报表的基本构件。

会计要素的划分在会计核算中有着十分重要的作用，具体表现在以下几个方面：

第一，会计要素是对会计对象的科学分类。会计对象的内容是多种多样、错综复杂的，为了科学、系统地对其进行反映和监督，我们必须对它们进行分类，然后按类设置账户并记录账簿。划分会计要素正是对会计对象进行分类。没有这种分类，就没法登记会计账簿，也就不能实现会计的反映职能了。

第二，会计要素是设置会计科目和会计账户的基本依据。对会计对象进行分类，必须确定分类的标志。而这些标志本身就是账户的名称，即会计科目。不将会计对象分为会计要素，就无法设置会计账户，也就无法进行会计核算。

第三，会计要素是构成会计报表的基本框架。会计报表是提供会计信息的基本手段，应该提供一系列指标，这些指标主要是由会计要素构成的，会计要素是会计报表框架的基本构成内容。从这个意义上讲，会计要素为设计会计报表奠定了基础。

我国的《企业会计准则——基本准则》严格定义了资产、负债、所有者权益、收入、费用和利润六大会计要素。这六大会计要素又可以划分为两大类，即反映财务状况的会计要素（又称资产负债表要素）和反映经营成果的会计要素（又称利润表要素）。其中，反映财务状况的会计要素包括资产、负债和所有者权益；反映经营成果的会计要素包括收入、费用以及利润。下面，我们将详细阐述各会计要素的具体内容。

1. 资产

（1）资产的定义与特征。资产是指由过去的交易或者事项形成的，由企业拥有或者控制的，预期会给企业带来经济利益的资源。该资源在未来一定会给企业带来某种直接或间接的现金和现金等价物流入。资产的确认须满足以下几个条件，或者说资产具有以下几个基本特征：

第一，资产是由以往事项所导致的现时权利，也就是说，"过去发生"原则在资产的定义中占有举足轻重的地位。这也是传统会计的一个显著特点。尽管现有的一些现象，特别是衍生金融工具的出现，已对"过去发生"原则提出了挑战，但这一原则仍然在实务中得到了普遍接受。

第二，资产必须为某一特定主体所拥有或者控制。这是因为会计并不计量所有的资源，而仅计量在某一会计主体控制之下的资源，所以会计中计量的资产就应该或者说必须归属于某一特定的主体，即具有排他性。这里"拥有"是指企业对某项资产拥有所有权，而"控制"则是指企业实质上已经掌握了某项资产的未来收益和风险，但是目前并不拥有所有权。前者泛指企业的各种财产、债权和其他权利，而后者则指企业只具有使用权而没有所有权的各项经济资源，如企业融资租入的固定资产等。

第三，资产能为企业带来未来的经济利益，即资产单独或与企业的其他要素结合起来，能够在未来直接或间接地产生净现金流入。这是资产的本质所在。按照这一特征，判断一个项目是否构成资产，一定要看它是否潜存着未来的经济利益。只有那些潜存着未来经济利益的项目才能被确认为资产。

除此之外，资产作为一项经济资源，与其有关的经济利益必须是很可能流入企业，而且该资源的成本或者价值能够可靠地计量。

（2）资产的构成。企业的资产按其流动性的不同，可以划分为流动资产和非流动资产。

①流动资产是指可以在一年或者超过一年的一个营业周期内变现或者耗用的资产，主要包括库存现金、银行存款、应收及预付款项、存货等。

库存现金是指企业持有的现款，也称现金。库存现金主要用于支付日常发生的小额、零星的费用或支出。

银行存款是指企业存入某一银行账户的款项，该银行为该企业的"开户银行"。企业的银行存款主要来自投资者投入资本的款项、负债融入的款项、销售商品的货款等。

应收及预付款项是指企业在日常生产经营过程中发生的各项债权，包括应收款项（应收票据、应收账款、其他应收款等）和预付款项等。

存货是指企业在日常的生产经营过程中持有以备出售，或者仍然处在生产过程中将要消耗，或者在生产或提供劳务的过程中将要耗用的各种材料或物料，包括库存商品、半成品、在产品以及各类材料等。

②非流动资产是指不能在一年或者超过一年的一个营业周期内变现或者耗用的资产，主要包括长期投资、固定资产、无形资产等。

长期投资是指持有时间超过一年（不含一年）、不能变现或不准备随时变现的股票和其他投资。企业进行长期投资的目的是获得较为稳定的投资收益或者对被投资企业实施控制或影响。

固定资产是指企业使用年限超过一年的房屋、建筑物、机器、机械、运输工具以及其他与生产、经营有关的设备、器具、工具等。

无形资产是指企业拥有或者控制的没有实物形态的可辨认非货币性资产。无形资产包括专利权、非专利技术、商标权、著作权、土地使用权等。

2. 负债

（1）负债的定义与特征。负债是指由过去的交易或事项形成的、预期会导致经济利益流出企业的现时义务。履行义务将会导致经济利益流出企业。未来发生的交易或者事项所形成的义务是不属于现时义务的，不应当确认为负债。负债具有如下特征：

第一，负债是由以往交易或事项导致的现时义务。也就是说，"过去发生"原则在负债的定义中占有举足轻重的地位。这也是传统会计的一个显著特点。

第二，负债在将来必须以债权人所能接受的经济资源加以清偿。这是负债的实质所在。也就是说，负债的实质是将来应该以牺牲资产为代价的一种受法律保护的责任。也许企业可以通过承诺新的负债或通过将负债转为所有者权益等方式来清偿一项现有负债，但这并不与负债的实质特征相背离。在前一种方式下，仅仅是负债的偿付时间被延迟了，最终企业仍然需要以债权人所能接受的经济资源来清偿债务；在后一种方式下，相当于企业用增加所有者权益而获得的资产偿还了现有负债。

第三，负债的清偿会导致经济利益流出企业。企业无论以何种方式偿债，均会使经济利益流出企业，而且这种在未来流出的经济利益的金额能够可靠地计量。

（2）负债的构成。负债通常是按照流动性进行分类的。这样分类的目的在于，了解企业流动资产和流动负债的相对比例，大致反映出企业的短期偿债能力，从而向债权人揭示债权的相对安全程度。负债按照流动性不同，可以分为流动负债和非流动负债。

①流动负债是指将在一年（含一年）或者超过一年的一个营业周期内偿还的债务，包括短期借款、应付及预收款项等。

短期借款是指企业从银行或其他金融机构借入的期限在一年以下的各种借款，如企业从银行取得的、用来补充流动资金不足的临时性借款。

应付及预收款项是指企业在日常生产经营过程中发生的各项债务，包括应付款项（应付票据、应付账款、应付职工薪酬、应交税费、应付利息、应付股利、其他应付款等）和预收款项等。

②非流动负债是指偿还期在一年或者超过一年的一个营业周期以上的债务，包括长期借款、应付债券、长期应付款等。

长期借款是指企业从银行或其他金融机构借入的期限在一年以上的各项借款。企业借入长期借款，主要是为了长期工程项目。

应付债券是指企业为筹集长期资金而实际发行的长期债券。

长期应付款是指除长期借款和应付债券以外的其他长期应付款项，包括应付引进设备款、融资租入固定资产应付款等。

除了上述这种传统的分类以外，负债还可以按照偿付的形式不同，分为货币性负债和非货币性负债。货币性负债是指那些需要在未来某一时点支付一定数额货币的现有义务，而非货币性负债则是指那些需要在未来某一时点提供一定数量和质量的商品或服务的现有义务。

将负债区分为货币性和非货币性，在通货膨胀和外币报表折算的情况下是非常有用的。在通货膨胀的情况下，持有货币性负债会取得购买力损益，而非货币性负债则不受物价变动的影响。在需要进行外币报表折算的情况下，对货币性的外币负债可以按统一的期末汇率进行折算，而对非货币性的外币负债则应采用不同的折算汇率。

3. 所有者权益

（1）所有者权益的定义与特征。所有者权益也称股东权益，是指资产扣除负债后由所有者享有的剩余权益。所有者权益在数值上等于企业全部资产减去全部负债后的余额。其实质是企业从投资者手中所吸收的投入资本及其增值，同时也是企业进行经济活动的"本钱"。

（2）所有者权益的构成。所有者权益的来源包括所有者投入的资本、直接计入所有者权益的利得和损失、留存收益等，通常由实收资本、资本公积、盈余公积和未分配利润构成。

①实收资本。企业的实收资本（股份制企业的股本）是指投资者按照企业章程或合同的约定，实际投入企业的资本。实收资本是企业注册成立的基本条件之一，也是企业承担民事责任的财力保证。

②资本公积。企业的资本公积也称准资本，是指归企业所有者共有的资本。资

本公积主要来源于资本在投入过程中产生的溢价以及直接计入所有者权益的利得和损失。资本公积主要用于转增资本。

③盈余公积。盈余公积是指企业按照法律法规的规定从净利润中提取的留存收益。盈余公积包括法定盈余公积，即企业按照《中华人民共和国公司法》（以下简称《公司法》）规定的比例从净利润中提取的盈余公积金；任意盈余公积，即企业经股东大会或类似机构批准后按照规定的比例从净利润中提取的盈余公积金。企业的盈余公积可以用于弥补亏损、转增资本（股本）。符合规定条件的企业，也可以用盈余公积分派现金股利。

④未分配利润。未分配利润是指企业留待以后年度分配的利润。这部分利润也属于企业的留存收益。

（3）所有者权益与负债的区别。所有者权益和负债虽然同是企业的权益，都体现企业的资金来源，但两者之间却有着本质的不同，具体表现为：

第一，负债是企业对债权人所承担的经济责任，即企业负有偿还的义务；而所有者权益则是企业对投资人所承担的经济责任，在一般情况下是不需要归还给投资者的。

第二，债权人只享有按期收回利息和债务本金的权利，而无权参与企业的利润分配和经营管理；投资者则既可以参与企业的利润分配，也可以参与企业的经营管理。

第三，在企业清算时，负债拥有优先求偿权；而所有者权益则只能在清偿了所有的负债以后才返还给投资者。

4. 收入

（1）收入的定义与特征。收入是指企业在日常活动中形成的、会导致所有者权益增加的、与所有者投入资本无关的经济利益的总流入。收入的实质是企业经济活动的产出过程，即企业生产经营活动的结果。收入只有在经济利益很可能流入从而导致企业资产增加或者负债减少，而且经济利益的流入额能够可靠计量时才予以确认。收入具有以下特征：

第一，收入从企业的日常活动中产生，而不是从偶发的交易或事项中产生。

第二，收入可能表现为企业资产的增加，也可能表现为企业负债的减少，或者两者兼而有之。

第三，收入最终能导致企业所有者权益的增加。

第四，收入只包括本企业经济利益的流入，不包括为第三方或客户代收的款项。

（2）收入的构成。收入主要包括主营业务收入、其他业务收入和投资收益等。

①主营业务收入。主营业务收入也称基本业务收入，是指企业在其经常性的、主要业务活动中获得的收入，如工商企业的商品销售收入、服务业的劳务收入。

②其他业务收入。其他业务收入也称附营业务收入，是指企业在其非主要业务活动中获得的收入，如工业企业从销售原材料、出租包装物等业务取得的收入。

③投资收益。投资收益是指企业对外投资取得的收益减去发生的投资损失后的净额。

应该予以强调的是，上面所说的收入是指狭义的收入，它是营业性收入的同义语。广义的收入还包括直接计入当期利润的利得，即营业外收入。营业外收入是指企业发生的与其生产经营活动无直接关系的各项收入，包括处置固定资产净收益和取得的罚款收入等。

5. 费用

（1）费用的定义与特征。费用是指企业在日常活动中发生的，会导致所有者权益减少的、与向所有者分配利润无关的经济利益的总流出。费用具有如下特征：

第一，费用产生于过去的交易或事项。

第二，费用可能表现为资产的减少，也可能表现为负债的增加，或者两者兼而有之。

第三，费用能导致企业所有者权益的减少，但与向所有者分配利润无关。

（2）费用的构成。这里所说的费用其实包括两方面内容，即成本和费用。

成本是指企业为生产产品、提供劳务而发生的各种耗费，包括为生产产品或提供劳务而发生的直接材料费用、直接人工费用和各种间接费用。企业应当在确认收入时，将已销售产品或已提供劳务的成本等从当期收入中扣除，即计入当期损益。

费用一般是指企业在日常活动中发生的营业税费、期间费用和资产减值损失。

①营业税费。营业税费也称销售税费，是指企业营业活动应当负担并根据有关计税基数和税率确定的各种税费，如消费税、城市维护建设税、教育费附加以及车船税、房产税、城镇土地使用税和印花税等。

②期间费用。期间费用包括销售费用、管理费用和财务费用。

销售费用是指企业在销售商品的过程中发生的各项费用，包括企业在销售商品的过程中发生的运费、装卸费、包装费、保险费和广告费以及为销售本企业的商品而专设的销售机构（含销售网点、售后服务网点等）的职工薪酬等经营费用。

管理费用是指企业为组织和管理生产活动而发生的各项费用，包括企业的董事会和行政管理部门的职工工资、修理费、办公费和差旅费等公司经费以及聘请中介机构费、咨询费（含顾问费）、业务招待费等费用。管理费用的受益对象是整个企业，而不是企业的某个部门。

财务费用是指企业为筹集生产经营所需资金而发生的各项费用，包括应当作为期间费用的利息支出（减利息收入）、汇兑损失（减汇兑收益）以及相关的手续费等。

③资产减值损失。资产减值损失是指企业计提的坏账准备、存货跌价准备和固定资产减值准备等形成的损失。

费用与成本既有联系又有区别。费用是和期间相联系的，而成本是和产品相联系的；成本要有实物承担者，而费用一般没有实物承担者。两者都反映资金的耗费，都意味着企业经济利益的减少，也都是由过去已经发生的经济活动引起或形成的。

上面定义的费用是狭义上的概念。广义的费用还包括直接计入当期利润的损失和所得税费用。

直接计入当期利润的损失，即营业外支出，是指企业发生的与其生产经营活动无直接关系的各项支出，包括固定资产盘亏、处置固定资产净损失、处置无形资产净损失、罚款支出、捐赠支出和非常损失等。

所得税费用是指企业按税法的规定向国家缴纳的所得税。

值得注意的是，费用只有在经济利益很可能流出企业，而且流出额能够可靠计量时才能被确认为费用。

6. 利润

（1）利润的定义与特征。利润是指企业在一定会计期间的经营成果，包括收入减去费用后的净额、直接计入当期利润的利得和损失等。利润的实现会相应地表现为资产的增加或负债的减少，其结果是所有者权益的增加。

（2）利润的构成。利润具体指营业利润、利润总额和净利润。

①营业利润。营业利润是指主营业务收入加上其他业务收入，减去主营业务成本、其他业务成本、税金及附加、销售费用、管理费用、财务费用、资产减值损失，再加上公允价值变动净收益和投资净收益后的金额。营业利润是狭义收入与狭义费用配比后的结果。

②利润总额。利润总额是指营业利润加上营业外收入，减去营业外支出后的金额。

③净利润。净利润是利润总额减去所得税费用后的金额，是广义收入与广义费用配比后的结果。

从理论上讲，我国企业会计准则将会计要素分为资产、负债、所有者权益、收入、费用和利润六个方面既是充分的也是必要的，但在会计要素的定义方面却存在着明显的不足，具体表现在收入、费用以及利润的定义上。我国企业会计准则将收入局限在营业收入范围内，将费用局限在营业费用范围内，同时将利润定义为营业利润外加利得减损失。这一定义方式明显存在以下不足：第一，按照要素的充分性要求，会计要素应能充分揭示企业价值运动的全貌。若取狭义定义收入、费用，则无法反映营业收入以外的其他利润形成途径，如投资收益、营业外收入以及公允价值变动；无法描述营业费用以外的其他导致利润减少的事项，如投资损失、营业外支出以及资产减值等。第二，由于将利润定义为净利润，而将收入及费用定义为营业收入及营业费用，使"收入－费用＝利润"这一会计基本等式无法成立。

综上所述，在对现行会计要素进行调整时应做以下变动：第一，将收入定义为广义的收入，以"营业收入"取代现行企业会计准则中的"收入"概念，即收入包括营业收入和利得两部分。其中，营业收入是指企业日常活动中形成的，会导致所有者权益增加的与所有者投入无关的经济利益的总流入。利得是指企业非日常活动中形成的，会导致所有者权益增加的，与所有者投入无关的，不能直接计入所有者权益的经济利益的总流入。与收入相匹配，费用包括营业费用和损失两部分。营业费用就是现行企业会计准则中的"费用"，即营业费用是指日常活动中发生的，会导致所有者权益减少的，与所有者分配利润无关的经济利益的总流出。损失是指营业费用以外的偶发性的经济利益的减少，即损失是指企业非日常活动中发生的，会导致所有者权益减少的，与所有者分配利润无关的，不能直接计入所有者权益的经济利益的总流出。将利润定义为净利润或综合利润，即综合利润是指企业在一定期间取得的除资本投入和资本收回以外的企业所有者权益的净增加。这样定义的实质是在定义收入、费用时与国际会计准则口径相同，而在定义利润时则与美国会计准则中的"全面收益"概念一致。

（二）会计要素之间的关系

会计等式也称为会计平衡公式、会计方程式，是指表明各会计要素之间基本关系的恒等式。会计对象可以概括为资金运动，具体表现为会计要素，每发生一笔经济业务，都是资金运动的一个具体过程，每个资金运动过程都必然涉及相应的会计要素，从而使全部资金运动涉及的会计要素之间存在一定的相互联系，会计要素之间的这种内在关系可以通过数学表达式予以描述。这种表达会计要素之间基本关系的数学表达式就叫会计等式。

1. 基本会计等式

众所周知，企业要从事生产经营活动，一方面必须拥有一定数量的资产。这些资产以各种不同的形态分布于企业生产经营活动的各个阶段，成为企业生产经营活动的基础。另一方面，这些资产要么来源于债权人，从而形成企业的负债；要么来源于投资者，从而形成企业的所有者权益。由此可见，资产与负债和所有者权益，实际上是同一价值运动的两个方面。一个是"来龙"，一个是"去脉"。因此，这两方面之间必然存在着恒等关系。也就是说，一定数额的资产必然对应着相同数额的负债与所有者权益，而一定数额的负债与所有者权益也必然对应着相同数额的资产。这一恒等关系用公式表示出来就是：

资产＝负债＋所有者权益

这一会计等式是最基本的会计等式，也称为静态会计等式、存量会计等式，既表明了某一会计主体在某一特定时点所拥有的各种资产，也表明了这些资产的归属关系。这一会计等式是设置账户、复式记账以及编制资产负债表的理论依据，在会计核算体系中占有举足轻重的地位。

2. 经济业务的发生对基本会计等式的影响

企业在生产经营过程中，不断地发生各种经济业务。这些经济业务的发生会对有关的会计要素产生影响，但是不会破坏上述等式的恒等关系。为什么这样说呢？因为一个企业的经济业务虽然数量众多、各类繁杂，但归纳起来不外乎以下九种类型：

（1）经济业务的发生，导致资产项目此增彼减，但增减金额相等，故等式保持平衡。

（2）经济业务的发生，导致负债项目此增彼减，但增减金额相等，故等式保持平衡。

（3）经济业务的发生，导致所有者权益项目此增彼减，但增减金额相等，故等式保持平衡。

（4）经济业务的发生，导致负债项目增加，而所有者权益项目减少，但增减金额相等，故等式保持平衡。

（5）经济业务的发生，导致所有着权益项目增加，而负债项目减少，但增减金额相等，故等式保持平衡。

（6）经济业务的发生，导致资产项目增加，而同时负债项目亦增加相同金额，故等式保持平衡。

（7）经济业务的发生，导致资产项目增加，而同时所有者权益项目亦增加相同金额，故等式保持平衡。

（8）经济业务的发生，导致资产项目减少，而同时负债项目亦减少相同金额，故等式保持平衡。

（9）经济业务的发生，导致资产项目减少，而同时所有者权益项目亦减少相同金额，故等式保持平衡。

通过以上分析，我们可以得出如下结论：

第一，一项经济业务的发生，可能仅涉及资产与负债和所有者权益中的一方，也可能涉及双方，但无论如何，结果一定是基本会计等式的恒等关系保持不变。

第二，一项经济业务的发生，如果仅涉及资产与负债和所有者权益中的一方，则既不会影响到双方的恒等关系，也不会使双方的总额发生变动。

第三，一项经济业务的发生，如果涉及资产与负债和所有者权益中的双方，则虽然不会影响到双方的恒等关系，但会使双方的总额发生同增或同减变动。

3. 动态会计等式

企业的目标是从生产经营活动中获取收入，从而实现盈利。企业在取得收入的同时，必然要发生相应的费用。将一定期间的收入与费用相比较，收入大于费用的差额为利润；反之，收入小于费用的差额则为亏损。因此，收入、费用和利润三个要素之间的关系可用公式表示为：

收入－费用＝利润

这一等式也称为第二会计等式、增量会计等式，反映了企业某一时期收入、费用和利润的恒等关系，表明了企业在某一会计期间取得的经营成果，是编制利润表的理论依据。

4. 扩展的会计等式

企业的生产经营成果必然影响所有者权益，即企业获得的利润将使所有者权益增加，资产也会随之增加；企业发生亏损将使所有者权益减少，资产也会随之减少。因此，企业生产经营活动产生收入、费用、利润后，则基本会计等式就会演变为：

资产=负债+所有者权益+利润=负债+所有者权益+（收入−费用）

或者：

资产+费用=负债+所有者权益+收入

我们将这一等式称为扩展的会计等式。下面我们来考察企业经济业务的发生对该等式的影响：

第一，企业收入的取得，或者表现为资产要素和收入要素同时、同等金额的增加，或者表现为收入要素的增加和负债要素同等金额的减少，结果等式仍然保持平衡。

第二，企业费用的发生，或者表现为负债要素和费用要素同时、同等金额的增加，或者表现为费用要素的增加和资产要素同等金额的减少，结果等式仍然保持平衡。

第三，在会计期末，将收入与费用相减可以得出企业的利润。利润在按规定程序进行分配以后，留存企业的部分（包括盈余公积和未分配利润）转化为所有者权益的增加（或减少），同时要么是资产要素相应增加（或减少）、要么是负债要素相应减少（或增加），结果等式仍然保持平衡。

由于收入、费用和利润三个要素的变化实质上都可以表现为所有者权益的变化，因此上述三种情况都可以归纳到前面我们总结的九种业务类型中去。也正因为如此，上述扩展的会计等式才会始终保持平衡。

以上分析说明，资产、负债、所有者权益、收入、费用和利润这六大会计要素之间存在着一种恒等关系。会计等式反映了这种恒等关系，因此始终成立。任何经济业务的发生都不会破坏会计等式的平衡关系。

（三）收付实现制与权责发生制

收付实现制与权责发生制是确定收入和费用的两种截然不同的会计处理基础。正确地应用权责发生制是会计核算中非常重要的一条规范。企业生产经营活动在时间上是持续不断的，不断地取得收入，不断地发生各种成本、费用，将收入和相关的费用相配比，就可以计算和确定企业生产经营活动产生的利润（或亏损）。由于企业生产经营活动是连续的，而会计期间是人为划分的，因此难免有一部分收入和费用出现收支期间和应归属期间不一致的情况。于是，在处理这类经济业务时，我们应正确选择合适的会计处理基础。可供选择的会计处理基础包括收付实现制和权责发生制两种。

1. 收付实现制

收付实现制又称现收现付制，是以款项是否实际收到或付出作为确定本期收入和费用的标准。采用收付实现制会计处理基础，凡是本期实际收到的款项，不论其是否属于本期实现的收入，都作为本期的收入处理；凡是本期付出的款项，不论其是否属于本期负担的费用，都作为本期的费用处理。反之，凡是本期没有实际收到款项和付出款项，即使应归属于本期，也不作为本期收入和费用处理。这种会计处理基础，由于款项的收付实际上以现金收付为准，因此一般称为现金制。现举例说明收付实现制下会计处理的特点：

【例1-1】某企业于7月10日销售商品一批，7月25日收到货款，存入银行。

分析：这笔销售收入由于在7月份收到了货款，按照收付实现制的处理标准，应作为7月份的收入入账。

【例1-2】某企业于7月10日销售商品一批，8月10日收到货款，存入银行。

分析：这笔销售收入虽然属于7月份实现的收入，但由于是在8月份收到了货款，按照收付实现制的处理标准，应将其作为8月份的收入入账。

【例1-3】某企业于7月10日收到某购货单位一笔货款，存入银行，但按合同规定于9月份交付商品。

分析：这笔货款虽然属于9月份实现的收入，但由于是在7月份收到了款项，按照收付实现制的处理标准，应将其作为7月份的收入入账。

【例1-4】某企业于8月30日以银行存款预付材料采购款，但按合同规定材料将于10月份交货。

分析：这笔款项虽然属于未来有关月份负担的费用，但由于在8月份支付了款项，按照收付实现制的处理标准，应将其作为8月份的费用入账。

【例1-5】某企业于12月30日购入办公用品一批，但款项在明年的3月份支付。

分析：这笔费用虽然属于本年12月份负担的费用，但由于款项是在明年3月份支付，按照收付实现制的处理标准，应将其作为明年3月份的费用入账。

【例1-6】某企业于12月30日用银行存款支付本月水电费。

分析：这笔费用由于在本年12月份付款，按照收付实现制的处理标准，应作为本年12月份的费用入账。

从上面的举例可以看出，无论收入的权利和支出的义务归属于哪一期，只要款项的收付在本期，就应确认为本期的收入和费用，不考虑预收收入和预付费用以及应计收入和应计费用的存在。企业到会计期末根据账簿记录确定本期的收入和费用，因为实际收到和付出的款项，必然已经登记入账，所以不存在对账簿记录于期末进行调整的问题。这种会计处理基础核算手续简单，但强调财务状况的切实性，不同时期缺乏可比性，因此主要适用于行政事业单位。

2. 权责发生制

《企业会计准则——基本准则》第九条规定："企业应当以权责发生制为基础进行会计确认、计量和报告。"

顾名思义，权责发生制就是以"权利"的形成时间和"责任"或"义务"的发生时间来作为会计确认的时间基础。早期的权责发生制主要是用来判断收入和费用应在何时确认，如西德尼·戴维森等认为："权责发生制会计是按货物的销售（或交付）和劳务的提供来确认收入，而不考虑现金的收取时间；对费用也按与之相关联的收入的确认时间予以确认，而不考虑现金支付的时间。"在这句话中，"权利"仅指收取现金或其他经济利益的权利，"权利"发生则指企业已经通过货物的销售或劳务的提供取得了在现在或未来某一特定时间收取现金或其他经济利益的权利；"责任"或"义务"，即支付现金或其他经济利益的责任或义务，"责任"或"义务"的发生则指企业因购货、接受劳务或取得当期收益等事项而承担了支付现金或其他经济利益的责任或义务。

权责发生制又称应收应付制，是指企业以收入的权利和支出的义务是否归属于本期为标准来确认收入、费用的一种会计处理基础。权责发生制也就是以应收应付为标准，而不是以款项的实际收付是否在本期发生为标准来确认本期的收入和费用。在权责发生制下，凡是属于本期实现的收入和发生的费用，不论款项是否实际收到或实际付出，都应作为本期的收入和费用入账；凡是不属于本期的收入和费用，即使款项在本期收到或付出，也不作为本期的收入和费用处理。由于权责发生制不考虑款项的收付，而以收入和费用是否归属本期为准，因此又称为应计制。以前面【例1-1】至【例1-6】说明：在权责发生制下，第一种情况和第六种情况收入与费用的归属期和款项的实际收付同属相同的会计期间，确认的收入与费用与收付实现制相同。第二种情况应作为7月份的收入，因为收入的权利在7月份就实现了。第三种情况应作为9月份的收入，因为7月份只是收到款项，并没有实现收入的权利。第四种情况应作为消耗材料当月的费用。第五种情况应作为本年12月份的费用，因为12月份已经发生支出的义务了。

可见，与收付实现制相反，在权责发生制下，企业必须考虑预收、预付和应收、应付。由于企业日常的账簿记录不能完全反映本期的收入和费用，需要在会计期末对账簿记录进行调整，使未收到款项的应计收入和未付出款项的应付费用以及收到款项而不完全属于本期的收入和付出款项而不完全属于本期的费用，归属于相应的会计期间，以便正确地计算本期的经营成果。权责发生制不仅是收入、费用确认的时间基础，也是资产、负债确认的时间基础，因此是会计确认的时间基础。采用权责发生制核算比较复杂，但反映本期的收入和费用比较合理、真实，因此适用于企业。

### 五、会计计量

#### （一）会计计量属性

会计通常被认为是一个对会计要素进行确认、计量和报告的过程，其中会计计量在会计确认和报告之间起着十分重要的作用。一般来说，会计量主要由计量单位和计量属性两方面的内容构成，两者的不同组合就形成了不同的计量模式。

正如在会计假设中阐述的那样，会计应该坚持货币计量假设，以货币作为计量单位。但货币的本质是充当一般等价物的商品，其本身也有价值，而且其价值也在不断变动。因此，计量单位至少存在两种形式的选择：一是名义货币单位，二是不变货币单位（一般购买力单位）。会计计量通常使用的是名义货币，即以币值稳定为基本假设。但如果通货膨胀率居高不下，无视购买力的变化就会严重扭曲会计信息，解决这个问题的办法就是使用物价变动会计（或者称通货膨胀会计）。

会计计量属性是指可予以计量的特性或外在表现形式，它是区分不同计价模式的主要标准。

1. 常用的会计计量属性

根据《企业会计准则——基本准则》第四十二条的规定，会计计量属性主要包括：

（1）历史成本。在历史成本计量属性下，资产按照购置时支付的现金或现金等价物的金额，或者按照购置资产时付出的代价的公允价值计量。负债按照因承担现时义务而实际收到的款项或资产的金额，或者承担现时义务的合同金额，或者按照日常活动中为偿还负债预期需要支付的现金或现金等价物的金额计量。

（2）重置成本。在重置成本计量属性下，资产按照现在购买相同或相似资产需要支付的现金或现金等价物的金额计量。负债按照现在偿付该项债务所需支付的现金或现金等价物的金额计量。

（3）可变现净值。在可变现净值计量属性下，资产按照其正常对外销售所能收到现金或现金等价物的金额扣减该资产至完工时估计将要发生的成本、估计的销售费用以及相关税费后的金额计量。

（4）现值。在现值计量属性下，资产按照预计从其持续使用和最终处置中产生的未来净现金流入量的折现金额计量。负债按照预计期限内需要偿还的未来净现金流出量的折现金额计量。

（5）公允价值。在公允价值计量属性下，资产和负债按照市场参与者在计量日发生的有序交易中，出售资产所能收到或转移负债所需支付的价格计量。

市场参与者是指在相关资产或负债的主要市场（或最有利市场）中，同时具备下列特征的买方和卖方：市场参与者应当相互独立，不存在《企业会计准则第36号——关联方披露》所述的关联方关系；市场参与者应当熟悉情况，能够根据可取得的信息对相关资产或负债以及交易具备合理认知；市场参与者应当有能力并自愿进行相关资产或负债的交易。

有序交易是指在计量日前一段时期内相关资产或负债具有惯常市场活动的交易。企业以公允价值计量相关资产或负债，应当考虑该资产或负债的特征。相关资产或负债的特征是指市场参与者在计量日对该资产或负债进行定价时考虑的特征，包括资产状况及所在位置、对资产出售或使用的限制等。

主要市场是指在考虑交易费用和运输费用后，能够以最高金额出售相关资产或者以最低金额转移相关负债的市场。其中，交易费用是指在相关资产或负债的主要市场

（或最有利市场）中，发生的可直接归属于资产出售或负债转移的费用。交易费用是直接由交易引起的交易所必需的且不出售资产或不转移负债就不会发生的费用。

我国引入公允价值是适度、谨慎和有条件的，并且企业应当将公允价值计量所使用的输入值划分为三个层次。第一层次输入值是在计量日能够取得的相同资产或负债在活跃市场上未经调整的报价；第二层次输入值是除第一层次输入值外相关资产或负债直接或间接可观察的输入值；第三层次输入值是相关资产或负债的不可观察输入值。企业首先使用第一层次输入值，其次使用第二层次输入值，最后使用第三层次输入值。

如何更好地理解这些计量属性的定义呢？以资产为例，实际上可以这样理解：在某一个时点上对资产进行计量时，历史成本是这项资产取得时的公允价值；重置成本是这个时点上取得这项资产的公允价值；可变现净值是这个时点上出售这项资产的公允价值；现值是这个时点上，不重新购买，也不出售，继续持有会带来的经济利益的公允价值；公允价值是在任何时候只要是发生有序交易时，出售资产所收到或转移负债所付出的价格。对五种计量属性的理解如表 1-1 所示。

表 1-1 对五种计量属性的理解

| 计量属性 | 对资产的计量 | 对负债的计量 |
|---|---|---|
| 历史成本 | 按照购置时的金额 | 按照承担现时义务时的金额 |
| 重置成本 | 按照现在购买时的金额 | 按照现在偿还时的金额 |
| 可变现净值 | 按照现在销售时的金额 | — |
| 现值 | 按照将来的金额折现 | |
| 公允价值 | 有序交易中出售资产所能收到的金额 | 有序交易中转移负债所需支付的金额 |

2. 会计计量属性的选择

《企业会计准则——基本准则》第四十三条规定："企业在对会计要素进行计量时，一般应当采用历史成本，采用重置成本、可变现净值、现值、公允价值计量的，应当保证所确定的会计要素金额能够取得并可靠计量。"这是对会计计量属性选择的一种限定性条件，企业一般应当采用历史成本，如果要用其他计量属性，必须保证金额能够取得并可靠计量。

（二）会计确认与计量的原则

将会计确认的基本标准与时间标准相结合，具体运用于某项会计要素的确认，则形成了一些常用的具体确认标准，如收入确认原则、配比原则、区分收益性支出与资本性支出原则等，由于这些原则或标准是从会计确认的基本标准和会计确认的时间标准推演而来的，因此又可称为会计确认的衍生标准。

1. 收入确认原则

收入确认是一切以盈利为目的商业活动所关注的焦点。其原因是收入确认的时点选择直接影响当期盈利水平，进而影响企业的纳税金额、股票市价，甚至员工的薪酬等事项。因此，收入确认时点的选择往往也是企业盈余操纵的重要手段。收入确认必须解决两个重要问题：收入的构成内容与不同收入确认时点的选择。

收入的内容可以从广义和狭义两个角度来理解，狭义的收入通常仅指企业日常活动带来的收入，而广义的收入则包括日常收入及利得。根据我国企业会计准则的规定，收入是指企业在日常活动中形成的、会导致所有者权益增加的、与所有者投入资本无关的经济利益的总流入，利得是指非日常活动中形成的、会导致所有者权益增加的、与所有者投入资本无关的经济利益的总流入。有些利得可以直接计入企业所有者权益，而有些利得则必须先计入当期损益间接增加所有者权益。利得的实现通常不纳入收入实现的讨论范围，如佩顿（W. A. Paton）和利特尔顿（A. C. Littleton）在其所著的《公司会计准则导论》一书中认为，资产的各种形式的增值不是收益。将估计的升值（或贬值）作为补充资料，要比将其计入账户并加以报告更加充分。近年来，受"全面收益观"的影响，美国会计学界已不满足于将收益限定于营业收入范围之内，并试图将源于资产价格变动的"持有利得或损失"纳入确认程序之内。伴随着资产减值会计及公允价值会计的兴起，确认资产、负债项目的价格变动损益的做法已逐渐体现于各国会计准则之中。

收入确认时点实际上是权责发生制原则在收入确认中的具体应用。按照权责发生制原则，收入应在企业取得现在或未来收取现金或其他未来经济利益的权利时确认。美国会计原则委员会（APB）在1970年发布的第4号会计报告中指出，收入来自那些改变企业业主权益的盈利活动的结果；企业的盈利活动是一个渐进的、连续的过程，而收入是在盈利过程的某一时点实现的，这一时点就是企业的盈利过程已经完成或已实质上完成，并且交换行为也已发生。美国财务会计准则委员会（FASB）发布的第5号财务会计概念公告进一步说明，收入确认除符合一般要素的确认标准外，还必须符合以下条件：第一，收入已实现或可以实现（realized or re-aliable）；第二，收入已赚得（earned）。国际会计准则委员会（IASC）在其发布的《编报财务报表的框架》中特别指出，实务中采用的收益确认程序，要求收入已经赚得，且能够可靠地加以计量。

在不同的收入赚取过程中，"收入已赚得"的具体时点各不相同。我国发布的企业会计准则参照国际会计准则的做法对不同情况下的收入确认做了不尽相同的规定。具体规定如下：

（1）销售商品收入同时满足下列条件的，才能予以确认：

①企业已将商品所有权上的主要风险和报酬转移给购货方。

②企业既没有保留通常与所有权相联系的继续管理权，也没有对已售出的商品实施有效控制。

③收入的金额能够可靠地计量。

④相关的经济利益很可能流入企业。

⑤相关的已发生或将发生的成本能够可靠地计量。

需要说明的是，收入确认理应以商品的所有权转移为标志，而所有权转移在法律上往往以商品所有权上的主要风险和报酬转移给购货方来判断。由于所有权转移的法律形式与其经济实质在很多情况下会出现不一致，在这种情况下，判断企业是否已将商品所有权上的主要风险和报酬转移给购货方，应当关注交易的实质而不是形式，同时还应考虑所有权凭证的转移和实物的交付。

（2）提供劳务交易的结果能够可靠估计，是指同时满足下列条件：

①收入的金额能够可靠地计量。

②相关的经济利益很可能流入企业。

③交易的完工进度能够可靠地确定。

④交易中已发生和将发生的成本能够可靠地计量。

从理论上讲，只有当长期合同（如建造合同）完全被履行后才具备了收入确认的条件，但由于此类合同通常是一份具有法律效力的不可撤销的合同，本期履行的合同义务虽然只是全部合同的一部分，但这部分义务的履行最终会为企业带来经济利益，因此可提前予以确认。当然，从经济后果上讲，这样做还可以避免完工时确认造成的各个年度收入的大幅波动。

（3）让渡资产使用权收入同时满足下列条件的，才能予以确认：

①相关的经济利益很可能流入企业。

②收入的金额能够可靠地计量。

（4）对于资产减值或公允价值变动的确认时点，我国《企业会计准则第3号——投资性房地产》第十一条特别规定："采用公允价值模式计量的，不对投资性房地产计提折旧或进行摊销，应当以资产负债表日投资性房地产的公允价值为基础调整其账面价值，公允价值与原账面价值之间的差额计入当期损益。"根据《企业会计准则第8号——资产减值》的规定，企业应当在资产负债表日判断资产是否存在可能发生减值的迹象。因企业合并形成的商誉和使用寿命不确定的无形资产，无论是否存在减值迹象，每年都应当进行减值测试。资产存在减值迹象的，应当估计其可收回金额，并根据其可收回金额确定并计提减值准备。这些规定实际上体现了权责发生制的基本要求。

2. 费用确认原则

企业在经营活动中，为取得收入必然要发生各种类型的费用支出，可大致分为以下三种情况：第一，费用支出是为企业的长期生产经营而发生的，如购置厂房、设备等支出，其受益期间较长，受益对象涉及多个会计期间或多项业务；第二，费用支出是企业生产经营的某个期间必须发生的，如期间费用，此类支出与特定期间有密切联系，但与某个具体受益对象没有特定联系；第三，某项费用支出是针对特定业务而发生的，其受益对象是某一特定收入。根据权责发生制原则，费用确认应在为获取本期经济收益而于现在流出经济利益或承诺在未来流出经济利益时确认，因此在对三种情况下的费用支出进行确认时形成了两项常用原则，即区分收益性支出与资本性支出原则和配比原则。其中，配比原则又可细分为期间配比原则与业务配比原则。

（1）区分收益性支出与资本性支出原则。收益性支出是指受益期限仅在于本期的支出，即该项支出仅仅与本期收益的取得有关；资本性支出是指受益期间涉及多个会计期间的支出，即该项支出的发生不仅与本期收益的取得有关，而且与未来期间的收益的取得有关。按照权责发生制原则，如果一项支出仅能使本期受益，就应当在本期确认；如果能使多期受益，则应在多期确认。因此，收益性支出一般在发生当期计入损益，具体可分为发生时确认和经济利益耗尽时确认两种情况。其中，前者为一些不形成资产项目的支出，如差旅费支出、办公费支出、利息支出等；后者主要是一些先形成流动资产项目，然后在耗用时转为当期费用，如原材料、库存商品等。资本性支出通常需要根据其使用寿命的长短，在使用期内系统确认，如固定资产、无形资产等需要借助不同的固定资产折旧方法或无形资产摊销方法逐期将其计入各期费用。

（2）期间配比原则。期间配比原则是指当期费用应与同一期间的收益相互配比。按照权责发生制原则，收入应该与为取得该项收入所发生的各项支出相互配比。但在实际经营活动中，一个会计期间往往会有多项收入发生，同样，有些费用往往可使本期经营的多项业务受益，具体包括在本期确认的收入及未在本期确认的收入。此类费用通常又被称为期间费用。期间费用有两个明显的特点：其一，费用的发生往往与会计期间有密切联系，在一定期间内不管经营业务是否发生，此类费用都会发生，如固定资产折旧费用、管理人员薪酬等；其二，费用的发生与具体受益对象的关系难以分清，也就是说很难弄清是为形成哪些收益而发生的费用。对此类费用既没有必要，也难以将其与特定的收益进行配比。因此，期间配比原则强调的是同一期间的费用应与当期收益相互配比。这一原则是正确计算当期经营损益的前提。

（3）业务配比原则。业务配比原则是指一项业务的收入应按照因果关系与其费用进行配比。也就是说，一项业务取得的收入应与为取得该项收入所发生的费用配比。如果说期间配比原则是为了准确计算一个会计期间的收益，那么业务配比原则则是为了正确地计算一项业务创造的收益。按照业务配比原则将收入与费用进行配比，要求能准确辨认为取得一项收入所发生的费用，如生产一件产品所发生的直接材料或直接人工是可以辨认的。由于成本是费用的对象化，因此能够与特定业务的收入进行配比的费用通常又被称为"成本"。

与前述"收入与利得"概念相对应，广义的费用还应该包括"损失"。"损失"通常在"经济资源"带来的经济利益耗尽时确认，或者在必须承担相应的义务时确认，如一项尚有账面价值的固定资产经测定已经无法为企业带来未来经济利益，就应该确认为损失，但当企业接到一份罚款通知时，不管企业是否立即支付现金，都应该确认为罚款损失。

### 六、会计方法

**(一) 会计方法体系**

会计的方法是用来核算和监督会计对象，完成会计任务的手段。研究和运用会计方法是为了实现会计的目标，更好地完成会计任务。

会计的方法是从会计实践中总结出来的，并随着社会实践的发展、科学技术的进步以及管理要求的提高而不断发展和完善。会计方法是用来核算和监督会计对象的。会计对象多种多样、错综复杂，从而决定了预测、核算、监督、检查和分析会计对象的手段不是单一的方法，而是由一个方法体系构成的。随着会计职能的扩展和管理要求的提高，这个方法体系也将不断地发展和完善。

会计方法主要是用来反映会计对象的，而会计对象是资金运动。资金运动是一个动态过程，由各个具体的经济活动来体现。会计为了反映资金运动过程，使其按照人们预期的目标运行，必须首先具备提供已经发生或已经完成的经济活动，即历史会计信息的方法体系。会计要利用经济活动的历史信息，预测未来，分析和检查过去，因此会计还要具备提供反映预计发生的经济活动情况，即未来会计信息的方法体系。为了检查和保证历史信息和未来信息的质量，并对检查结果做出评价，会计还必须具备检查的方法体系。长期以来，人们把评价历史信息的方法归结为会计分析的方法。因此，会计对经济活动的管理是通过会计核算方法、会计分析方法以及会计检查等方法来进行的。会计核算的方法是对各单位已经发生的经济活动进行连续、系统、完整的核算和监督所应用的方法。

会计分析的方法主要是利用会计核算的资料，考核并说明各单位经济活动的效果，在分析过去的基础上，提出指导未来经济活动的计划、预算和备选方案，并对它们的结果进行分析和评价。

会计检查的方法又称审计，主要是根据会计核算，检查各单位的经济活动是否合理、合法，会计核算资料是否真实、正确，根据会计核算资料编制的未来时期的计划、预算是否可行、有效等。

上述各种会计方法紧密联系、相互依存、相辅相成，形成了一个完整的会计方法体系。其中，会计核算方法是基础，会计分析方法是会计核算方法的继续和发展，会计检查方法是会计核算方法和会计分析方法的保证。

作为广义的会计方法，它们既相互联系，又具有相对独立性。它们应用的具体方法各不相同，并有各自的工作和研究对象，形成了较独立的学科。学习会计首先应从基础开始，即要从掌握会计核算方法入手。我们通常所说的会计方法一般是指狭义的会计方法，即会计核算方法。本书主要阐述会计核算方法，至于会计分析的方法、会计检查的方法以及其他会计方法将在后续有关课程及教材中分别加以介绍。

**(二) 会计核算方法**

会计核算方法是指会计对企事业单位已经发生的经济活动进行连续、系统和全面的核算与监督所采用的方法。会计核算方法是用来核算与监督会计对象的，而会计对象的多样性和复杂性决定了用来对其进行核算和监督的会计核算方法不能采用单一的方式方法，而应该采用方法体系的模式。因此，会计核算方法由设置账户、复式记账、填制和审核凭证、登记账簿、成本计算、财产清查和编制财务报告等具体方法构成。这七种方法构成了一个完整的、科学的方法体系。

1. 设置账户

账户是对会计对象的具体内容分门别类地进行记录、反映的工具。设置账户就是根据国家统一规定的会计科目和经济管理的要求，科学地建立账户体系的过程。进行会计核算之前，我们首先应将多种多样、错综复杂的会计对象的具体内容进行科学的分类，通过分类核算和监督，才能提供管理需要的各种指标。每个会计账户只能核算一定的经济内容，将会计对象的具体内容划分为若干项目，即会计科目，据此设置若干个会计账户，就可以使所设置的账户既有分工又有联系地核算整个会计对象的内容，提供管理需要的各种信息。

2. 复式记账

复式记账就是对每笔经济业务都以相等的金额在相互关联的两个或两个以上有关账户中进行登记的一种专门方法。复式记账有着明显的特点，它对每项经济业务都必须以相等的金额，在相互关联的两个或两个以上账户中进行登记，使每项经济业务涉及的两个或两个以上的账户之间产生对应关系；同时，在对应账户中所记录的金额又平行相等；通过账户的对应关系，可以了解经济业务的内容；通过账户的平行关系，可以检查有关经济业务的记录是否正确。复式记账可以相互联系地反映经济业务的全貌，也便于检查账簿记录是否正确。例如，到银行提取 500 元现金。这笔经济业务一方面要在"库存现金"账户中记增加 500 元，另一方面又要在"银行存款"账户中记减少 500 元。"库存现金"账户和"银行存款"账户相互联系地分别记入 500 元。这样既可以了解这笔经济业务的具体内容，又可以反映该项经济活动的来龙去脉，完整、系统地记录资金运动的过程和结果。

3. 填制和审核凭证

填制和审核凭证是指为了审查经济业务是否合理、合法，保证账簿记录正确、完整而采用的一种专门方法。会计凭证是记录经济业务、明确经济责任的书面证明，是登记账簿的重要依据。经济业务是否发生、执行和完成，关键看是否取得或填制了会计凭证。取得或填制了会计凭证，就证明该项经济业务已经发生或完成。对已经完成的经济业务还要经过会计部门、会计人员的严格审核，在保证符合有关法律、制度、规定而又正确无误的情况下，才能据以登记账簿。填制和审核凭证可以为经济管理提供真实、可靠的会计信息。

4. 登记账簿

登记账簿又称记账，就是把所有的经济业务按其发生的顺序，分门别类地记入有关账簿。账簿是用来全面、连续、系统地记录各项经济业务的簿籍，也是保存会计信息的重要工具。账簿具有一定的结构、格式，应该根据审核无误的会计凭证序时、分类地进行登记。在账簿中应该开设相应的账户，把所有的经济业务记入账簿中的账户里后，还应定期计算和累计各项核算指标，并定期结账和对账，使账证之间、账账之间、账实之间保持一致。账簿提供的各种信息是编制会计报表的主要依据。

5. 成本计算

成本计算是指归集一定计算对象上的全部费用，借以确定该对象的总成本和单位成本的一种专门方法。成本计算通常是指对工业产品进行的成本计算。例如，按工业企业供应、生产和销售三个过程分别归集经营发生的费用，并分别与采购、生产和销售材料、产品的品种、数量联系起来，计算它们的总成本和单位成本。通过成本计算，企业可以考核和监督经营过程中发生的各项费用是否节约，以便采取措施降低成本，提高经济效益。成本计算对确定生产补偿尺度、正确计算和分配国民收入、确定价格政策等都起着重要作用。

6. 财产清查

财产清查就是通过盘点实物、核对账目来查明各项财产物资、往来款项和货币资金的实有数，并查明实有数与账存数是否相符的一种专门方法。在日常会计核算过程中，为了保证会计信息真实、准确，定期或不定期地对各项财产物资、货币资金和往来款项进行清查、盘点和核对。在清查中，如果发现账实不符，应查明原因，调整账簿记录，使账存数与实存数保持一致，做到账实相符。通过财产清查，企业可以查明各项财产物资的保管和使用情况，以便采取措施挖掘物资潜力和加速资金周转。总之，财产清查对于保证会计资料的正确性和监督财产的安全与合理使用等都具有重要的作用。财产清查是会计必不可少的方法之一。

7. 编制财务报告

财务报告是指企业对外提供的反映企业某一特定日期财务状况和某一会计期间经营成果、现金流量的文件。编制财务报告是对日常会计核算资料的总结，就是将账簿记录的内容定期地加以分类、整理、汇总，形成会计信息使用者需要的各种指标，再报送给会计信息使用者，以便其据此进行决策。财务报告提供的一系列核算指标是考核和分析财务计划与预算执行情况以及编制下期财务计划和预算的重要依据。编制完成财务报告，就意味着这一期间会计核算工作的结束。

上述会计核算的各种方法是相互联系、密切配合的，在会计对经济业务进行记录和反映的过程中，不论是采用手工处理方式，还是使用计算机数据处理系统，对于日常发生的经济业务，都要取得合法的凭证，按照设置的账户进行复式记账，根据账簿的记录进行成本计算，在财产清查、账实相符的基础上编制财务报告。会计核算的这七种方法相互联系，缺一不可，形成了一个完整的方法体系。

# 第四节 会计规范体系

## 一、会计规范的含义

会计是信息的生产者，而信息是一种产品和资源，任何信息使用者都期望自己得到的是对自己决策有效的信息。信息的使用者很多，包括投资者、债权人、企业经营管理者、政府管理部门等，不同的信息使用者对信息的数量、质量、形式等的需求是不同的，而且外界的信息使用者与企业存在着信息不对称，这将危害在信息占有上处于劣势的一方以至于违反公平原则。不论在何种经济条件下，会计主要是为信息使用者提供信息的，而提供会计信息就必须要规范信息提供者的行为。为了保证各企业财务会计信息之间的可比性，就必须有统一的、被普遍接受的会计规范来约束其信息的生产过程。

所谓会计规范，是指协调、统一会计处理过程中对不同处理方法做出合理选择的假设、原则、制度等的总和，它是会计行为的标准。

## 二、会计规范体系的总体构成及其特征

会计规范的内容繁杂多样，如果将所有属于会计规范的内容综合在一起表示，就构成一个体系。会计规范体系并不是简单地罗列这些规范的内容，而是将它们按照一定的逻辑顺序，层次分明地、有机地联系起来组成一个框架结构图。

（一）会计规范体系的总体构成

从我国目前的实际情况来看，我国会计规范体系主要由以下几个方面构成：

1. 会计法律规范

会计法律规范包括与会计有关的法律和行政法规，是会计规范体系中最具有约束力的组成部分，它是调整经济活动中会计关系的法律规范的总称，是社会法律制度在会计方面的具体体现，是调节和控制会计行为的外在制约因素。我国目前与会计有关的法律主要是《中华人民共和国会计法》《中华人民共和国注册会计师法》以及其他有关法律；与会计有关的行政法规主要是国务院出台的各种条例，如《企业财务会计报告条例》《总会计师条例》等。

2. 会计准则与制度规范

法律和制度都是一种社会制度、一种合理安排。会计准则与制度规范是从技术角度对会计实务处理提出的要求、准则、方法和程序的总称。从广义角度来看，会计制度是指国家制定的会计方面所有规范的总称，包括会计核算制度、会计人员管理制度和会计工作管理制度等。狭义的会计制度仅指会计核算制度。会计准则与制度规范主要是由财政部根据会计法律和行政规范制定并发布的各种会计准则、会计制度。

3. 会计职业道德规范

会计职业道德规范是从事会计工作的人员应该遵守的具有本职业特征的道德准则和行为规范的总称，是对会计人员的一种主观心理素质的要求，控制和掌握着会计管理行为的方向和合理化程度。会计职业道德规范是一类比较特殊的会计规范，即采用道德的形式对会计人员进行理性规范，促使会计人员确立正确的人生观、会计观，使其行为符合社会习俗和惯例。

4. 会计理论规范

理论是实践的总结，理论来源于实践，反过来又指导实践，促进实践的发展，会计理论现在已经形成了比较完备的概念框架和结构。从一般意义上看，成熟的会计理论都是会计规范体系的组成部分，包括会计目标、会计假设、会计要素、会计原则、会计处理程序和方法。会计理论要揭示和规定的，是会计系统内在的特性问题。确定会计管理行为所要遵循的内在要求，是引导会计管理行为科学化、有效化的重要标准。尽管会计理论规范是会计规范体系中重要的内容，但作为指导实践的规范而言，没有必要也不可能单独制定会计理论方面的规范，只能是将其融入其他实务处理的规范中。例如，我国的《企业财务会计报告条例》和《企业会计制度》等都有各种会计理论的规范内容。

（二）会计规范体系的特征

1. 权威性

会计规范作为评价会计行为合理、合法的有效标准，必然具有充分的影响力和威望，能够让会计人员信服，而不管这种承认是自发的还是强制的，也不管这种规范是成文的还是惯例性的。通过这种标准，人们明白哪些行为是符合规范的，哪些行为是不符合规范的。权威性可以来自会计规范的制定机关，如国家立法机关和行政机关，也可以来自社会的广泛支持。

2. 统一性

会计规范体系在一定范围之内是统一的，适用的对象不是针对具体和特定的某一单位、某一企业，而是广泛适用于全国范围内的；不是针对某一具体和特定的业务，而是适用于任何会计行为。当然，会计规范的适用也有一定的范围限制，如地方性会计法规只能适用于本地区，企业内部的会计管理制度只在本企业具有较强的约束力。

3. 科学性

会计是一门科学，会计规范体系更是需要有科学合理的特征。科学性是指会计规范体系能够体现会计工作的内在规律和内在要求。毋庸置疑，会计规律与会计所处的客观环境、条件要实现有机结合，体现高度科学性。

4. 相对稳定性

会计规范体系在一定时期、一定客观环境下是相对稳定的，但并不是一成不变的，随着社会政治经济条件的发展变化，一些会计规范可能不再适宜，或者变得过时而需要进行修正甚至放弃，而一些新的会计规范逐渐被建立、被接受。因此，会计规范体系的建立和发展是一个动态的演进过程。

### 三、我国会计规范体系的具体内容

按照我国的国情（主要是经济环境），考虑大多数人的传统观念与认识，我国会计规范体系应该选择广义的会计规范体系概念，即凡是对会计进行制约、限制和引导的规范都应作为会计规范体系的组成部分，鉴于此，我国会计规范体系的构成如图1-3所示。

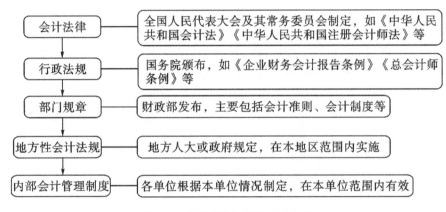

图1-3 我国会计规范体系示意图

从图1-3中可以看出，我国会计规范体系由五个层次构成，按照规范的强制力排列。其中，会计法律是由全国人民代表大会及其常务委员会制定的；行政法规是由我国最高行政机关——国务院颁布的；部门规章主要是指国务院财政部门根据法律法规的规定发布的指导会计工作的具体规定；地方性会计法规是由省（直辖市、自治区）人大或政府制定的在本地区范围内实施的各种与会计有关的规范；内部会计管理制度是由各单位根据国家统一的会计制度，结合本单位实际情况制定的适合本单位使用的会计规范。

（一）会计法律

法律是由国家最高权力机关——全国人民代表大会及其常务委员会制定的。在会计领域中，属于法律层次的规范主要是指《中华人民共和国会计法》《中华人民共和国注册会计师法》。它们是会计规范体系中权威性最高、最具法律效力的规范，是制定其他各层次会计规范的依据，是会计工作的"基本法"。

1.《中华人民共和国会计法》

《中华人民共和国会计法》经历了多次修订。最早的《中华人民共和国会计法》于1985年1月21日经第六届全国人民代表大会常务委员会第九次会议通过，并于1985年5月1日实施。此后，1993年12月29日第八届全国人民代表大会常务委员会第五次会议对其进行了第一次修正。随着社会的发展和经济环境的变化，1999年

10 月 31 日召开的第九届全国人民代表大会常务委员会第十二次会议对《中华人民共和国会计法》进行了修订；2017 年 11 月 4 日召开的第十二届全国人民代表大会常务委员会第三十次会议对《中华人民共和国会计法》进行了第二次修正。该法共 7 章 52 条：第一章为总则；第二章为会计核算；第三章为公司、企业会计核算的特别规定；第四章为会计监督；第五章为会计机构和会计人员；第六章为法律责任；第七章为附则。

2. 《中华人民共和国注册会计师法》

《中华人民共和国注册会计师法》于 1993 年 10 月 31 日经第八届全国人民代表大会常务委员会第四次会议通过，并于 1994 年 1 月 1 日施行。2014 年 8 月 31 日召开的第十二届全国人民代表大会常务委员会第十次会议对其进行了修正。该法共 7 章 46 条：第一章为总则；第二章为考试和注册；第三章为业务范围和规则；第四章为会计师事务所；第五章为注册会计师协会；第六章为法律责任；第七章为附则。

（二）行政法规

行政法规是由国家最高行政机关——国务院制定的。会计行政法规是根据会计法律制定的，是对会计法律的具体化或对某个方面的补充，一般称为条例。

1. 《企业财务会计报告条例》

《企业财务会计报告条例》是国务院于 2000 年 6 月 21 日发布的，自 2001 年 1 月 1 日起实施。该条例共分 6 章 46 条：第一章为总则；第二章为财务会计报告的构成；第三章为财务会计报告的编制；第四章为财务会计报告的对外提供；第五章为法律责任；第六章为附则。

2. 《总会计师条例》

《总会计师条例》是国务院于 1990 年 12 月 31 日发布的，并自发布之日起施行。2011 年 1 月 8 日，国务院对该条例进行了修订。该条例共分 5 章 23 条：第一章为总则；第二章为总会计师的职责；第三章为总会计师的权限；第四章为任免与奖惩；第五章为附则。

（三）部门规章

部门规章是指国家主管会计工作的行政部门——财政部以及其他部委制定的会计方面的规范。制定会计部门规章必须依据会计法律和会计行政法规的规定。

1. 国家统一的会计核算制度

国家统一的会计核算制度指的就是狭义的会计制度，包括会计准则和会计制度两个层次。会计准则一般按会计对象要素、经济业务的特点或会计报表的种类分别制定，主要规范会计要素的确认、计量与报告，会计准则中一般不涉及会计科目和会计分录列示。会计制度和会计准则作为会计规范形式，关键在于确认、计量、报告的标准、方式和内容是否适应本国的社会和经济环境，是否趋同国际惯例和便于国际交流。

国家统一的会计核算制度的具体内容如图 1-4 所示。

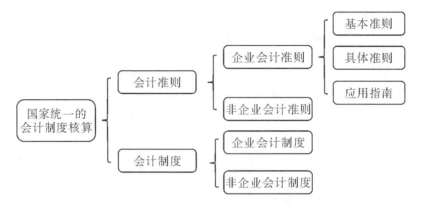

图 1-4　国家统一的会计核算制度的具体内容

（1）会计准则。会计准则是对会计实践活动的规律性总结，是进行会计工作的标准和指导思想，是一个包括普遍性指导意义和具体指导会计业务处理意义在内的具有一定层次结构的会计规范。会计准则包括企业会计准则和非企业会计准则两个方面。

①企业会计准则。企业会计准则是规范企业会计确认、计量、报告的会计准则。企业会计准则包括基本准则、具体准则和应用指南三个层次。

②非企业会计准则。非企业会计准则是企业之外的其他单位适用的会计准则，主要包括《事业单位会计准则》。该准则于 2012 年 12 月 5 日经财政部部务会议修订通过，共 9 章 49 条，自 2013 年 1 月 1 日起施行，同时废止 1997 年 5 月 28 日财政部发布的《事业单位会计准则（试行）》。

（2）会计制度。

①企业会计制度。企业会计制度是关于企业会计核算的制度规范。关于企业会计制度的演变，我国经历了一个较长的历史时期。我国历来重视会计制度建设。近年来，企业会计制度的改革与发展也折射出我国会计经济环境的变化对会计改革的影响。

②非企业会计制度。非企业会计制度是指除企业以外的其他单位适用的会计制度，主要包括《事业单位会计制度》（于 2012 年进行了修订，自 2013 年 1 月 1 日起施行，同时废止 1997 年 7 月 17 日财政部发布的《事业单位会计制度》）；《行政单位会计制度》（于 2013 年 12 月 18 日由财政部发布，自 2014 年 1 月 1 日起施行，同时废止 1998 年 2 月 6 日财政部发布的《行政单位会计制度》）；《财政总预算会计制度》（于 1997 年 6 月 25 日发布，自 1998 年 1 月 1 日起执行并于 2015 年 10 月 10 日进行了修订，自 2016 年 1 月 1 日起施行）等。

除了上述会计准则和会计制度之外，财政部还根据会计实务的需要，对会计准则和会计制度中没有规定或者虽有规定但已经不能适应新情况的会计问题做出了暂行规定或补充规定。它们也属于国家统一的会计核算制度的范畴。

2. 国家统一的会计监督制度

作为会计两大基本职能之一的会计监督，在我国会计规范体系中占有重要的地位。在会计规范体系的第一层次《中华人民共和国会计法》中，专门有一章来规定"会计监督"。在这一章中，第二十七条明确规定："各单位应当建立、健全本单位内部会计监督制度。"其他各条分别就会计监督的基本要求、内容、方式、责任等做了规定。

财政部根据《中华人民共和国会计法》的规定，制定了《会计基础工作规范》。该规范要求各单位的会计机构、会计人员对本单位的经济活动进行会计监督。

3. 国家统一的会计机构和会计人员管理制度

现行的国家统一的会计机构和会计人员管理制度主要是指《会计人员继续教育规定》。

为了规范会计专业技术人员继续教育，保障会计专业技术人员合法权益，不断提高会计专业技术人员水平，2018 年 7 月 1 日财政部印发《会计人员继续教育规定》，自 2018 年 7 月 1 日起施行，共 7 章 27 条，同时废止 2013 年 8 月 27 日财政部发布的《会计人员继续教育规定》。

4. 国家统一的会计工作管理制度

现行的国家统一的会计管理制度主要如下：

（1）《会计档案管理办法》。为了加强会计档案管理，有效保护和利用会计档案，根据《中华人民共和国会计法》《中华人民共和国档案法》等有关法律的规定，在原《会计档案管理办法》（征求意见稿）的基础上，财政部、国家档案局于 2015 年 12 月 11 日修订通过了《会计档案管理办法》，自 2016 年 1 月 1 日起施行。《会计档案管理办法》共 31 条，主要就会计档案的概念、内容与种类，会计档案管理的基本要求，会计档案的归档、保管、销毁、移交，会计档案的保管期限等做了明确规定。

（2）《企业会计信息化工作规范》。为推动企业会计信息化，节约社会资源，提高会计软件和相关服务质量，规范信息化环境下的会计工作，根据《中华人民共和国会计法》《财政部关于全面推进我国会计信息化工作的指导意见》的要求，财政部于 2013 年 12 月 6 日发布了《企业会计信息化工作规范》，自 2014 年 1 月 6 日起施行，共 5 章 49 条，同时废止 1994 年 6 月 30 日财政部发布的《会计电算化管理办法》等。

**复习思考题**

1. 什么是会计？会计是如何产生和发展的？

2. 什么是会计目标？其内涵是什么？

3. 什么是会计信息质量特征？它包括哪些内容？

4. 各项会计信息质量特征之间有何关系？如何权衡它们之间的关系？

5. 相关性和可靠性受到其他哪些质量特征的制约？

6. 什么是会计假设？为什么要确定会计假设？

7. 会计假设包括哪些内容？各自的含义是什么？

8. 会计主体与法律主体是一回事吗？为什么？

9. 我国会计准则中关于会计期间的划分是如何规定的？

10. 什么是会计要素？我国会计准则中对会计要素是如何划分的？

11. 什么是资产？资产的确认需要满足哪些条件？

12. 资产的流动按流动性不同可以划分为哪些种类？各包括哪些内容？

13. 什么是负债？负债有哪些特征？

14. 负债按流动性不同可以划分为哪些种类？各包括哪些内容？

15. 所有者权益包括哪些内容？它与负债有何不同？

16. 我国会计准则中规定的收入与费用是广义的还是狭义的？

17. 生产成本与期间费用有何不同？

18. 什么是利润？它由哪些内容构成？如何计算？

19. 什么是会计等式？其一般表达式有哪些？

20. 为什么说无论发生怎样的会计事项都不会破坏会计等式的恒等关系？

21. 收入和费用的发生对资产、负债及所有者权益会产生哪些影响？

22. 权责发生制与收付实现制在收入与费用的确认与计量方面有何区别？

23. 会计的方法包括哪些内容？它们之间有何关系？

24. 会计核算方法包括哪些内容？各种专门方法之间的关系如何？

25. 我国会计规范体系由哪几个层次构成？

**综合练习题**

**一、单项选择题**

1. 某企业 6 月初的资产总额为 150 000 元，负债总额为 50 000 元，6 月份取得收入 60 000 元，发生费用 40 000 元，则 6 月份该企业的所有者权益总额为（　　）元。

    A. 120 000　　　　　　　　　　　　B. 170 000

    C. 160 000　　　　　　　　　　　　D. 100 000

2. 银行将短期借款 200 000 元转为对本企业的投资，则本企业的（　　）。

    A. 负债减少，资产增加　　　　　　　B. 负债减少，所有者权益增加

    C. 资产减少，所有者权益增加　　　　D. 所有者权益内部一增一减

3. 某企业资产总额为 600 万元，发生下列经济业务：第一，收到外单位投资 40 万元存入银行；第二，以银行存款支付购入材料款 12 万元；第三，以银行存款偿还银行借款 10 万元。上述业务发生后，企业资产总额应为（　　）万元。

    A. 628　　　　　　　　　　　　　　B. 638

    C. 648　　　　　　　　　　　　　　D. 630

4. 设置账户、复式记账和编制资产负债表的理论依据是（　　）。

    A. 资产＝负债+所有者权益+（收入-费用）

    B. 资产＝负债+所有者权益+利润

    C. 资产＝负债+所有者权益

    D. 收入-费用＝利润

5. 下列经济业务的发生使资产和权益项目同时增加的是（　　）。

    A. 生产产品领用材料　　　　　　B. 以现金发放工资

    C. 以资本公积转增资本　　　　　D. 收到购货单位预付款存入银行

6. 下列经济业务发生，不会导致会计等式两边总额发生变化的是（　　）。

    A. 收回应收账款并存入银行

    B. 从银行取得借款并存入银行

    C. 以银行存款偿还应付账款

    D. 收到投资者以无形资产进行的投资

7. 某企业本期期初资产总额为 140 000 元，本期期末负债总额比期初增加 20 000元，所有者权益总额比期初减少 10 000 元，则企业期末资产总额为（　　）元。

    A. 170 000　　　　　　　　　　B. 130 000

    C. 150 000　　　　　　　　　　D. 120 000

8. 引起资产和负债同时增加的经济业务是（　　）。

    A. 以银行存款偿还银行借款　　　B. 收回应收账款存入银行

    C. 购进一批材料货款未付　　　　D. 以银行借款偿还应付账款

9. 某企业 2019 年 10 月末负债总额为 120 万元，11 月收回应收账款 20 万元，用银行存款归还借款 15 万元，预付购货款 6 万元，11 月末负债总额为（　　）万元。

    A. 105　　　　　　　　　　　　B. 111

    C. 115　　　　　　　　　　　　D. 121

## 二、多项选择题

1. 下列经济业务中，资产和权益同时减少的有（　　）。

    A. 以银行存款支付应付利润　　　B. 以银行存款支付预提费用

    C. 以银行存款偿还应付账款　　　D. 取得短期借款并存入银行

    E. 收到投资者投入货币资金并存入银行

2. 下列各项中，以会计恒等式为理论依据的是（　　）。

    A. 复式记账　　　　　　　　　　B. 成本计算

    C. 编制资产负债表　　　　　　　D. 试算平衡

    E. 财产清查

3. 下列关于会计要素之间关系的说法正确的是（　　）。

    A. 费用的发生，会引起资产的减少，或者引起负债的增加

B. 收入的取得，会引起资产的减少，或者引起负债的增加

C. 收入的取得，会引起资产的增加，或者引起负债的减少

D. 所有者权益的增加可能引起资产的增加，或者引起费用的增加

E. 以上说法都正确

4. 下列关于资产的特征说法正确的有（    ）。

A. 必须为企业现在所拥有或者控制

B. 必须能用货币计量其价值

C. 必须是用来转卖的财产

D. 必须是有形的财产物资

E. 必须具有能为企业带来经济利益服务的潜力

5. 下列属于所有者权益的有（    ）。

A. 实收资本                        B. 资本公积

C. 盈余公积                        D. 未分配利润

E. 银行存款

### 三、业务题

1. 某企业 2019 年 3 月 31 日资产、负债、所有者权益有关项目如表 1-2 所示。

表 1-2    某企业 2019 年 3 月 31 日资产、负债、所有者权益有关项目

| 项目 | 资产 | 权益 |
|------|------|------|
| 由出纳员保管的库存现金 1 000 元 | | |
| 存放在银行的款项 50 000 元 | | |
| 应收某企业的销售款 2 000 元 | | |
| 库存用原材料 32 000 元 | | |
| 库存的完工产品 18 000 元 | | |
| 厂房、机器设备共 260 000 元 | | |
| 从银行取得短期借款 15 000 元 | | |
| 应付给某供货单位的材料款 4 000 元 | | |
| 应交税款 3 000 元 | | |
| 投资者投入资本 320 000 元 | | |
| 从净利润中提取的法定盈余公积 21 000 元 | | |
| 合计 | | |

要求：分析各项目应归属的会计要素类别，将分析结果填入表 1-2 中，并通过表 1-2 中合计金额来检验会计等式是否正确。

2. 某企业业务资料如下：

（1）国家投入新机器一台，价值 50 000 元。

（2）四海公司投入专利权一项，双方协商作价 25 000 元。

（3）以银行存款 10 000 元，偿还银行借款。

（4）收回应收货款 20 000 元，存入银行。

（5）从银行存款中提取现金 500 元。

（6）以银行存款偿还前欠货款 15 000 元。

（7）以库存现金暂付职工差旅费 200 元。

要求：分析以上经济业务引起哪些资产和权益项目发生增减变动，将分析结果填入表 1-3 中。

表 1-3 某企业经济业务类型及对资产和权益总额的影响

| 业务号 | 经济业务类型 | 对资产和权益总额的影响 |
|---|---|---|
| （1） | 资产、所有者权益同增 | 有影响，双方总额各增加 50 000 元 |
| （2） | | |
| （3） | | |
| （4） | | |
| （5） | | |
| （6） | | |
| （7） | | |

# 第二章
# 账户与复式记账

--------------------------------------------------------

## 第一节 会计科目

### 一、会计科目的概念

企业在经营活动过程中会发生各种各样的交易和事项，引起各项会计要素发生增减变化。由于企业的经营业务错综复杂，即使涉及同一类会计要素，也往往具有不同的性质和内容。例如，固定资产和现金虽然都属于资产，但它们的经济内容以及在经济活动中的周转方式和引起的作用却各不相同；又如，应付账款和长期借款虽然都是负债，但它们形成的原因和偿付期限也是各不相同的。为了实现会计的基本职能，要从数量上反映各项会计要素的增减变化，就不但需要取得各项会计要素增减变化及结果的总括数字，而且还要取得一系列更加具体的分类和数量指标。因此，为了满足不同信息使用者对会计信息的不同要求，如所有者需要了解企业的利润构成及其分配情况、负债及其构成情况；债权人需要了解债务人的流动比率、速动比率等有关指标，并据此判断债权的安全情况；税务机关需要了解企业的应缴和欠缴税金的详细情况等，需要对会计要素做进一步的分类。这种对会计要素对象的具体内容进行分类核算的项目，就称为会计科目。

会计科目是进行各项会计记录和提供各项会计信息的基础，设置会计科目是复式记账中编制、整理会计凭证和设置账簿的基础。通过会计科目提供的全面、统一的会计信息，有利于投资人、债权人以及其他会计信息使用者掌握和分析企业的财务情况、经营成果和现金流量等情况。

### 二、设置会计科目的原则

会计科目作为反映会计要素的构成及其变化情况，为投资者、债权人、企业经营管理者等提供会计信息的重要手段，设置过程中应努力做到科学、合理、适用，并满足下列原则：

（一）完整性原则

全部会计科目必须包含会计要素的所有组成部分，没有遗漏，使得企业对每一笔交易或事项进行核算时，都能找到恰当的会计科目。

（二）满足各个会计信息使用者的原则

会计科目的设置应为提供有关各方所需的会计信息服务，满足对外报告与对内管理的要求，以提供与决策相关的会计信息。因此，会计科目可以按其提供信息的详细程度划分为总分类科目和明细分类科目。总分类科目提供总括性会计信息，基本能满足对外需要，如"银行存款""库存商品"等科目；而明细分类科目则提供详细、具体的信息，以满足企业内部经营管理者的需要，如"银行存款"科目下按不同开户银行名称设置明细科目，以反映不同开户银行的资金变动情况。

（三）统一性与灵活性相结合的原则

为了保证会计信息的可比性，设置的会计科目应当符合会计准则及国家统一会计制度的规定。首先，会计科目统一、科学、规范。凡经济业务相同、会计处理方法相同的，设置的会计科目名称、核算说明、文字表述等应统一。其次，涉及财务、会计政策的内容以及一些基本概念、定义要和会计准则及国家统一会计制度的规定相一致。最后，会计科目的编号为了满足电算化需要，要进行同一编号。由于企业的组织形式、所处行业、经营内容以及业务类型等不同，在会计科目设置上也应结合会计主体的具体情况和特点具有一定的灵活性。在统一的基础上，会计科目的繁简程度应根据会计主体规模的大小、业务类型与管理的需要而定，设置出符合企业的会计科目。

（四）简明性原则

为了便于理解和实际运用，会计科目的名称应该含义明确、简明扼要、通俗易懂，会计科目的名称应与其核算内容完全一致。

**三、会计科目的分类**

会计科目按经济内容分类，就是把核算同一会计要素的会计科目归为一类。会计科目可以分为资产类、负债类、所有者权益类、共同类、成本类和损益类六类，列举部分会计科目分类如表2-1所示。

**四、会计科目的级次**

由于企业内外部会计信息使用者对会计信息的要求各不相同，如企业投资者、政府及监管部门等只需要比较综合的会计数据，而企业内部生产经营管理者却需要具体详细的会计资料，因此必须对会计科目进行分级。一般将会计科目分为一级科目、二级科目、三级科目三个层次。

一级科目又称总账科目、总分类科目，是对会计要素的具体内容进行总括分类而形成的会计科目。

二级科目是对一级科目进一步分类的结果，又称子目。有些二级科目是由国家统一规定的，如总分类科目"应交税费"下设"应交增值税""应交所得税"等二级科目。有些企业可以根据经营管理需要自行设置。例如，在总分类科目"原材料"下按材料类别设二级科目"原料及主要材料""辅助材料""燃料"等。

三级科目是对二级科目进一步分类的结果，又称细目。一般三级科目是由企业根据经济业务和管理需要设置的。例如，在二级科目"原料及主要材料"下，按材料的品种、规格设置三级科目"甲材料""乙材料"。个别三级科目是由国家统一规定的。例如，在二级科目"应交增值税"下设置"进项税额""销项税额""出口退税"等三级科目。二级科目和三级科目统称为明细科目。

需要说明的是，会计科目一般分为三个级次，不是说每个会计科目都要有一级科目、二级科目和三级科目。企业应在总分类科目下，根据《企业会计准则》的相关规定，结合本单位具体情况，自行设置。

表 2-1　会计科目表

| 编号 | 会计科目 | 编号 | 会计科目 |
|---|---|---|---|
| 一、资产类 | | 2203 | 预收账款 |
| 1001 | 库存现金 | 2211 | 应付职工薪酬 |
| 1002 | 银行存款 | 2221 | 应交税费 |
| 1012 | 其他货币资金 | 2231 | 应付利息 |
| 1101 | 交易性金融资产 | 2232 | 应付股利 |
| 1121 | 应收票据 | 2241 | 其他应付款 |
| 1122 | 应收账款 | 2501 | 长期借款 |
| 1123 | 预付账款 | 2602 | 应付债券 |
| 1131 | 应收股利 | 2701 | 长期应付款 |
| 1132 | 应收利息 | 2801 | 预计负债 |
| 1221 | 其他应收款 | 三、所有者权益类 | |
| 1231 | 坏账准备 | 4001 | 实收资本 |
| 1401 | 材料采购 | 4002 | 资本公积 |
| 1402 | 在途物资 | 4101 | 盈余公积 |
| 1403 | 原材料 | 4103 | 本年利润 |
| 1404 | 材料成本差异 | 4104 | 利润分配 |
| 1405 | 库存商品 | 四、成本类 | |
| 1411 | 周转材料 | 5001 | 生产成本 |
| 1471 | 存货跌价准备 | 5101 | 制造费用 |
| 1511 | 长期股权投资 | 五、损益类 | |
| 1512 | 长期股权投资减值准备 | 6001 | 主营业务收入 |
| 1601 | 固定资产 | 6051 | 其他业务收入 |
| 1602 | 累计折旧 | 6101 | 公允价值变动损益 |
| 1603 | 固定资产减值准备 | 6111 | 投资收益 |

表2-1（续）

| 编号 | 会计科目 | 编号 | 会计科目 |
|------|----------|------|----------|
| 1604 | 在建工程 | 6115 | 资产处置损益 |
| 1605 | 工程物资 | 6301 | 营业外收入 |
| 1606 | 固定资产清理 | 6401 | 主营业务成本 |
| 1701 | 无形资产 | 6402 | 其他业务成本 |
| 1702 | 累计摊销 | 6403 | 税金及附加 |
| 1703 | 无形资产减值准备 | 6601 | 销售费用 |
| 1801 | 长期待摊费用 | 6602 | 管理费用 |
| 1901 | 待处理财产损溢 | 6603 | 财务费用 |
| | 二、负债类 | 6701 | 资产减值损失 |
| 2001 | 短期借款 | 6711 | 营业外支出 |
| 2201 | 应付票据 | 6801 | 所得税费用 |
| 2202 | 应付账款 | 6901 | 以前年度损益调整 |

# 第二节　会计账户

由于会计科目只是规定了对会计要素具体内容进行分类核算的项目或名称，还不能进行会计核算，不能反映经济业务发生引起的会计要素各项目的增减变动情况和结果，为了全面、序时、连续、系统地记录由于经济业务发生而引起的会计要素增减变动，提供各种会计信息，企业还必须根据规定的会计科目在账簿中开设账户，提供日常管理的会计核算资料。

## 一、账户的概念及其与会计科目的关系

（一）账户的概念及意义

账户是根据会计科目设置的，具有一定的格式和结构，用来分类、连续地记录经济业务，反映会计要素增减变动及其结构的载体。

设置会计账户是会计核算的一种专门方法。正确设置和运用会计账户可以把各类经济业务的发生情况以及由此而引起的会计要素的增减变化，系统地、分门别类地进行核算和监督，以提供各种会计信息，对加强宏观和微观经济管理具有重要的意义。

（二）账户与会计科目的关系

账户与会计科目是两个不同的概念，两者之间既有联系又有区别。

账户与会计科目的联系是会计科目规定的经济内容就是账户核算的经济内容，

会计科目就是账户的名称。有什么会计科目，就必有什么账户；反之，有什么账户，就有什么会计科目。

账户与会计科目的区别主要是作用不同及有无结构。会计科目只是一个在制定会计制度时规定的项目名称，不存在结构问题。账户是各单位根据会计科目开设的在账簿中有一定结构、用以登记某一经济业务的发生引起的会计要素的增减变化，具有一定的结构。

### 二、账户的基本结构

企业经济业务的发生会引起会计要素发生增减变动，从数量上看不外乎增加和减少两个方面。因此，会计账户的结构相应地分为左、右两方，一方登记增加，另一方登记减少。同时，为反映其增减变化的结果，账户还需要设置反映结余数的部分。这样账户的基本结构由"增加栏""减少栏"和"结余栏"三部分构成。当然，在实务中，为了反映准确、完整的会计信息，一个完整的账户结构应包括下列内容：

（1）账户名称，即会计科目。

（2）日期，即经济业务的记录时间。

（3）凭证的编号，即账户记录的来源及依据。

（4）摘要，即概括经济业务发生的内容。

（5）增加栏、减少栏以及余额栏。

在实务中，账户的格式一般有三栏式、数量金额式和多栏式。三栏式账户的一般格式如表 2-2 所示。

表 2-2　账户名称（会计科目）

| 年 | | 凭证编号 | 摘要 | 发生额 | | 借或贷 | 余额 |
| 月 | 日 | | | 借方 | 贷方 | | |
|---|---|---|---|---|---|---|---|
| | | | | | | | |

为了便于教学和手工记账的汇总，我们将表 2-2 的格式予以简化，只保留账户的核心部分。其简化格式如图 2-1 所示，称为 T 形账户。

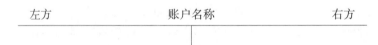

图 2-1　T 形账户

每个账户都有四个金额要素，即期初余额、本期增加发生额、本期减少发生额和期末余额。本期增加发生额合计和本期减少发生额合计是指在一定会计期间内，账户在左右两方分别登记的增加额合计和减少额的合计。本期增加发生额和本期减少发生额相抵后的差额加上本期期初余额，即为本期期末余额。如果将本期期末余额转入下一期，就是下一期的期初余额。每个账户的本期发生额反映的是该类经济业务内容在本期内变动的情况，而余额则反映变动的结果。一般情况下，账户四项金额要素的关系可以用下列等式表示：

期末余额＝期初余额+本期增加发生额合计−本期减少发生额合计

期末余额一般在账户的增加方。

### 三、账户的分类

因为对发生的每一笔交易或事项都要按规定编制会计分录，即确定涉及哪些会计要素中的哪个账户（经济内容），同时还要知道每个账户是用来干什么的（经济用途）；每个账户借、贷方登记什么，有无余额，余额在哪一方，表示什么，即账户的结构。要正确做到这些，我们不但要掌握有关账户之间存在的共同性，而且还要掌握每个账户与其他账户之间存在区别的特殊性。只有这样，才能准确地编制会计分录，运用账户。这就需要对账户进行较为科学的分类。

（一）账户按经济内容分类

账户按其经济内容不同，可以分为资产类账户、负债类账户、所有者权益类账户、成本类账户和损益类账户五类。

（1）资产类账户是指用来核算企业各种资产增减变动及结存情况的账户。资产按照反映流动性快慢的不同，可以分为流动资产和非流动资产。资产类账户相应也分为流动资产类账户和非流动资产类账户。流动资产类账户主要有库存现金、银行存款、短期投资、应收账款、原材料、库存商品等；非流动资产类账户主要有长期投资、固定资产、累计折旧、无形资产等。

（2）负债类账户是指用来核算企业各种负债增减变动及结存情况的账户。负债按照反映流动性强弱的不同，可以分为流动负债和非流动负债。负债类账户相应也分为流动负债类账户和非流动负债类账户。属于流动负债类账户主要有短期借款、应付账款、应付职工薪酬、应交税费等；属于非流动负债类账户主要有长期借款、应付债券、长期应付款等。

（3）所有者权益类账户是指用来核算企业所有者权益增减变动及结存情况的账户。所有者权益类账户按照来源和构成的不同，可以分为投入资本类所有者权益账户和资本积累类所有者权益账户。投入资本类所有者权益账户主要有实收资本、资本公积等；资本积累类所有者权益账户主要有盈余公积、本年利润、利润分配等。

（4）成本类账户是企业用来核算产品成本、劳务成本、研发成本、工程成本的构成内容及其形成情况的账户。成本类账户按照是否需要分配可以再分为直接计入类成本账户和分配计入类成本账户。直接计入类成本账户主要有生产成本（包括基本生产成本、辅助生产成本）等，分配计入类成本账户主要有制造费用等。

（5）损益类账户是指用来核算收入和费用的增减变动情况的账户。损益类账户

65

按照性质和内容的不同，可以分为营业损益类账户和非营业损益类账户。营业损益类账户主要有主营业务收入、主营业务成本、税金及附加、其他业务收入、其他业务支出、投资收益等；非营业损益类账户主要有营业外收入、营业外支出、销售费用、管理费用、财务费用等。

账户按经济内容分类汇总如表 2-3 所示。

表 2-3　账户按经济内容分类

| 大类 | 小类 | 账户名称 |
|---|---|---|
| 一、资产类 | 流动资产 | 库存现金、银行存款、交易性金融资产、应收账款、应收票据、应收股利、应收利息、库存商品、委托加工物资、坏账准备、原材料等 |
| | 非流动资产 | 债权投资、其他债权投资、其他权益工具投资、投资性房地产、长期应收款、固定资产、累计折旧、无形资产、在建工程、工程物资、商誉、递延所得税资产等 |
| 二、负债类 | 流动负债 | 短期借款、交易性金融负债、应付票据、应付账款、应付职工薪酬、应交税费、应付利息、其他应付款等 |
| | 非流动负债 | 长期借款、应付债券、长期应付款、预计负债、递延收益、未确认融资费用等 |
| 三、所有者权益类 | 注册资本类 | 实收资本、库存股 |
| | 资本积累类 | 资本公积、盈余公积、本年利润等 |
| 四、成本类 | | 生产成本、制造费用、劳务成本、研发支出等 |
| 五、损益类 | 收入类 | 主营业务收入、其他业务收入、营业外收入 |
| | 费用类 | 主营业务成本、其他业务成本、营业外支出、财务费用、销售费用、管理费用等 |
| | 收入、费用双重性质类 | 公允价值变动损益、投资收益、以前年度损益调整 |

（二）账户按用途和结构分类

账户按用途和结构分类是账户在按经济内容分类基础上的进一步分类，是对账户按经济内容分类的必要补充。其实质是账户在会计核算中所起的作用和账户在使用中能够反映的什么样的经济指标进行的分类。账户按照用途和结构不同，可以分为盘存类账户、结算类账户、跨期摊配类账户、权益类账户、调整类账户、集合分配类账户、成本计算类账户、集合配比类账户和业务成果类账户九类。

（1）盘存类账户是指用来核算可以进行实物盘点的各种实物资产和库存现金、银行存款增减变动及结存情况的账户。盘存类账户是可以通过实物盘点进行核算和监督的各种资产类账户，主要有库存现金、银行存款、原材料、库存商品、固定资产等。盘存类账户的期初如果有余额则在借方，本期发生额的增加数在借方，本期发生额的减少数在贷方，期末如果有余额则在借方。

（2）结算类账户是指用来核算和监督一个经济组织与其他经济组织或个人以及

经济组织内部各单位之间债权债务往来结算关系的账户。按照结算性质的不同，结算类账户可以分为债权结算账户、债务结算账户和债权债务结算账户三种。

债权结算账户主要有应收账款、应收票据、预付账款、其他应收款等，债权结算账户的基本格式及运用同盘存类账户，即期初如果有余额则在借方，本期发生额的增加数在借方，本期发生额的减少数在贷方，期末如果有余额则在借方。

债务结算账户主要有应付账款、应付票据、预收账款、其他应付款、应交税费等。债务结算账户的期初如果有余额则在贷方，本期发生额的增加数在贷方，本期发生额的减少数在借方，期末如果有余额则在贷方。

债权债务结算账户是一类比较特殊的结算类账户，是对经济组织在与其他经济组织或个人之间同时具有债权和债务结算情况需要在同一账户进行核算与监督而运用的一种账户。债权债务结算账户的期初余额可能在借方（表示债权大于债务的差额），也可能在贷方（表示债务大于债权的差额）；本期借方发生额表示债权的增加或债务的减少；本期贷方发生额表示债务的增加或债权的减少；期末如果是借方余额表示债权大于债务的差额，如果是贷方余额表示债务大于债权的差额。

（3）跨期摊配类账户是指用来核算和监督应由若干会计期间共同负担而又在某个会计期间一次支付费用的账户。跨期摊配类账户主要有长期待摊费用。长期待摊费用账户的格式和运用方法同盘存类账户，即期初如果有余额则在借方，本期发生额的增加数在借方，本期发生额的减少数在贷方，期末如果有余额则在借方。

（4）权益类账户是指用来核算和监督经济组织从外部取得的或内部形成的资本金增加变动情况及其实有数的账户。权益类账户主要有实收资本（或股本）、资本公积、盈余公积、利润分配等。权益类账户期初如果有余额则在贷方，本期发生额的增加数则在贷方，本期发生额的减少数在借方，期末如果有余额则在贷方。

（5）调整类账户是指用来调节和整理相关账户的账面金额并表示被调整账户的实际余额数的账户。调整类账户按照调整方式的不同，可以分为备抵调整账户、附加调整账户和备抵附加调整账户三种。

备抵调整账户是指用来抵减被调整账户余额，以取得被调整账户余额的账户。备抵调整账户按照被调整账户性质的不同，又可以分为资产类备抵调整账户和权益类备抵调整账户。资产类备抵调整账户与其被调整的资产类账户的运用方向相反，与负债类账户相同。

附加调整账户是指用来增加被调整账户余额的账户。附加调整账户与其被调整的账户的运用方向相反。由于在现实中这类账户已经很少使用，因此有关它的运用不再介绍。

备抵附加调整账户是指既具有备抵功能又具有附加调整功能的账户。比较典型的备抵附加调整账户是材料成本差异账户。

（6）集合分配类账户是指用来归集和分配经济组织经营过程中某个阶段发生的相关费用的账户，主要有制造费用等。集合分配类账户的结构和运用方法基本与盘存类账户相同，两者区别在于集合分配类账户记录的费用属于当期的开支，应当在当期分配完毕，因此这类账户没有期末和期初余额。

（7）成本计算类账户是用来反映和监督某经营过程某一阶段所发生的全部费用，确定各个成本计算对象实际成本的账户。材料采购、生产成本、在建工程等属于此类账户。

（8）集合配比类账户是用来汇集经营过程中所取得的收入和发生的成本、费用，营业支出，借以在期末进行配合比较，计算确定经营期内财务成果的账户。

（9）业务成果类账户是指用来核算和监督经济组织在一定时期内财务成果的形成，并确定最终成果的账户。典型的业务成果类账户是本年利润账户。

账户按用途和结构分类汇总如表2-4所示。

表2-4　账户按用途和结构分类

| 账户类别 | | 账户名称 | |
| --- | --- | --- | --- |
| 一、盘存类 | | 库存现金、银行存款、材料采购、原材料、库存商品、周转材料、固定资产、工程物资等 | |
| 二、结算类 | 债权结算 | 应收票据、预付账款、应收账款、应收利息、长期应收款等 | |
| | 债务结算 | 短期借款、应付账款、应付票据、预收账款、应交税费、应付利息、应付职工薪酬等 | |
| | 债权债务结算 | 预付账款、预收账款、应交税费 | |
| 三、跨期摊配类 | | 未确认融资收益（费用）、长期待摊费用、递延收益 | |
| 四、权益类 | | 实收资本、资本公积、盈余公积、利润分配 | |
| 五、调整类 | 备抵调整 | 坏账准备、累计折旧、累计摊销等 | |
| | 附加调整 | | |
| | 备抵附加调整 | 材料成本差异 | |
| 六、集合分配类 | 收入类 | 主营业务收入、其他业务收入 | |
| | 费用类 | 销售费用、管理费用、财务费用等 | |
| | 支出类 | 营业外支出 | |
| 七、成本计算类 | | 材料采购、生产成本、在建工程等 | |
| 八、集合配比类账户 | | 制造费用 | |
| 九、业务成果类 | | 本年利润 | |

（三）账户按提供核算指标的详细程度分类

账户按提供核算指标的详细程度不同，可以分为总分类账户和明细分类账户。

（1）总分类账户简称为总账或一级账户，是根据总分类科目设置的，用来对交易或事项进行总分类核算，提供总括核算指标的账户。总分类账户一般只使用货币度量，进行金额核算，如库存现金、银行存款、固定资产、原材料等。

（2）明细分类账户简称为明细账或二级账户、三级账户，是根据企业经济管理的需要，按照明细分类科目设置的，用来对交易或事项进行明细分类核算，提供详细、具体核算指标的账户。明细分类账户核算除了使用货币度量进行金额核算外，还可以使用实物度量等进行实物数量核算。

# 第三节　复式记账法

## 一、记账方法

为了对企业的交易或事项进行会计核算，在按照一定原则设置了会计科目，并按会计科目开设账户后，就需要采用一定的记账方法将会计要素的增减变动在账户中表现出来。所谓记账方法，就是在账户中登记交易或者事项的方法。记账方法也经历了由单式记账法到复式记账法的演变过程。

（一）单式记账法

单式记账法是指对发生的每一笔交易或事项，一般只在一个账户中登记的方法。这是一种比较简单的不完整的记账方法，通常只登记库存现金和银行存款的收付业务以及应收应付款的结算业务，而不登记实务的收付业务。例如，企业购买了一批原材料，企业并不登记原材料增加，而只记录库存现金（银行存款）减少或负债的增加。在单式记账法下，由于各个账户之间互不联系，无法全面反映各笔交易或事项的来龙去脉，也不能正确核算成本和盈亏，更不便于检查账户记录的正确性，因此对企业的财务状况和经营成果的反映是不全面的。单式记账法不能科学、严密、全面地描述经济业务，后来被复式记账法替代。

（二）复式记账法

1. 复式记账法的概念

复式记账法是以资产与权益的平衡关系作为记账基础，对于每一笔经济业务，都要以相等的金额同时在两个或两个以上相互联系的账户中进行登记，系统地反映资金运动变化及其结果的一种专门核算方法。

2. 复式记账的理论基础

复式记账的理论基础是"资产＝负债＋所有者权益"的会计等式。

（1）这一等式反映了会计要素间的相互联系，构成了会计对象的基本组成部分。任何一项经济业务都会对会计等式产生双重影响，这种双重影响有时是在等式左右两方，有时是在等式一方，而且任何经济业务都不会破坏会计等式中原会计要素之间的平衡关系。为了如实反映各项经济业务对会计等式的影响，保持会计等式的平衡关系不被破坏，在记录每项经济业务时，会计必须使用复式记账法。

（2）会计对象的全部内容是由许多具体过程组成的。每一项经济业务引起的资产、负债和所有者权益的变动，都是会计对象的一个具体过程。无论在何种情况下发生的经济业务，总会引起一定量的价值从某一处来，到另一处去，是一个过程的两个方面。只有把这两方面同时记录下来，才能全面反映这一具体过程，如实描述每一项经济业务引起的会计对象的变化。因此，记录经济业务必须采用复式记账法。

（三）复式记账法的特点

（1）在两个或两个以上相互联系的账户中记录一项经济业务，以反映资金运动的来龙去脉。尽管经济业务是多种多样的，但每次资金运动都表现为不同来源或不同资产。对于每一项经济业务，在两个或两个以上相互联系的账户中记录一项经济业务，不仅可以反映资金运动的来龙去脉，而且可以将某一会计期间发生的全部经济业务作为一个有机整体在整个账户体系中进行反映。复式记账法可以通过账户记录全面、系统地了解资金运动的过程及其结果。

（2）以相等的金额记入相应的账户，以保证账簿记录的正确性。运用复式记账法，账户的记录以及账户之间的关系不再孤立，每项经济业务发生时，以相等的金额进行记录；对账户记录的内容及结果可以利用账户之间的相互关系进行试算平衡，以检查账簿记录的正确性。

## 二、借贷记账法

借贷记账法是以会计等式为记账原理，以"借"和"贷"为记账符号，对发生的每一笔交易或事项都要以借、贷相等的金额在两个或两个以上相互联系的账户中进行登记的一种复式记账方法。

借贷记账法以"借"和"贷"作为记账符号，分别作为账户的左方和右方。"借""贷"产生于资本的收款和放款业务，经营货币的资本家对收进的存款，记在贷主的名下，表示自身的债务，即"欠人"的增加；对付出的放款，记在借主的名下，表示自身的债权，即"人欠"的增加，即"借""贷"表示债权、债务及其增减变化，这就是"借""贷"的由来。随着商品经济的发展，经济活动的内容日趋复杂，会计记录的交易或者事项也不再仅限于货币资金的借贷，而逐渐扩展到实物资产、经营损益和经营资本的增减变化。这样，"借""贷"两字就逐渐失去了它们原来的含义而变成一种单纯的记账符号。

（一）借贷记账法的记账规则

借贷记账法是建立在复式记账原理的基础之上的。对任何交易或事项，不管是一笔，还是某一会计期间的全部交易或者事项，在进行记账时，既要有借方账户，又要有贷方账户，且借方账户金额（资产、费用账户增加额与负债、所有者权益、收入账户减少额）合计等于贷方金额（负债、所有者权益、收入账户增加额与资产、费用账户减少额）合计。简言之，即"有借必有贷，借贷必相等"。

借贷记账法的记账规则体现了任何交易或事项涉及账户之间的内在规律。违背了"有借必有贷，借贷必相等"的记账规则，记账就会出现错误。利用这一记账规则对经济业务进行核算有如下要求：

（1）对于任何一项经济业务，必须同时在两个或者两个相互联系的账户中以相反的方向进行登记。如果在一个账户中记入借方或贷方，则在另一个或几个相联系的账户中记入贷方或借方。

（2）以相等的金额同时记入借方账户或贷方账户。借贷记账法的理论基础是"资产＝负债+所有者权益"，因此反映经济业务的发生而引起各项目变动时，只有以相等的金额登记，才能保持会计等式两端要素之间的平衡关系。

在实际工作中，企业每天发生的经济业务是多种多样的，但无论怎样变化，均可以概括为以下四种类型：

第一种类型：资产与权益同时增加，总额增加。

【例2-1】企业接受投资者投入设备一台，价值 500 000 元（不考虑增值税因素）。此项业务一方面使资产类中的"固定资产"账户增加 500 000 元，记入该账户的借方；另一方面使权益类中的"实收资本"账户增加 500 000 元，记入该账户的贷方，借贷金额相等。

第二种类型：资产与权益同时减少，总额减少。

【例2-2】企业用银行存款 40 000 元偿还所欠供应单位的货款。此项业务一方面使权益类中的"应付账款"账户减少 40 000 元，记入该账户的借方；另一方面使资产类中的"银行存款"账户减少 40 000 元，记入该账户的贷方，借贷金额相等。

第三种类型：资产内部有增有减，总额不变。

【例2-3】企业从银行提取现金 6 000 元以备零用。此项业务一方面使资产类中"库存现金"账户增加 6 000 元，记入该账户的借方；另一方面使资产类中"银行存款"账户减少 6 000 元，记入该账户的贷方，借贷金额相等。

第四种类型：权益内部有增有减，总额不变。

【例2-4】企业将已到期但无力支付的应付票据 10 000 元转为应付账款。此项业务一方面使权益类中"应付票据"账户减少 10 000 元，记入该账户借方；另一方面使权益类中"应付账款"账户增加 10 000 元，记入该账户的贷方，借贷金额相等。

由此可见，企业日常发生的经济业务均能满足"有借必有贷，借贷必相等"的记账规则。

（二）借贷记账法的账户结构

在借贷记账法下，任何账户都分为借、贷两方，账户的左方称为"借方"，账户的右方称为"贷方"。借贷记账法的账户结构就是指账户借方登记什么，贷方登记什么，期末账户有无余额，如有余额，在账户哪一方、表示什么。

尽管企业的交易或者事项多种多样，但其结果都会引起会计要素的增减变化，如何利用"借""贷"符号来表示会计要素的增减变动，则要根据账户经济内容的性质，由会计恒等式来决定。

根据"资产+费用＝负债+所有者权益+收入"，有会计等式数量平衡关系，不管是发生的每一笔交易或者事项，还是某一时期的全部交易或者事项，会计恒等式两边会计要素中具体账户的变动额都必须相等，否则数量关系就不成立。对于借贷记账法理论基础的对立统一关系，我们可以理解为"对立"就是恒等式两边你增我减，你减我增；"统一"就是恒等式两边同处于一个平衡等式之中，从而决定了资产和费用类账户的结构必须一致，负债、所有者权益和收入类账户的结构必须一致，并且等式两边必须以相反的方向进行登记，才能保持会计恒等式的对立统一关系。因此，对于账户结构只能有以下两种做法：第一种做法是资产、费用类账户用"借"表示增加，"贷"表示减少，而负债、所有者权益和收入类账户用"借"表示减少，"贷"表示增加；第二种做法是资产、费用类账户用"借"表示减少，"贷"表示增加，而负债、所有者权益和收入类账户用"借"表示增加，"贷"表示减少。世界各国普遍采用第一种做法。

1. 资产、费用类账户

借方登记增加数额，贷方登记减少数额。相应地，账户本期增加发生额、本期减少发生额分别称为本期借方发生额、本期贷方发生额，统称为本期发生额。

期末余额＝期初余额＋本期借方发生额－本期贷方发生额

资产类账户如有余额，在借方，费用类账户一般期末无余额。

资产、费用类账户结构如图 2-2 所示。

| 借方 | 资产、费用类账户 | 贷方 |
| --- | --- | --- |
| 期初余额<br>增加额 | 减少额 | |
| 本期发生额<br>期末余额 | 本期发生额 | |

**图 2-2　资产、费用类账户结构**

2. 负债、所有者权益和收入类账户

借方登记减少数额，贷方登记增加数额。相应地，账户本期增加发生额、本期减少发生额分别称为本期贷方发生额、本期借方发生额，统称为本期发生额。

期末余额＝期初余额＋本期贷方发生额－本期借方发生额

负债、所有者权益类账户如有余额，在贷方；收入类账户期末一般无余额。负债、所有者权益和收入类账户结构如图 2-3 所示。

| 借方 | 负债、所有者权益和收入类账户 | 贷方 |
| --- | --- | --- |
| 减少额 | 期初余额<br>增加额 | |
| 本期发生额 | 本期发生额<br>期末余额 | |

**图 2-3　负债、所有者权益和收入类账户结构**

关于账户结构的几点注意事项如下：

（1）账户的期末余额只能在账户的一方，一般在增加方。

（2）如果一个账户的期末余额在借方，则该账户一般是资产类账户；反之，如果一个账户的期末余额在贷方，则该账户一般是负债或所有者权益类账户。

（3）会计科目表中的损益类账户，除了"以前年度损益调整"账户外，其余的账户余额到会计期末都要结转到"本年利润"账户，结转之后，该类账户无余额。

（三）借贷记账法的应用

1. 会计分录

对企业发生的每一笔交易或事项，我们根据会计核算方法可以知道，在会计实务中，并不是根据证明交易或事项发生（或完成）的原始凭证，直接依据记账规则登记账户，而是根据审核无误的原始凭证，编制记账凭证，再根据符合记账规则的记账凭证登记账户。虽然记账凭证包含内容多，但其核心内容是确定每笔交易或事项涉及账户的名称以及记入账户的借贷方向与金额。我们将按借贷记账法的记账规则，对某项经济业务事项标明其应借、应贷账户及其金额的记录，称为会计分录，简称分录。我们将"会计账户""记账符号""发生金额"称为会计分录的三要素，并对会计分录格式做如下规定：借方在前，贷方在后；借方偏左，贷方偏右（前后错开）。

例如，企业从银行提取现金 4 000 元，其会计分录格式为：

借：库存现金　　　　　　　　　　　　　　　　　　　　4 000

　贷：银行存款　　　　　　　　　　　　　　　　　　　　　　4 000

如果涉及一个以上借（贷）方账户，除第一个账户标明"借（贷）"外，后面账户将"借（贷）"省略，只需将账户名称与第一个账户名称左边对齐，金额右边对齐即可。例如，企业用现金 800 元和银行存款 120 000 元归还应付账款，其会计分录为：

借：应付账款　　　　　　　　　　　　　　　　　　　120 800

　贷：库存现金　　　　　　　　　　　　　　　　　　　　　　800

　　银行存款　　　　　　　　　　　　　　　　　　　　120 000

编制会计分录是为了保证账户记录的正确性，在登记账户之前对每笔交易或者事项进行会计确认和会计计量的一系列工作。就编制会计分录、登记账户的过程而言，编制会计分录在先，登记会计账户在后。通常将编制会计分录的过程称为记账，将会计凭证中会计分录转抄至有关账户的过程称为过账，也称为登记账簿，简称登账。因此，会计分录编制的正确与否直接决定了账户记录的正确与否，进而影响到会计信息的质量。

编制会计分录的过程，就是对会计要素进行确认和计量的过程，一般分为以下两个步骤：一是确定每笔交易或者事项涉及哪些会计要素中的哪些账户及账户增加或减少的金额是多少。二是根据涉及账户的账户结构确定是借还是贷。

### 2. 借贷记账方法的应用案例

假设益华有限责任公司 2019 年 3 月各账户的期初余额如表 2-5 所示。

表 2-5　账户期初余额　　　　　　　　　　　　　单位：元

| 账户名称 | 借方金额 | 账户名称 | 贷方余额 |
|---|---|---|---|
| 库存现金 | 30 000 | 短期借款 | 1 000 000 |
| 银行存款 | 1 000 000 | 应付账款 | 650 000 |
| 其他应收款 | 20 000 | 实收资本 | 2 000 000 |
| 应收账款 | 1 000 000 | | |
| 原材料 | 100 000 | | |
| 固定资产 | 1 500 000 | | |
| 合计 | 3 650 000 | 合计 | 3 650 000 |

2019 年 3 月，益华有限责任公司（以下简称"益华公司"）发生部分经济业务如下：

（1）3 月 5 日，益华公司收到宏远投资公司投入全新车床一台，价值 200 000 元，交付使用。

（2）3 月 7 日，益华公司由于季节性资金需要，向银行借款 300 000 元，期限为半年，年利率为 12%，到期一次还本付息。财会部收到银行专用"借款借据"（代收账通知）。

（3）3 月 10 日，益华公司采用电汇结算方式，以银行存款支付益华公司前欠大华有限责任公司购料款 500 000 元，银行手续费 100 元。

（4）3 月 13 日，益华公司开出转账支票支付产品销售广告费 30 000 元。

（5）3 月 20 日，益华公司购置中型货车一辆用于日常运输，验收合格投入使用，价款 350 000 元（暂不考虑增值税），已开出转账支票付讫。

我们将益华公司 2019 年 3 月发生的经济业务按照借贷记账法的规则编制会计分录，其实施过程如下：

（1）3 月 5 日的经济业务。经济业务涉及的账户类别为：

①宏远投资公司向益华公司投资应用"实收资本"账户核算，属于所有者权益类。

②一台全新车床应用"固定资产"账户核算，属于资产类。

益华公司因为收到宏远投资公司投入的全新车床一台，所有者权益类账户"实收资本"增加，资产类账户"固定资产"增加。资产类账户增加记借方，而所有者权益类账户增加记贷方。会计分录为：

借：固定资产　　　　　　　　　　　　　　　　　　　　　200 000

　　贷：实收资本　　　　　　　　　　　　　　　　　　　　　　　200 000

会计分录的借、贷双方都是 200 000 元，借方与贷方金额相等。

（2）3 月 7 日的经济业务。该经济业务涉及的账户类别为：

①益华公司向银行借款且期限为半年的债权应用"短期借款"账户核算，属于负债类。

②财会部收到银行专用"借款借据"，表明益华公司的贷款已到公司银行账户，应用"银行存款"账户核算，属于资产类。

因为益华公司向银行的短期借款已到账，所以负债类账户"短期借款"增加，资产类账户"银行存款"增加。资产类账户增加记借方，而负债类账户增加记贷方。会计分录为：

借：银行存款 300 000

　　贷：短期借款 300 000

会计分录的借、贷双方都是 300 000 元，借方与贷方金额相等。

（3）3 月 10 日的经济业务。该经济业务涉及的账户类别为：

①益华公司前欠大华有限责任公司的购料款应用"应付账款"账户核算，属于负债类。

②益华公司用银行存款支付的款项应用"银行存款"账户核算，属于资产类。

③银行手续费应用"财务费用"账户核算，属于费用类。

益华公司归还前欠购料款，则负债类账户"应付账款"减少；用银行存款付款则资产类账户"银行存款"减少；用银行存款付款时有手续费，则费用类账户"财务费用"增加。负债类账户减少记借方，而费用类账户增加记借方，资产类账户减少记贷方。会计分录为：

借：应付账款 500 000

　　财务费用 100

　　贷：银行存款 500 100

会计分录的借、贷双方都是 500 100 元，借方与贷方金额相等。

（4）3 月 13 日经济业务。该经济业务涉及的账户类别为：

①益华公司支付的产品销售广告费用应用"销售费用"账户核算，属于费用类。

②益华公司开出转账支票，表明益华公司将通过转账支票使用开户银行的资金付款，应用"银行存款"账户核算，属于资产类。

益华公司支付了产品销售的广告费用，则费用类账户"销售费用"增加；使用银行存款付款，则资产类账户"银行存款"减少。费用类账户增加记借方，而资产类账户减少记贷方。会计分录为：

借：销售费用 30 000

　　贷：银行存款 30 000

会计分录的借、贷双方都是 30 000 元，借方与贷方金额相等。

（5）3 月 20 日经济业务。该经济业务涉及的账户类别为：

①益华公司购置一辆自用的中型货车应用"固定资产"账户核算，属于资产类。

②益华公司开出转账支票，表明益华公司将使用转账支票开户银行的资金付款，应用"银行存款"账户核算，属于资产类。

益华公司购买了一辆自用的中型货车，则资产类账户"固定资产"增加，使用银行存款付款，则资产类账户"银行存款"减少。资产类账户增加记借方，资产类账户减少记贷方。会计分录为：

借：固定资产　　　　　　　　　　　　　　　　　　　　　350 000

　　贷：银行存款　　　　　　　　　　　　　　　　　　　　　350 000

会计分录的借、贷双方都是 350 000 元，借方与贷方金额相等。

（四）借贷记账法的试算平衡

1. 试算平衡的概念

为了检验一定时期内发生的经济业务在账户中记录的正确性，企业在会计期末应进行账户的试算平衡。借贷记账法的试算平衡是指根据会计等式的平衡原理，按照记账规则的要求，通过汇总计算和比较，来确认账户记录的正确性和完整性的一种方法。

2. 试算平衡的分类

借贷记账法的试算平衡有两种具体方法，即发生额试算平衡法和余额试算平衡法。

（1）发生额试算平衡法。采用借贷记账法对发生的经济业务进行会计核算，必须严格遵守"有借必有贷，借贷必相等"的记账规则，即每项经济业务的借、贷发生额必然是相等的，因此某一会计期间全部账户本期借方、贷方发生额及其余额合计数应分别相等，从而维护资产与权益的恒等关系。所谓发生额试算平衡，是指一定时期全部账户借方发生额合计与全部账户贷方发生额合计平衡。发生额试算平衡法是用来检验本期发生额记录是否正确的方法。

发生额试算平衡公式为：

全部账户本期借方发生额合计＝全部账户本期贷方发生额合计

根据例题益华公司的资料，本期发生额试算平衡表如表 2-6 所示。

表 2-6　本期发生额试算平衡表　　　　　　　　　单位：元

| 账户名称 | 本期借方发生额 | 本期贷方发生额 |
| --- | --- | --- |
| 银行存款 | 300 000 | 880 100 |
| 固定资产 | 550 000 | |
| 短期借款 | | 300 000 |
| 应付账款 | 500 000 | |

表2-6（续）

| 账户名称 | 本期借方发生额 | 本期贷方发生额 |
|---|---|---|
| 实收资本 | | 200 000 |
| 财务费用 | 100 | |
| 销售费用 | 30 000 | |
| 合计 | 1 380 100 | 1 380 100 |

（2）余额试算平衡法。在借贷记账法下，以资产与权益的恒等关系为记账原理，不同性质的账户借方和贷方记录的经济内容增减变化的方向不同，余额的方向也不相同。一般资产类账户的余额在借方，权益类账户的余额在贷方。期末结账后，全部账户的期末借方余额合计必等于全部账户期末贷方余额合计。所谓余额试算平衡，是指在一定时期任一时点上，所有账户借方余额合计与所有账户贷方余额合计相平衡，以检查各账户发生额记录和余额核算是否正确。余额试算平衡通常指期初余额平衡和期末余额平衡。

余额试算平衡公式为：

全部账户借方期初余额合计＝全部账户贷方期初余额合计

全部账户借方期末余额合计＝全部账户贷方期末余额合计

结合表 2-5 和表 2-6，本期余额试算平衡表如表 2-7 所示。

表 2-7　本期余额试算平衡表　　　　　单位：元

| 账户名称 | 期初余额 | | 本期发生额 | | 期末余额 | |
|---|---|---|---|---|---|---|
| | 借　方 | 贷　方 | 借　方 | 贷　方 | 借　方 | 贷　方 |
| 库存现金 | 30 000 | | | | 30 000 | |
| 银行存款 | 1 000 000 | | 300 000 | 880 100 | 419 900 | |
| 应收账款 | 1 000 000 | | | | 1 000 000 | |
| 其他应收款 | 20 000 | | | | 20 000 | |
| 原材料 | 100 000 | | | | 100 000 | |
| 固定资产 | 1 500 000 | | 550 000 | | 2 050 000 | |
| 短期借款 | | 1 000 000 | | 300 000 | | 1 300 000 |
| 应付账款 | | 650 000 | 500 000 | | | 150 000 |
| 实收资本 | | 2 000 000 | | 200 000 | | 2 200 000 |
| 财务费用 | | | 100 | | 100 | |
| 销售费用 | | | 30 000 | | 30 000 | |
| 合计 | 3 650 000 | 3 650 000 | 1 380 100 | 1 380 100 | 3 650 000 | 3 650 000 |

3. 编制试算平衡表应注意的事项

（1）必须保证所有账户的相关数据均已计入试算平衡表，因为会计等式是对六项会计要素整体而言的，缺少任何一个账户的余额，都会造成期初或期末借方余额合计与贷方余额合计不相等。

（2）如果试算平衡表借方与贷方不相等，肯定账户记录有错误，应认真查找，直到平衡为止。

（3）编制试算平衡表之前应认真核对相关账户记录。因为有些错误并不会影响借贷双方的平衡关系，所以即使试算平衡表实现三栏的有关平衡，并不能说明账户记录绝对正确。以下错误用试算平衡表就无法检验出来：

①漏记某项经济业务，使本期借贷双方发生额发生等额减少，借贷双方保持平衡。

②重记某项经济业务，使本期借贷双方发生额发生等额增加，借贷双方保持平衡。

③某项经济业务记错有关账户，借贷双方保持平衡。

④某项经济业务在账户记录中，颠倒了记账方向，借贷双方保持平衡。

⑤借方或贷方发生额中，偶然发生多记少记并相互抵销，借贷双方保持平衡。

## 综合练习题

### 一、单项选择题

1. 对会计对象的具体内容，按其内部性质和经济管理的具体要求，进一步分类的具体项目，称为（　　　）。

    A. 会计要素　　　　　　　　　　　B. 会计科目

    C. 会计账户　　　　　　　　　　　D. 以上都不是

2. 会计科目与会计账户的联系主要是（　　　）。

    A. 作用相同　　　　　　　　　　　B. 结构相同

    C. 内容相同　　　　　　　　　　　D. 含义相同

3. 资产是企业拥有或控制的资源，该资源预期会给企业带来（　　　）。

    A. 经济利益　　　　　　　　　　　B. 经济资源

    C. 经济效果　　　　　　　　　　　D. 经济效益

4. 构成企业所有者权益的主体是（　　　）。

    A. 资本公积　　　　　　　　　　　B. 实收资本

    C. 未分配利润　　　　　　　　　　D. 盈余公积

5. 下列关于会计要素的表述中，正确的是（　　　）。

    A. 负债的特征之一是企业承担潜在义务

    B. 资产的特征之一是预期能给企业带来经济利益

    C. 利润是企业一定期间内收入减去费用后的净额

    D. 收入是所有导致所有者权益增加的经济利益的总流入

6. 反映企业经营成果的最终要素是（　　　）。

    A. 资产　　　　　　　　　　　　B. 收入

    C. 利润　　　　　　　　　　　　D. 所有者权益

7. 如果应收账款账户期初余额是 80 000 元，本期增加应收账款 200 000 元，收回应收账款 70 000 元，则应收账款期末余额是（　　　）元。

    A. 210 000　　　　　　　　　　B. 190 000

    C. 50 000　　　　　　　　　　　D. 10 000

8. 下列不存在的交易或事项是（　　　）。

    A. 一项资产增加，一项所有者权益增加

    B. 一项资产减少，一项负债减少

    C. 一项负债增加，另一项负债减少

    D. 一项负债增加，一项所有者权益增加

9. 下列交易或者事项引起资产一增一减的是（　　　）

    A. 以银行存款购买设备

    B. 以银行存款归还长期借款

    C. 赊购材料

    D. 以银行存款支付行政管理部门水电费

10. 在借贷记账法下，账户哪一方登记增加数或者减少数，取决于（　　　）。

    A. 账户的格式　　　　　　　　　B. 账户的用途

    C. 账户的结构　　　　　　　　　D. 账户所反映的经济内容

11. 在借贷记账法下，所有者权益类账户的期末余额一般在（　　　）。

    A. 借方　　　　　　　　　　　　B. 增加方

    C. 贷方　　　　　　　　　　　　D. 减少方

12. 下列会计分录中，属于简单会计分录的是（　　　）。

    A. 一借多贷　　　　　　　　　　B. 一贷多借

    C. 一借一贷　　　　　　　　　　D. 多借多贷

13. 借贷记账法的理论基础是（　　　）。

    A. 会计目标　　　　　　　　　　B. 会计职能

    C. 会计恒等式　　　　　　　　　D. 会计本质

14. 在账户结构中，借方表示增加的是（　　　）。

    A. 负债类账户　　　　　　　　　B. 所有者权益类账户

    C. 收入类账户　　　　　　　　　D. 费用类账户

15. 在账户结构中，贷方表示减少的是（　　　）。

    A. 负债类账户　　　　　　　　　B. 所有者权益类账户

    C. 收入类账户　　　　　　　　　D. 费用类账户

16. 账户对应关系不清的会计分录是（　　）。
    A. 一借一贷的会计分录  　　 B. 多借一贷的会计分录
    C. 一借多贷的会计分录  　　 D. 多借多贷的会计分录
17. 试算平衡检查不出来的记账错误是（　　）。
    A. 漏登或重登了借方金额或者贷方金额
    B. 登错了借方金额或者贷方金额
    C. 将借方金额登记到贷方或者将贷方金额登记到借方
    D. 将借方账户和贷方账户都写错
18. "应收账款"账户期初余额为 5 000 元，本期借方发生额为 6 000 元，贷方发生额为 4 000 元，则期末余额为（　　）。
    A. 借方 5 000 元  　　 B. 贷方 3 000 元
    C. 借方 7 000 元  　　 D. 贷方 2 000 元

二、多项选择题
1. 下列各项中，属于流动资产的有（　　）。
    A. 存放在企业的现金  　　 B. 存放在仓库的材料
    C. 厂房和设备  　　 D. 企业的行政办公大楼
    E. 存放在仓库的半成品
2. 期间费用包括（　　）。
    A. 制造费用  　　 B. 管理费用
    C. 财务费用  　　 D. 销售费用
    E. 经营费用
3. 反映企业经营成果的会计要素有（　　）。
    A. 资产  　　 B. 收入
    C. 费用  　　 D. 利润
    E. 所用者权益
4. 反映企业财务状况的会计要素有（　　）。
    A. 资产  　　 B. 收入
    C. 费用  　　 D. 负债
    E. 所有者权益
5. 企业的收入具体表现为一定期间（　　）。
    A. 现金的流入  　　 B. 银行存款的流出
    C. 企业其他资产的增加  　　 D. 企业其他资产的减少
    E. 企业负责的减少
6. 会计科目可以分为（　　）。
    A. 一级科目  　　 B. 二级科目
    C. 三级科目  　　 D. 四级科目
    E. 五级科目

7. 账户结构中的账户格式内容一般应包括（　　）。

    A. 账户名称　　　　　　　　　　B. 登记账簿日期

    C. 凭证号数　　　　　　　　　　D. 摘要

    E. 增加、减少金额及余额

8. 总分类账户与明细分类账户的区别表现在（　　）。

    A. 核算内容的详细程度不同　　　B. 作用不同

    C. 提供数据指标可能不同　　　　D. 登记方法可能不同

    E. 登账的依据不同

9. 总分类账户与明细分类账户的联系表现在（　　）。

    A. 核算内容相同　　　　　　　　B. 登记依据相同

    C. 账户余额相同　　　　　　　　D. 登记期间相同

    E. 登记方向相同

10. 下列不可能存在的交易或者事项是（　　）。

    A. 一项资产增加，一项负债减少

    B. 一项资产增加，一项所有者权益减少

    C. 一项资产增加，一项费用增加

    D. 一项费用增加，一项收入减少

    E. 一项资产增加，一项所有者权益增加。

11. 借贷记账法的记账符号"贷"对于下列会计要素表示增加的有（　　）。

    A. 资产　　　　　　　　　　　　B. 负债

    C. 所有者权益　　　　　　　　　D. 费用

    E. 利润

12. 下列账户中，用贷方登记增加数的账户有（　　）。

    A. 盈余公积　　　　　　　　　　B. 本年利润

    C. 应付账款　　　　　　　　　　D. 实收资本

    E. 累计折旧

13. 下列账户中，在会计期末一般没有余额的账户有（　　）。

    A. 收入类账户　　　　　　　　　B. 利润类账户

    C. 成本类账户　　　　　　　　　D. 负债类账户

    E. 所有者权益类账户

14. 复合会计分录是指（　　）。

    A. 一借一贷的会计分录　　　　　B. 多借一贷的会计分录

    C. 一借多贷的会计分录　　　　　D. 多借多贷的会计分录

    E. 写出明细科目的会计分录

15. 会计分录的基本要素包括（    ）。

    A. 记账符号                      B. 记账时间

    C. 记账金额                      D. 账户名称（会计科目）

    E. 记账人员

## 三、判断题

1. 会计科目只能分为一级科目、二级科目和三级科目。      （    ）

2. 账户的余额一般在账户的增加方。      （    ）

3. 总分类账户与其所属明细分类账户必须在同一时间登记。      （    ）

4. 负债类账户的结构与资产类账户的结构正好相反。      （    ）

5. 会计科目与会计账户反映的经济内容是相同的。      （    ）

6. 账户是会计科目的名称。      （    ）

7. 无论发生什么样的交易或者事项，会计恒等式都永远成立。      （    ）

8. 账户按提供资料的详细程度不同，可以分为总账和明细账两种。      （    ）

9. 账户上期的期末余额转入本期即为本期的期初余额。      （    ）

10. 所有总账科目都应设置明细分类科目。      （    ）

11. 生产成本及主营业务成本都属于成本类科目。      （    ）

12. 会计要素中既有反映财务状况的要素，也有反映经营成果的要素。      （    ）

13. 负债是现有的交易或事项引起的现时义务。      （    ）

14. 无形资产是不具有实物形态的资产，因此土地使用权不属于无形资产。

      （    ）

15. 二级科目不属于明细分类科目。      （    ）

16. 一项资产增加、一项收入增加的交易或者事项是不可能存在的。      （    ）

17. 本期期末余额−本期期初余额＝本期增加发生额−本期减少发生额。      （    ）

## 四、业务题

1. 某企业发生的交易或者事项如表2-8所示。

表2-8　某企业发生的交易或者事项

| 序号 | 交易或者事项 | 类型 |
|---|---|---|
| 1 | 现购材料（不考虑增值税） | 一项资产增加，另一项资产减少 |
| 2 | 用银行存款偿还前欠A单位购货款 | |
| 3 | 用银行存款支付行政管理部门水电费 | |
| 4 | 向银行借入长期借款存入银行 | |
| 5 | 收到投资者投入的设备 | |
| 6 | 将盈余公积转赠资本 | |
| 7 | 将应付票据转为应付账款 | |

表2-8(续)

| 序号 | 交易或者事项 | 类型 |
|------|-------------|------|
| 8 | 将企业长期借款转为债权人对企业投资 | |
| 9 | 销售产品取得收入存入银行 | |
| 10 | 用银行存款支付广告费 | |
| 11 | 用银行存款缴纳所得税 | |

要求：将上述交易或者事项的类型填入表2-8中。

2. 某企业3月31日有关账户的期初余额和本期发生额情况如表2-9所示。

表2-9 账户资料 　　　　　　　　　　　单位：元

| 账户名称 | 期初余额 | 本期增加发生额 | 本期减少发生额 | 期末余额 |
|----------|----------|----------------|----------------|----------|
| 银行存款 | 200 000 | 30 000 | 111 000 | |
| 应收账款 | 40 000 | 110 000 | 80 000 | |
| 原材料 | 25 000 | 60 000 | | |
| 长期借款 | 10 000 | 30 000 | 20 000 | |
| 销售费用 | 0 | 1 000 | 1 000 | |
| 本年利润 | 50 000 | | 1 000 | |
| 固定资产 | 300 000 | 60 000 | | |

要求：根据所给资料计算出各账户的期末余额，直接填入表2-9中"期末余额"栏。

# 第三章
# 借贷记账法下主要经济业务的核算

## 第一节　制造业主要经济业务概述

作为一种重要的企业组织类型，现代企业制度下的产品制造企业，不仅要将原始的材料转换为可以销售给单位或个人消费者的商品，而且要在市场经济的竞争中不断谋求发展，对其拥有的资金、财产实现保值增值。这就决定并要求企业的管理将是复杂且应该是完善的。对过去的交易、事项的结果和计划中的未来经营的可能效果进行分析、评价，是管理职能的精粹所在。企业的会计作为一个为其内外部利益相关者提供信息的职能部门，通过对企业经营过程进行核算，必定有助于这个过程的完善。

制造业主要经济活动是生产和销售产品，其经营资金的运动常表现为资金筹集、资金周转和资金退出三种形式。

### 一、资金筹集

制造业要进行生产经营活动，必须拥有一定的财产物资作为物质基础，其财产物资的货币表现就是资金。

筹集资金是制造业整个资金运动的起点和基本环节。资金的筹集渠道主要有两个方面：一是接受投资者投入的资金，形成企业的资本金；二是向债权人借入的资金，形成企业的负债。资本金和借入的资金形成企业主要的资金来源，资本金可以供企业长期运用，但企业取得的收益应该与投资者共享；而负债必须按期偿还。在资金筹集过程中，企业会发生接受投资和借入资金的会计核算。

### 二、资金周转

制造业的生产经营过程是由供应、生产、销售三个过程构成的，而且其主要经济业务大都发生在这三个过程中，企业资金在这个环节中周而复始地循环周转。

（一）供应过程

企业筹集到的资金首先进入供应过程。供应过程是企业为了保证生产需要的准备过程。在这个过程中，企业用货币资金购买机器设备等劳动资料形成固定资金，购买原材料等劳动对象形成储备资金。因此，款项的结算、各项成本的确定、材料验收入库等成为供应过程的主要经济业务。

（二）生产过程

生产过程是劳动者利用劳动资料对劳动对象进行加工的过程。在这一过程中，企业会发生原材料的耗用、工资的支付、固定资产的损耗、水电动力费等各项生产费用。因此，生产费用的发生、归集和分配以及产品成本的计算是生产过程的主要经济业务。通过生产过程，企业的储备资金的一部分转化为生产资金，随着产品的完工、产成品验收入库，生产资金又转化为成品资金。

（三）销售过程

销售过程是将完工产品投入市场实现产品销售收入，计算并结转已销产品成本，支付广告费、业务招待费、运输费等，最终取得利润的过程。因此，产品销售收入的确认、销售货款的结算、已销产品成本的计算及结转、销售费用的支付等是销售过程的主要经济业务。通过这一过程，成品资金又转化为货币资金。

对于企业而言，生产并销售产品是其主要的经营业务，即主营业务。在主营业务之外，企业还要发生一些诸如销售材料、出租固定资产等附营业务（其他业务）以及进行对外投资以获得收益的投资业务。主营业务、其他业务以及投资业务构成了企业的全部经营业务。在营业活动之外，企业还会经常发生非营业活动，从而获得营业外的收入或发生营业外的支出。企业在生产经营过程中获得的各项收入遵循配比的要求抵偿了各项成本、费用之后的差额，形成企业的所得，即利润。企业实现的利润，通过利润分配，一部分资金要退出企业，一部分资金要以公积金等形式继续参加企业的资金周转。

企业经营资金通过这一系列变化，周而复始地循环周转，即资金周转。制造业资金周转过程，也是企业获取和实现利润的过程。

### 三、资金退出

资金退出是指企业的经营资金完成资金循环后或由于其他原因退出企业经营，不再参与企业资金周转。在这一过程中，分派投资者利润、归还银行贷款、上缴国家税款等为会计核算的主要内容。

综合上述内容可以看出，企业在经营过程中发生的主要经济业务内容包括资金筹集业务、供应过程业务、生产过程业务、销售过程业务、财务成果形成与分配业务。

本章以益华有限责任公司（以下简称"益华公司"）为例，介绍企业主要经济业务的核算。其基本情况如下：

会计主体：益华公司。

会计期间：2019 年 1 月 1 日至 2019 年 12 月 31 日。

会计基础：权责发生制。

记账本位币：人民币。

# 第二节　资金筹集业务的核算

资金是任何一个企业赖以生存和发展的基础与前提，每个企业从事生产经营活动都必须拥有一定数量的资金。企业的资金来源主要有两大部分：一是所有者投入，具体包括投资者投入的资金和企业的留存收益；二是企业借入的资金，具体包括向金融机构借款、企业发行的债券以及往来结算过程中形成的应付未付款项等。

## 一、投入资本的核算

企业从投资人处筹集的资金形成企业所有者权益的重要组成部分，企业的所有者权益包括所有者投入的资本、直接计入所有者权益的利得和损失、留存收益等。其中，实收资本和资本公积是所有者直接投入企业的资本和资本溢价等，而盈余公积和未分配利润是企业经营过程中形成的利润留存，即留存收益。本节主要介绍实收资本业务和资本公积业务的核算。

（一）实收资本业务的核算

1. 实收资本的含义

实收资本是指企业的投资者按照企业章程或合同、协议的约定，实际投入企业的资本金以及按照有关规定由资本公积、盈余公积转为资本的资金。

实收资本代表着一个企业的实力，是创办企业的"本钱"，也是一个企业维持正常的经营活动、以本求利、以本负亏最基本的条件和保障，是企业独立承担民事责任的资金保证。实收资本反映了企业的不同所有者通过投资而投入企业的外部资金来源，这部分资金是企业进行经营活动的原动力，正是有了这部分资金的投入，才有了企业的存在和发展。

需要注意的是，注册资本和实收资本是两个不同的概念。实收资本是指企业已收缴入账的股本，只有足额缴入后，实收资本才能等于注册资本。法律规定注册资本可以分次缴足，那么注册资本在缴足前就不等于实收资本。

2. 实收资本的分类

所有者向企业投入的资本按照投资主体不同，可以分为国家投入资本、企业投入资本、个人投入资本、外商投入资本。企业筹集资金应根据国家有关法律法规的规定，采用多种方式进行，可以直接吸收货币资金，也可以采取吸收实物、无形资产等形式筹集。投资者投入的资本应当保全，除法律法规另有规定外，一般不得抽回投入资本。企业在经营过程中实现的收入、发生的费用以及在财产清查中发现的盘盈、盘亏等都不得直接增减投入资本。

3. 设置账户

为了核算与监督企业接受投资者投入资本的变动情况，应设置"实收资本"账户（在股份制企业应设置"股本"账户）进行总分类核算。

"实收资本"账户属于所有者权益类账户，贷方登记接受投资或资本公积与盈余公积转增资本的数额，借方登记企业按法定程序报经批准减少注册资本的数额；期末余额在贷方，反映企业投资者实际投资的数额。"实收资本"账户可以按照不同投资人设置明细账。

"实收资本"账户结构如图 3-1 所示。

实收资本

| 实收资本的减少额 | 实收资本的增加额 |
| --- | --- |
|  | 期末余额：实收资本的实有额 |

**图 3-1　"实收资本"账户结构**

4. 实收资本业务的具体核算

企业收到所有者投入企业的资本后，应根据有关原始凭证（如投资清单、银行通知单等），区分不同的出资方式进行会计处理。

（1）接受货币资金投资。企业收到投资者以现金资产投入的资本时，应以实际收到或存入企业开户银行的金额作为实收资本入账，借记"库存现金""银行存款"科目，贷记"实收资本"科目。对于不同投资者投入的货币资金，企业应分别设置明细账进行明细核算。

**【例 3-1】**益华公司接受甲投资者投入资本 3 000 000 元，款项通过银行划转。

分析：这项经济业务的发生一方面使得公司的银行存款增加 3 000 000 元，另一方面使得公司所有者对公司的投资增加 3 000 000 元。因此，该项经济业务涉及"银行存款"和"实收资本"两个账户；银行存款的增加是资产的增加，应记入"银行存款"账户的借方；所有者对公司投资的增加是所有者权益的增加，应记入"实收资本"账户的贷方。会计分录编制如下：

借：银行存款　　　　　　　　　　　　　　　　3 000 000

　　贷：实收资本——甲投资者　　　　　　　　　　　　3 000 000

（2）接受实物投资。企业接受实物投资，在办妥实物转移手续后，按照评估确认或双方协商的价值作为投资者投入数额入账。

**【例 3-2】**益华公司收到 A 公司投入的机器设备一台，双方协商作价 150 000元，设备投入使用；收到 B 公司投入的材料一批，经确认材料价值 50 000 元（假设该设备与材料不考虑增值税）。

分析：这项经济业务的发生，一方面使得公司的设备增加 150 000 元、原材料增加 50 000 元，另一方面使得公司所有者对公司的投资增加 200 000 元。因此，该项业务涉及"固定资产""原材料""实收资本"三个账户。设备的增加以及原材料的增加都属于资产的增加，应分别记入"固定资产"账户和"原材料"账户；所有者对公司的投资增加是所有者权益的增加，应记入"实收资本"账户的贷方。会计分录编制如下：

借：固定资产 150 000
　　原材料 50 000
　　贷：实收资本——A公司 150 000
　　　　　　　　——B公司 50 000

（3）接受无形资产投资。企业接受无形资产（包括专利权、商标权、非专利技术、土地使用权等）投资，根据合同或协议在移交了有关凭证之后，按照确定的无形资产价值作为投资者投入数额入账。

【例3-3】乙公司以一项专利技术向益华公司投资，协商价值为300 000元（假设不考虑增值税），已办完各种手续。

分析：首先应明确，专利技术属于无形资产。这项经济业务的发生，一方面使得公司的无形资产（专利技术）增加300 000元，另一方面使得公司的所有者对公司的投资增加300 000元。因此，该项业务涉及"无形资产"和"实收资本"两个账户，专利技术的增加属于资产的增加，应记入"无形资产"账户的借方；所有者对公司投资的增加是所有者权益的增加，应记入"实收资本"账户的贷方。会计分录编制如下：

借：无形资产——专利技术 300 000
　　贷：实收资本——乙公司 300 000

（二）资本公积业务的核算

1. 资本公积的含义

资本公积是指企业在筹集资本金的过程中，投资者缴付的出资额超出其在注册资本中所占份额的差额以及直接计入所有者权益的利得和损失①。

在企业创立时，投资者认缴的出资额与注册资本是保持一致的，不会产生资本公积。但在企业重组或有新的投资者加入时，为了维护原有投资者的权益，新加入投资者的出资额，并不一定全部作为实收资本处理。这是因为在企业正常经营过程中投入的资金即使与企业创立时投入的资金在数量上一致，但获利能力却可能不一致，在企业进行正常的生产经营过程之后，其资本利润率通常要高于企业初创阶段。另外，企业可能有内部积累，如从净利润中提取的盈余公积、未分配利润等，新投资者加入企业后，对这些积累也要进行分享。因此，新加入的投资者往往要付出大于原始投资者的出资额。投资者缴付的出资额大于其在企业注册资本中所占份额的数额称为资本溢价，应在"资本公积"账户中进行反映。

---

① 直接计入所有者权益的利得是指企业非日常活动形成的、会导致所有者权益增加的、与所有者投入资本无关的经济利益的流入；直接计入所有者权益的损失是指由企业非日常活动发生的、会导致所有者权益减少的、向所有者分配利润无关的经济利益的流出。

2. 资本公积的用途

企业在经营过程中出于种种考虑，诸如增加资本的流动性，改变企业所有者投入资本的结构，体现企业稳健、持续发展的潜力等，对于形成的资本公积可以按照规定的用途予以使用。资本公积的主要用途就在于转增资本，即在办理增资手续后用资本公积转增实收资本，按所有者原有投资比例增加投资者的实收资本。

3. 资本公积的账户设置与核算

企业的资本公积一般都有其特定的来源。不同来源形成的资本公积，其核算的方法不同。为了反映和监督资本公积的增减变动及其结余情况，会计上应设置"资本公积"账户，并设置"资本（或股本）溢价""其他资本公积"等明细账户。"资本公积"属于所有者权益类账户，其贷方登记从不同渠道取得的资本公积即资本公积的增加数，借方登记用资本公积转增资本等资本公积的减少数，期末余额在贷方，表示资本公积的期末结余数。

"资本公积"账户结构如图 3-2 所示。

资本公积

| 资本公积的减少额 | 资本公积的增加额 |
|---|---|
|  | 期末余额：资本公积的结余数 |

**图 3-2　"资本公积"账户结构**

【例 3-4】益华公司成立半年后，需要对生产线进行优化设计，经股东大会同意，决定引入一家投资公司投资 100 万元，占公司股份的 20%。假设益华公司暂不变更注册资本，收到投资款后存入银行，其他手续已办妥。

分析：这是一项接受投资业务，投资公司作为新进股东，需要比原始股东付出更多的代价才能获得与原始股东一样的股份。其中属于法定份额部分 700 000 元（3 500 000×20% = 700 000），记入"实收资本"账户。超过部分 300 000 元（1 000 000-700 000＝300 000），记入"资本公积"账户。

这项经济业务的发生，一方面使公司的银行存款增加 100 万元，记入"银行存款"账户的借方；另一方面使公司的实收资本和资本溢价共增加 100 万元，记入"实收资本"和"资本公积"账户的贷方。会计分录编制如下：

借：银行存款　　　　　　　　　　　　　　　　　1 000 000
　　贷：实收资本——法人资本　　　　　　　　　　　　700 000
　　　　资本公积——资本溢价　　　　　　　　　　　　300 000

**二、债务筹资业务的核算**

企业从债权人那里筹集到的资金形成企业的负债，表示企业的债权人对企业资产的要求权，即债权人权益。当企业为了取得生产经营所需的资金、商品或劳务等向银行借款或向其他单位赊购材料、商品时，就形成了企业同其他经济实体之间的债务关系。所谓负债，是指企业过去的交易或者事项形成的、预期会导致经济利益流出企业的现时义务。

负债按其偿还期限的长短，可以分为流动负债和非流动负债。流动负债是指将在一年内（含一年）或超过一年的一个营业周期内偿还的债务；非流动负债是指偿还期在一年以上或超过一年的一个营业周期以上偿还的债务。到期必须还本付息是负债不同于所有者权益的一个明显特征。根据负债的定义及其扩展内容我们可以看出，负债的形成和偿还与某些资产、所有者权益、收入、费用或利润等要素都有着密切的关系，因此正确地确认与计量负债是会计核算过程中非常重要的一部分内容。将负债分为流动负债和非流动负债，便于会计信息使用者分析企业的财务状况，判断企业的偿债能力和近、远期支付能力，进而做出有关的决策。本节仅以流动负债中的短期借款和非流动负债中的长期借款为例介绍负债资金筹集业务的核算内容。

（一）短期借款业务的核算

1. 短期借款概述

短期借款是指企业为了满足其生产经营对资金的临时性需要而向银行或其他金融机构等借入的偿还期限在一年以内（含一年）的各种借款。

短期借款核算包括本金和利息计算两个部分。向金融机构或其他单位借款一般通过签订借款合同的方式取得，合同主要条款是借款金额、期限和利率的约定。对于银行借款，企业要及时正确地计算利息。

借款利息＝借款本金×利率×时间

按照权责发生制核算基础的要求，企业应于每月月末确认当月的利息费用，因此这里的"时间"是一个月，而利率往往都是年利率，应将其转化为月利率，方可计算出一个月的利息额，年利率除以 12 即为月利率。如果在月内的某一天取得的借款，则该日作为计息的起点时间，对于借款当月和还款月则应按实际经历天数计算（不足整月），此时应将月利率转化为日利率。在将月利率转化为日利率时，为简化起见，一个月一般按 30 天计算，一年按 360 天计算。

2. 短期借款核算设置的账户

（1）"短期借款"账户。"短期借款"账户属于负债类账户，用来核算企业短期借款的增减变动和余额。该账户的贷方登记短期借款本金的增加额，借方登记短期借款本金的减少额（偿还额）。期末余额在贷方，反映企业期末尚未归还的借款。该账户可以按借款种类、贷款人和币种进行明细核算。

"短期借款"账户结构如图 3-3 所示。

短期借款

| 短期借款的偿还（减少） | 短期借款的取得（增加） |
| --- | --- |
| | 期末余额：短期借款结余额 |

**图 3-3 "短期借款"账户结构**

（2）"财务费用"账户。"财务费用"账户属于费用类账户，用来核算企业为筹集生产经营所需资金等而发生的筹资费用，包括利息支出、汇兑损益以及相关的手续费等。该账户借方登记利息费用、手续费等的增加额，贷方登记应冲减财务费用的利息收入、期末转入"本年利润"账户的财务费用净额等。期末结转后，该账户无余额。该账户可以按费用项目进行明细核算。

"财务费用"账户结构如图 3-4 所示。

财务费用

| 发生的费用：<br>利息支出、手续费、汇兑损失 | 利息收入、汇兑收益<br>期末转入"本年利润"账户的<br>财务费用净额 |
| --- | --- |

**图 3-4 "财务费用"账户结构**

（3）"应付利息"账户。"应付利息"账户属于负债类账户，用来核算企业按照合同约定应支付的利息。该账户贷方登记应付未付利息，借方登记已支付的利息。期末余额在贷方，反映企业应付未付的利息。该账户可以按存款人或债权人进行明细核算。

"应付利息"账户结构如图 3-5 所示。

应付利息

| 以后实际支付的利息费用 | 预先提取计入损益的利息费用 |
| --- | --- |
| | 期末余额：已预提未支付的利息<br>费用 |

**图 3-5 "应付利息"账户结构**

3. 短期借款业务的会计处理

企业取得短期借款时，借记"银行存款"账户，贷记"短期借款"账户；期末计算借款利息时，借记"财务费用"账户，贷记"银行存款"或"应付利息"账户；偿还借款本金、支付利息时，借记"短期借款""应付利息"账户，贷记"银行存款"账户。企业采用预提的办法核算短期借款利息费用时，如果实际支付的利息与预提的利息之间有差额，按已预提的利息金额，借记"应付利息"账户，按实际支付的利息金额与预提的金额的差额（尚未提取的部分），借记"财务费用"账户，按实际支付的利息金额，贷记"银行存款"账户。

下面举例说明短期借款的借入、计息和归还的核算过程。

【例3-5】益华公司因生产经营的临时性需要，于2019年9月30日向银行借入期限为3个月的借款1 200 000元，年利率为4%，利息按季度结算。

分析：该业务分取得借款、计提利息、归还借款三部分来处理。

（1）9月30日，取得借款时。这项经济业务的发生，一方面使公司银行存款增加1 200 000元，记入"银行存款"账户的借方；另一方面使公司的短期负债增加1 200 000元，记入"短期借款"账户的贷方。会计分录编制如下：

借：银行存款 1 200 000
　贷：短期借款 1 200 000

（2）10月31日，计提利息时。由于利息到期一次还本付息，10月31日不需要支付利息，但是根据权责发生制核算基础的要求，借款利息属于公司的一项财务费用，10月应承担的利息应当确认为当期费用。因此，公司一方面要确认10月利息费用增加4 000元（1 200 000×4%×1/12），记入"财务费用"账户的借方；另一方面形成负债，使公司的应付未付利息增加4 000元，记入"应付利息"账户的贷方。会计分录编制如下：

借：财务费用——利息费 4 000
　贷：应付利息 4 000

（3）11月30日，利息的计算与计提与10月31日处理一致。会计分录编制如下：

借：财务费用——利息费 4 000
　贷：应付利息 4 000

（4）12月31日，利息的计算与计提与10月31日、11月30日处理一致。会计分录编制如下：

借：财务费用——利息费 4 000
　贷：应付利息 4 000

（5）12月31日，偿还利息时。根据题意，利息按季度结算，12月31日实际上是偿还银行借款利息这项负债的业务。该业务一方面使公司的银行存款减少12 000元（付3个月的利息），另一方面使公司的应付利息减少12 000元，因此这项经济业务涉及"银行存款"和"应付利息"两个账户。银行存款的减少是资产的减少，应记入"银行存款"账户的贷方，应付利息的减少是负债的减少，应记入"应付利息"账户的借方。因此，这项经济业务应编制的会计分录如下：

借：应付利息 12 000
　贷：银行存款 12 000

注意：企业也可以将12月31日的计提利息与支付利息的两笔会计分录合并编制如下：

借：财务费用——利息费 4 000

　应付利息 8 000

　　贷：银行存款 12 000

（6）12 月 31 日偿还借款本金时。到期偿还本金一方面使得银行存款减少 1 200 000元，记入"银行存款"账户的贷方；另一方面使得短期负债减少 1 200 000 元，记入"短期借款"账户的借方。会计分录编制如下：

借：短期借款 12 00 000

　　贷：银行存款 1 200 000

（二）长期借款业务的核算

1. 长期借款概述

长期借款是指企业向银行或其他金融机构等借入的偿还期限在一年以上（不含一年）的各种借款。

长期借款与短期借款的用途不同，企业在对其利息进行核算时也采取不同的处理方法。短期借款一般用于企业日常生产经营业务，利息费用直接计入当期损益，即短期借款利息费用化。长期借款一般用于长期工程、大型机械设备制造或者研究与开发等项目，按照会计制度的规定，长期借款的利息费用等，应按照权责发生制核算基础的要求，按期计算提取计入所购建资产的成本（予以资本化）或直接计入当期损益（财务费用）。具体来说，就是在该长期借款进行的长期工程项目完工之前发生的利息，应将其资本化，计入该工程成本；在工程完工达到预定可使用状态之后产生的利息支出应停止借款费用资本化而予以费用化，在利息费用发生的当期直接计入当期损益（财务费用）。

企业还可以通过专门的监管批准程序发行债券筹集资金。企业债券的期限超过一年，是长期负债项目，其会计核算较为复杂，本书不予专门介绍。

2. 长期借款核算设置的账户。

"长期借款"账户属于负债类账户，用来核算企业长期借款本金和利息的增减变动和余额。该账户贷方登记企业借入的长期借款本金和利息，借方登记归还的本金或利息。期末余额在贷方，反映企业期末尚未偿还的长期借款和利息。该账户可按贷款单位和贷款种类进行二级明细核算，按本金和利息进行三级明细核算，也可直接将本金记入"长期借款——本金"账户，利息记入"长期借款——利息"账户进行明细核算。

"长期借款"账户结构如图 3-6 所示。

长期借款

| 长期借款本息的偿还（减少） | 长期借款本金的取得和未付利息的计算（增加） |
|---|---|
| | 期末余额：尚未偿还长期借款本息的结余 |

图 3-6　"长期借款" 账户结构

3. 长期借款的会计处理

企业取得长期借款时，借记"银行存款"账户，贷记"长期借款"账户，计算利息时，如果是到期还本付息的未付利息，则借记"在建工程"或"财务费用"等账户，贷记"长期借款"账户；如果是分期付息的未付利息，则借记"在建工程"或"财务费用"等账户，贷记"应付利息"账户。企业偿还借款、支付利息时，借记"长期借款"账户、"应付利息"账户，贷记"银行存款"账户。

【例 3-6】益华公司于 2019 年 1 月 1 日借入期限为 2 年的长期借款 800 000 元，用于新生产线的安装。该生产线预计要安装 1 年，款项已存入银行，借款年利率为 6%，单利计算，期满后一次归还本金和利息。

分析：该业务分取得借款和计提利息两部分来进行处理。

（1）2019 年 1 月 1 日，取得借款时。这项经济业务的发生，一方面使公司银行存款增加 800 000 元，记入"银行存款"账户的借方；另一面使公司的长期负债增加 800 000 元，记入"长期借款——本金"账户的贷方。会计分录编制如下：

借：银行存款　　　　　　　　　　　　　　　　　　　800 000
　　贷：长期借款——本金　　　　　　　　　　　　　　　　800 000

（2）2019 年 12 月 31 日，计提一年的利息。

借款利息 = 800 000×6% = 48 000（元）

这项经济业务的发生，在固定资产建造工程交付使用之前，用于工程的借款利息属于一项资本性支出，应计入固定资产的建造成本。工程成本的增加是资产的增加，即这年借款资金的利息 48 000 元记入"在建工程"账户的借方，同时使得公司的长期借款利息这项负债增加 48 000 元，记入"长期借款"账户的贷方①。会计分录编制如下：

借：在建工程　　　　　　　　　　　　　　　　　　　48 000
　　贷：长期借款——利息　　　　　　　　　　　　　　　　48 000

（3）2020 年 12 月 31 日还本付息时。该笔长期借款在存续期间的利息共计为 96 000 元（注意：由于工程已经在 2019 年年末完工，所以 2020 年的利息不能计入工程成本，而应计入当年财务费用，关于 2020 年利息费用的处理略），借款本金

---

① 实务中如果长期借款的利息分期支付，则将长期借款应付的利息作为流动负债，记入"应付利息"账户的贷方。

800 000元，合计为 896 000 元，在 2020 年年末一次付清。这项经济业务的发生，一方面使得公司的银行存款减少 896 000 元，另一方面使得公司的长期借款（包括本金和利息）减少 896 000 元，因此该项经济业务涉及"银行存款"和"长期借款"两个账户。银行存款的减少是资产的减少，应记入"银行存款"账户的贷方，长期借款的减少是负债的减少，应记入"长期借款"账户的借方。会计分录编制如下：

借：长期借款　　　　　　　　　　　　　　　896 000

　　贷：银行存款　　　　　　　　　　　　　　　896 000

以上我们的举例是以长期借款单利计息的方式来说明问题的。在实际工作中，长期借款也可以采用复利计息的方法。在长期借款复利计息的情况下，尽管长期借款的本金、利率和偿还期限可能都相同，但在不同的偿付条件下（到期一次还本付息、分期偿还本息和分期付息到期还本三种方式），企业实际真正使用长期借款的时间长短是不同的，所支付的利息费用也就不同（有时可能差别很大）。因此，长期借款到底采用哪种还本付息方式以及能否按时还清借款本息，就成为企业的一项重要的财务决策。其具体内容将在以后的有关专业课程中介绍。

# 第三节　供应过程业务的核算

供应阶段是为生产做准备的阶段，包括购建固定资产和采购生产所需的原材料及辅助材料，是将货币资金转化为其他资产的过程。

## 一、固定资产购置业务的核算

### （一）固定资产概述

**1. 固定资产的概念与特征**

固定资产是指企业为生产商品、提供劳务、出租或经营管理而持有的，使用寿命超过一个会计年度的有形资产，包括房屋建筑物、机器设备、运输车辆以及工具器具等。固定资产的金额标准由企业根据其规模和管理需要自行确定。例如，在 A 企业，资产单位价值 2 000 元即可列为固定资产，但在 B 企业资产单位价值需要在 3 万元以上才列入固定资产。对同一项资产，如汽车，使用单位一般将其归入固定资产，生产单位则归入存货。

固定资产具有以下特征：

（1）具有实物形态，是一种有形资产。

（2）为生产商品、提供劳务、出租或者经营管理而持有，目的是使用。

（3）使用寿命超过一个会计年度。

**2. 固定资产取得成本的计算**

企业可以通过外购、自行建造、投资者投入、非货币性资产交换、债务重组、企业合并和融资租赁等方式取得固定资产。取得的方式不同，固定资产成本的具体构成内容及其确定方法也不尽相同。

外购固定资产成本是指企业购买某项固定资产达到预定可使用状态前发生的一切合理、必要的支出，包括购买价款、相关税费、使固定资产达到预定可使用状态前发生的可归属于该项固定资产的运输费、装卸费、保险费、安装费和专业人员服务费等。为购买固定资产支付的增值税进项税额不计入固定资产的成本。

自行建造完成的固定资产，按照建造该项固定资产达到"预定可使用状态"前发生的一切合理的、必要的支出作为其入账价值，还包括间接发生的，如固定资产建造过程中应予以资本化的借款利息等，这些直接的和间接的支出对形成固定资产的生产能力都有一定的作用，理应计入固定资产的价值。至于其他途径，如接受投资取得固定资产、接受抵债取得固定资产等的入账价值的确定将在其他有关专业课程中介绍。

（二）增值税概述

1. 增值税简介

增值税是以商品（含应税劳务）在流转过程中产生的增值额作为计税依据而征收的一种流转税。在我国，商品（含应税劳务）的流转（采购、销售）以及无形资产（如土地使用权和知识产权等）的交易通常都要涉及增值税（免税的情况除外），因此熟练掌握增值税的基本知识是学习资产会计处理规则的前提。

2. 设计原理

"增值税"顾名思义是对增值额进行征税。从计税原理上说，增值税是对商品生产、流通、劳务服务中多个环节的新增价值或商品的附加值征收的一种流转税。增值税为价外税，也就是由消费者负担，有增值才征税，没增值不征税。企业买卖货物时，会在增值税专用发票上注明货物的金额和相应的税额，交易的总价款就是价税合计。例如，某公司是增值税一般纳税人（适用的增值税税率为13%），在购入100元商品时，支付了113元，增值税专用发票上注明的金额为100元，税额（进项税额）为13元。该公司将该商品以200元卖出时收到226元，增值税专用发票上注明的金额为200元，税额（销项税额）为26元。其增值税应纳税额=销项税额-进项税额=26-13=13元。也就是说，该公司的商品销售实现了增值额100元（200-100），国家对增值额征收13元（100×13%）的增值税。增值额乘以适用税率，这就是增值税的设计原理。

按照增值税的设计原理，企业向税务机关缴纳的增值税税额在理论上是根据其经济业务实现的增值额乘以适用的税率计算而来的。但在实践中，由于购销活动之间可能存在较长的时间差，因此不可能逐笔针对每一笔业务计算其增值额。于是，实务工作中实行的是分别汇总计算进项税额、销项税额，根据两者之差来确定增值税应纳税额的办法。进项税额是指企业在购入货物或接受劳务时支付或承担的增值税额。销项税额是指企业在销售商品或提供劳务时按照销售额和增值税税率计算并收取的增值税额。

3. 征税对象

在中华人民共和国境内销售和进口货物，提供加工、修理修配劳务以及应税服务的单位和个人，为增值税的纳税人。

4. 一般纳税人和小规模纳税人

增值税纳税人分为一般纳税人和小规模纳税人。财政部和国家税务总局规定标准（年应纳增值税销售额 500 万元及以下）的纳税人为小规模纳税人，超过规定标准的纳税人为一般纳税人。

5. 计税方法

增值税的计税方法包括一般计税方法和简易计税方法。通常来说，一般纳税人适用一般计税方法计税，小规模纳税人适用简易计税方法计税。

一般计税方法的应纳税额是指当期销项税额抵扣当期进项税额后的余额。

应纳税额＝当期销项税额−当期进项税额

进项税额＝买价×增值税税率

销项税额＝销售额×增值税税率

简易计税方法的应纳税额是指按照销售额（不含税）和增值税征收率（通常为 3%，财政部和国家税务总局另有规定的除外）。

应纳税额＝销售额×征收率

6. 税率

增值税基本税率有 13%、9% 和 6% 三档（截至 2019 年 12 月 31 日）

7. 账户设置

企业在"应交税费"一级科目下，设置"应交税费——应交增值税"明细账户，核算企业应缴纳的增值税。该账户属于负债类账户，当企业销售货物时，应履行代收代缴增值税义务，向买家收取增值税销项税时，同时对税务机关负债增加，贷记"应交税费——应交增值税（销项税额）"账户；而当企业作为消费者（买方）购入货物时，应当承担增值税，将增值税交付给销售方，即借记"应交税费——应交增值税（进项税额）"账户。该账户余额在贷方表示企业未交的增值税，余额在借方表示企业多交的税费或者是尚未抵扣完的进项税额。由于在实务工作中各种情形非常复杂，"应交税费——应交增值税"账户下还设有若干专栏，本书举例只涉及一般纳税人（增值税税率为 13%）的进项税额和销项税额，其余明细专栏从略。"应交税费"账户结构如图 3-7 所示。

应交税费

| 实际缴纳的各种税费（包括增值税进项税额） | 计算出的应交而未交的税费（包括增值税销项税额） |
|---|---|
| 期末余额：多交的税费 | 期末余额：未交的税费 |

图 3-7　"应交税费"账户结构

8. 账务处理

沿用益华公司的资料。

（1）购入商品时，取得增值税专用发票（发票联）注明的金额为 100 元，税额为 13 元，价税合计 113 元已用银行存款支付。

这项经济业务的发生，一方面使该企业的库存商品增加 100 元，记入"库存商品"账户的借方，支付的增值税 13 元作为留待以后扣除的进项税额 13 元，记入"应交税费——应交增值税（进项税额）"账户的借方；另一方面使该企业的银行存款减少 113 元，记入"银行存款"账户的贷方。会计分录编制如下：

借：库存商品　　　　　　　　　　　　　　　　　　　100
　　应交税费——应交增值税（进项税额）　　　　　　　13
　　贷：银行存款　　　　　　　　　　　　　　　　　　　113

（2）销售商品时，开具的增值税专用发票（记账联）注明的金额为 200 元，税额为 26 元，价税合计 226 元已存入银行。

这项经济业务的发生，一方面使该企业的银行存款增加 226 元，记入"银行存款"账户的借方；收入增加 200 元，记入"主营业务收入"账户的贷方，收取的增值税 26 元作为销项税额，记入"应交税费——应交增值税（销项税额）"账户的贷方。会计分录编制如下：

借：银行存款　　　　　　　　　　　　　　　　　　　226
　　贷：主营业务收入　　　　　　　　　　　　　　　　　200
　　　　应交税费——应交增值税（销项税额）　　　　　　26

（3）最终销售方应交的增值税为销项税额与可抵扣的进项税额抵扣后的差额。

应交增值税（13 元）＝销项税额（26 元）－进项税额（13 元）

实际缴纳时，一方面减少应交税额 13 元，记入"应交税额——应交增值税（已交增值税）"账户的借方；另一方面减少企业银行存款 13 元，记入"银行存款"账户的贷方。会计分录编制如下：

借：应交税费——应交增值税（已交增值税）　　　　　13
　　贷：银行存款　　　　　　　　　　　　　　　　　　　13

由于所有资产的获得（包括投资、获赠等方式）、劳务的购入、销售等业务都涉及增值税，对于不同的应税商品和劳务，税法规定较为复杂细致。为使读者更方便的理解会计知识，除采购材料、购置固定资产和销售商品以外，本书在业务举例时不考虑增值税，并假设报价不含增值税。

（三）固定资产核算设置的账户

为了核算企业购买和自行建造完成固定资产价值的变动过程及其结果，需要设置以下账户：

1．"固定资产"账户

"固定资产"账户属于资产类账户，用来核算企业持有的固定资产原价。该账户借方登记固定资产原价的增加，贷方登记固定资产原价的减少。期末余额在借方，反映企业期末固定资产的原价。该账户可以按固定资产类别和项目进行明细核算。

"固定资产"账户结构如图3-8所示。

固定资产

| 固定资产取得成本的增加 | 固定资产原价的减少 |
|---|---|
| 期末余额：原价的结余 | |

**图3-8　"固定资产"账户结构**

2. "在建工程"账户

"在建工程"账户属于资产类账户，用来核算固定资产的建造、更新改造、安装等工程的成本。该账户借方登记企业各项在建工程的实际支出，贷方登记工程达到预定可使用状态时转出的成本等。期末余额在借方，反映企业期末尚未达到预定可使用状态的在建工程的成本。该账户可按"建筑工程""安装工程""在安装设备"以及单项工程等进行明细核算。

"在建工程"账户结构如图3-9所示。

在建工程

| 工程发生的全部支出 | 结转完工工程成本 |
|---|---|
| 期末余额：未完工工程成本 | |

**图3-9　"在建工程"账户结构**

（四）固定资产业务的会计处理

企业购置的固定资产，对于其中需要安装的部分，在交付使用之前，也就是达到预定可使用状态之前，由于没有形成完整的取得成本（原始价值），因此必须通过"在建工程"账户进行核算。企业在购建过程中发生的全部支出，都应归集在"在建工程"账户，待工程达到预定可使用状态形成固定资产之后，方可将该工程成本从"在建工程"账户转入"固定资产"账户。

企业购买的固定资产，有的购买完成之后当即可以投入使用，也就是当即达到预定可使用状态，因此可以立即形成固定资产；有的固定资产在购买之后，还需要经过安装，安装之后方可投入使用。这两种情况在核算上是有区别的，我们在对固定资产进行核算时，一般将其区分为不需要安装固定资产和需要安装固定资产分别进行处理。

以下分别举例说明企业购买的不需要安装固定资产和需要安装固定资产的核算。

1. 购入不需要安装的固定资产

【例3-7】2019年1月，益华公司用银行存款购入5台办公用电脑，金额为30 000元，适用的增值税税率为13%。

分析：这项经济业务的发生，一方面使固定资产增加 30 000 元，记入"固定资产"账户的借方，固定资产进项税额为 3 900 元（30 000×13%），记入"应交税费——应交增值税（进项税额）"账户的借方；另一方面使银行存款减少 33 900 元，记入"银行存款"账户的贷方。会计分录编制如下：

| | |
|---|---|
| 借：固定资产——电脑 | 30 000 |
| 应交税费——应交增值税（进项税额） | 3 900 |
| 贷：银行存款 | 33 900 |

2. 购入需要安装的固定资产

【例 3-8】2019 年 11 月，益华公司购入一套生产线，需安装调试，生产线金额为 800 000 元，适用的增值税税率为 13%，支付安装费 30 000 元（增值税略）。

分析：设备安装调试，需要先通过"在建工程"账户归集所有安装调试成本，运行合格后再从"在建工程"账户转入"固定资产"账户。

（1）支付设备价格，一方面使"在建工程"的成本增加 800 000 元，记入"在建工程"账户的借方，生产线进项税额为 104 000 元（800 000×13%），记入"应交税费——应交增值税（进项税额）"账户的借方；另一方面使银行存款减少 904 000 元，记入"银行存款"账户的贷方。会计分录编制如下：

| | |
|---|---|
| 借：在建工程 | 800 000 |
| 应交税费——应交增值税（进项税额） | 104 000 |
| 贷：银行存款 | 904 000 |

（2）支付安装费，一方面使在建工程的安装成本增加 30 000 元，记入"在建工程"账户的借方；另一方面使银行存款减少 30 000 元，记入"银行存款"账户的贷方。会计分录编制如下：

| | |
|---|---|
| 借：在建工程 | 30 000 |
| 贷：银行存款 | 30 000 |

（3）安装调试完毕投入使用，一方面使固定资产增加 830 000 元，记入"固定资产"账户的借方；另一方面使在建工程减少 830 000 元，记入"在建工程"账户的贷方。会计分录编制如下：

| | |
|---|---|
| 借：固定资产 | 830 000 |
| 贷：在建工程 | 830 000 |

### 二、材料采购业务的核算

原材料是产品制造企业生产产品不可缺少的物质要素，在生产过程中，材料经过加工而改变其原来的实物形态，构成产品实体的一部分，或者实物消失而有助于产品的生产。因此，产品制造企业要有计划地采购材料，既要保证及时、按质、按量地满足生产上的需要，又要避免储备过多而不必要地占用资金。

材料采购业务包括材料采购成本的计算、货款支付和材料入库三项工作。

材料的采购成本是指企业从材料采购到入库前发生的全部合理的、必要的支出，包括：购买价格，即购货发票注明的货款金额；采购过程中发生的运杂费（包括运输费[①]、包装费、装卸费、保险费、仓储费[②]等）；材料在运输途中发生的合理损耗[③]；入库前的挑选整理费[④]；按规定应计入材料采购成本中的各种税费，如进口材料支付的关税、购买材料发生的消费税以及不能从增值税销项税额中抵扣的进项税额等。

这里应注意的是，采购人员的差旅费及采购机构的经费等不构成材料的采购成本，而是计入期间费用。

上述购买价格直接计入采购材料的采购成本，其余各项，凡是能分清是某种材料直接负担的可以直接计入材料的采购成本，不能分清的应按材料的重量等标准分配计入材料采购成本。

货款支付涉及与供应商的合同约定，一般有三种方式：一是在交货时支付，二是在交货之前提前支付，三是在交货后完成支付。

材料运抵企业后，需由仓库验收保管，并出具材料入库单，交财务部门入账。

（一）材料采购业务的账户设置

按照我国会计制度的规定，企业的原材料可以按照实际成本计价组织收发核算，也可以按照计划成本计价组织收发核算，具体采用哪一种方法，由企业根据具体情况自行决定。

当企业的经营规模较小，原材料的种类不是很多，而且原材料的收发业务的发生也不是很频繁的情况下，企业可以按照实际成本计价方法组织原材料的收发核算。实际成本计价方法进行日常的收发核算，其特点是从材料的收发凭证到材料明细分类账和总账全部按实际成本计价。以下账户根据实际成本设置如下：

1. "在途物资"账户

"在途物资"账户属于资产类账户，用来核算材料的实际采购成本。该账户的借方登记购入材料、商品等物资的买价和采购费用（实际采购成本），贷方登记已验收入库材料、商品等物资应转出的实际成本。期末余额在借方，反映企业期末在途材料、商品等物资的采购成本。该账户可按物资品种进行明细核算。

"在途物资"账户结构如图 3-10 所示。

---

① 此处运输费中不包括市内零星运杂费，但大宗物资的市内运杂费包括在采购成本中。

② 仓储费分入库前和入库后发生的仓储费，如海关仓储等途中需要储存的费用，可以计入材料的采购成本；运抵企业入库后发生的仓储费不能计入材料采购成本，直接计入管理费用。

③ 损耗分合理损耗、不合理损耗和意外损耗，只有合理损耗才计入采购成本；不合理损耗无过失人的计入管理费用，有过失人的由过失人赔偿计入其他应收款；意外损耗计入营业外支出。

④ 入库前的挑选整理费包括挑选整理过程中的人工费支出和必要的净耗费，但入库后发生的挑选整理费不包括在采购成本中。

| 在途物资 | |
|---|---|
| 购入材料的买价、各种采购费用 | 结转验收入库材料的实际采购成本 |
| 期末余额：在途材料成本 | |

图 3-10    "在途物资"账户结构

"在途物资"账户在具体使用时要注意以下两个问题：

第一，企业对于购入的材料，不论是否已经付款，一般都应该先记入该账户，在材料验收入库结转成本时，再将其成本转入"原材料"账户；即买即入库的则可以直接记入"原材料"账户。

第二，购入材料过程中发生的除买价之外的采购费用，如果能够分清是某种材料直接负担的，可以直接计入该材料的采购成本，否则就应进行分配。分配时，企业首先根据材料的特点确定分配的标准，一般来说可以选择的分配标准有材料的重量、体积、买价等；其次计算材料采购费用分配率；最后计算各材料的采购费用负担额。

材料采购费用分配率＝共同性采购费用额÷分配标准的合计数

某材料应负担的采购费用额＝该材料的分配标准×材料采购费用分配率

例如，某企业买了甲、乙两种材料，其中甲材料 1 000 千克，乙材料 600 千克，发生了共同的运输费 320 元。企业需要将运输费按材料的重量为标准对甲、乙材料进行分配。

材料运费分配率＝320÷（1 000+600）＝0. 2 （元／千克）

甲材料应负担的运费＝0. 2×1 000＝200 （元）

乙材料应负担的运费＝0. 2×600＝120 （元）

2. "原材料"账户

"原材料"账户属于资产类账户，用来核算企业库存材料实际成本的增减变动及其结存情况。其借方登记已验收入库材料实际成本的增加，贷方登记发出材料的实际成本（库存材料实际成本）的减少。期末余额在借方，表示库存材料实际成本的期末结存余额。"原材料"账户应按照材料的保管地点、材料的种类或类别设置明细账户，进行明细分类核算。

"原材料"账户结构如图 3-11 所示。

| 原材料 | |
|---|---|
| 验收入库材料实际成本的增加 | 库存材料实际成本的减少 |
| 期末余额：库存材料实际成本 | |

图 3-11    "原材料"账户结构

3. "预付账款"账户

"预付账款"账户属于资产类账户，用来核算企业因购货等业务预先支付的款项。该账户的借方登记已支付的款项，贷方登记企业收到货物后应冲减的款项。期末余额一般在借方，反映企业应该支付而未支付的账款余额。如果该账户期末余额出现在贷方，则表示企业尚未补付的款项。该账户可以按债权人进行明细核算。

"预付账款"账户结构如图3-12所示。

预付账款

| 预付供应单位款项的增加 | 冲销预付供应单位的款项 |
|---|---|
| 期末余额：尚未结算的预付款 | |

**图3-12 "预付账款"账户结构**

4. "应付账款"账户

"应付账款"账户属于负债类账户，用来核算企业因购买原材料、商品和接受劳务供应等经营活动应支付的款项。其贷方登记应付供应单位款项（买价、税金和代垫运杂费等）的增加，借方登记应付供应单位款项的减少（偿还）。期末余额一般在贷方，表示尚未偿还的应付款的结余额。该账户应按照供应单位的名称设置明细账户，进行明细分类核算。

"应付账款"账户结构如图3-13所示。

应付账款

| 应付供应单位款项的减少 | 应付供应单位款项的增加 |
|---|---|
| | 期末余额：尚未偿还的应付款 |

**图3-13 "应付账款"账户结构**

5. "应付票据"账户

"应付票据"账户属于负债类账户，用来核算企业采用商业汇票结算方式购买材料物资等而开出、承兑商业汇票的增减变动及其结余情况。其贷方登记企业开出、承兑商业汇票的增加额，借方登记到期商业汇票的减少额。期末余额在贷方，表示尚未到期的商业汇票的期末结余额。"应付票据"账户应按照债权人设置明细账户，进行明细分类核算，同时设置"应付票据备查簿"（简称"备查簿"），详细登记商业汇票的种类、号数、出票日期、到期日、票面金额、交易合同号和收款人姓名或收款单位名称以及付款日期和金额等资料。应付票据到期结清时，在备查簿中注销。

"应付票据"账户结构如图3-14所示。

103

| 应付票据 | |
|---|---|
| 到期应付票据的减少（不论是否已经付款） | 开出、承兑商业汇票的增加 |
| | 期末余额：尚未到期商业汇票的结余额 |

**图 3-14 "应付票据" 账户结构**

（二）材料采购业务处理

【例 3-9】益华公司开出转账支票 1 762 800 元，购买亚麻布料 10 000 米，100 元/米，共计 1 000 000 元；全棉布料 8 000 米，70 元/米，共计 560 000 元。益华公司为增值税一般纳税人，适用的增值税税率为 13%，亚麻布和全棉布的增值税分别为 130 000 元和 72 800 元。

分析：这项经济业务的发生，一方面使公司亚麻布料和全棉布料增加了 1 560 000 元，记入"在途物资"账户的借方，进项税额增加 202 800 元，记入"应交税费——应交增值税（进项税额）"账户的借方；另一方面使银行存款减少 1 762 800 元，记入"银行存款"账户的贷方。会计分录编制如下：

借：在途物资——亚麻布料　　　　　　　　　　　　　　　1 000 000
　　　　　　　——全棉布料　　　　　　　　　　　　　　　560 000
　　应交税费——应交增值税（进项税额）　　　　　　　　202 800
　　贷：银行存款　　　　　　　　　　　　　　　　　　　　　17 628 600

【例 3-10】益华公司用银行存款支付亚麻布料和全棉布料的运输费 70 000 元，增值税税率为 9%，即 6 300 元，用现金支付给个人的装卸费用 2 000 元（假设装卸费不考虑增值税）。

分析：这项经济业务的发生，一方面使布料采购成本增加 72 000 元，记入"在途物资"账户的借方；另一方面使银行存款减少 76 300，现金减少 2 000 元，分别记入"银行存款"账户的贷方 76 300 元和"库存现金"账户的贷方 2 000 元。

由于运输费和装卸费是两种材料的共同费用（简称"运杂费"），需要在两种材料之间进行分配，分配基础可以是重量、体积、长度和价格等。本例分配基础选择长度。

运杂费用分配率 = 72 000 ÷（10 000 + 8 000）= 4（元/米）

亚麻布料负担的运杂费 = 10 000 × 4 = 40 000 元

全棉布料负担的运费 = 8 000 × 4 = 32 000 元

会计分录编制如下：

借：在途物资——亚麻布料　　　　　　　　　　　　　　　40 000
　　　　　　　——全棉布料　　　　　　　　　　　　　　　32 000
　　应交税费——应交增值税（进项税额）　　　　　　　　6 300

| | |
|---|---|
| 贷：银行存款 | 76 300 |
| 　　库存现金 | 2 000 |

【例3-11】益华公司开出商业承兑汇票101 700元，购买波浪弹簧20吨，4 500元/吨，共计90 000元，适用的增值税税率为13%，增值税为11 700元。

分析：这项经济业务的发生，一方面使公司的波浪弹簧增加了90 000元，记入"在途物资"账户的借方，进项税额增加11 700元，记入"应交税费——应交增值税（进项税额）"账户的借方；另一方面使公司负债增加101 700元，记入"应付票据"账户的贷方。会计分录编制如下：

| | |
|---|---|
| 借：在途物资——波浪弹簧 | 90 000 |
| 　　应交税费——应交增值税（进项税额） | 11 700 |
| 贷：应付票据 | 101 700 |

【例3-12】益华公司预付100 000元给海绵厂，用于购买高回弹海绵。

分析：预付账款是购货方预先支付给供应商的购货款，以期购买其产品或服务，是购货企业的一项资产。这项经济业务的发生，一方面使企业的预付账款增加100 000元，记入"预付账款"账户的借方；另一方面使企业的银行存款减少100 000元，记入"银行存款"账户的贷方。会计分录编制如下：

| | |
|---|---|
| 借：预付账款——海绵厂 | 100 000 |
| 贷：银行存款 | 100 000 |

【例3-13】高回弹海绵已经运达益华公司，增值税专用发票上注明的价款为300 000元，增值税为39 000元，货款已用银行存款补足。

分析：该项经济业务的发生，一方面使高回弹海绵增加了300 000元，记入"在途物资"账户的借方，留待以后扣除的进项税额增加39 000元，记入"应交税费——应交增值税（进项税额）"账户的借方；另一方面使银行存款减少239 000元，记入"银行存款"账户的贷方，预付账款减少10 000元，记入"预付账款"账户的贷方。会计分录编制如下：

| | |
|---|---|
| 借：在途物资——高回弹海绵 | 300 000 |
| 　　应交税费——应交增值税（进项税额） | 39 000 |
| 贷：银行存款 | 239 000 |
| 　　预付账款 | 100 000 |

【例3-14】益华公司向星星公司采购辅助材料50 000元，增值税为6 500元，货款尚未支付，辅料尚未入库。

分析：这项经济业务的发生，一方面使公司辅助材料增加了50 000元，记入"在途物资"账户的借方，留待以后扣除的进项税额增加6 500元，记入"应交税费——应交增值税（进项税额）"账户的借方；另一方面使公司负债增加56 500元，记入"应付账款"账户的贷方。会计分录编制如下：

借：在途物资——辅助材料                                  50 000

      应交税费——应交增值税（进项税额）          6 500

    贷：应付账款——星星公司                         56 500

【例3-15】益华公司汇总并结转材料采购成本。亚麻布料采购成本为 1 040 000元（1 000 000+40 000），全棉布料采购成本为 592 000 元（560 000+32 000），波浪弹簧采购成本为 90 000 元，高回弹海绵采购成本为 300 000 元，辅助材料采购成本为 50 000 元，五种材料均已验收入库。

分析：这是一项会计处理事项，会计人员在取得材料入库单后，先行将"在途物资"账户归集的采购成本转入"原材料"账户。这笔结转事项一方面使原材料增加，记入"原材料"账户的借方；另一方面将已完成采购手续的采购成本转出，记入"在途物资"账户的贷方。会计分录编制如下：

借：原材料——亚麻布料                           1 040 000

         ——全棉布料                          592 000

         ——波浪弹簧                          90 000

         ——高回弹海绵                     300 000

         ——辅助材料                          50 000

    贷：在途物资——亚麻布料                   1 040 000

         ——全棉布料                          592 000

         ——波浪弹簧                          90 000

         ——高回弹海绵                     300 000

         ——辅助材料                          50 000

在企业材料的种类比较多、收发次数又比较频繁的情况下，其核算的工作量就比较大，而且也不便于考核材料采购业务成果、分析材料采购计划的完成情况。因此，在我国一些大中型企业里，材料可以按照计划成本计价组织收发核算。

材料按计划成本计价组织收发核算，就是材料的收发凭证按计划成本计价，材料总账及明细账均按计划成本登记，设置"材料采购"账户用来核算材料的实际采购成本以及入库的计划成本，通过增设"材料成本差异"账户来核算材料实际成本与计划成本之间的差异额，并在会计期末对计划成本进行调整，以确定库存材料的实际成本和发出材料应负担的差异额，进而确定发出材料的实际成本。

具体来说，材料按计划成本组织收发核算的基本程序如下：

首先，企业应结合各种原材料的特点、实际采购成本等资料确定原材料的计划单位成本，计划单位成本一经确定，在年度内一般不进行调整。

其次，平时购入或通过其他方式取得的原材料，按其计划成本和计划成本与实际成本之间的差异额分别在有关账户中进行分类登记。

最后，平时发出的材料按计划成本核算，月末再将本月发出材料应负担的差异额进行分摊，随同本月发出材料的计划成本记入有关账户。其目的就在于将不同用途消耗的原材料的计划成本调整为实际成本。

发出材料应负担的差异额必须按当月计算出来的差异率进行分摊，不得在季末或者年末一次分摊。计划成本法的具体核算业务详见《中级财务会计学》的内容，此处不再详述。

# 第四节　生产过程业务的核算

## 一、生产过程业务概述

企业的主要经济活动是生产符合社会需要的产品，产品的生产过程同时也是生产的耗费过程。企业在生产经营过程中发生的各项耗费，是企业为获得收入而预先垫支并需要得到补偿的资金耗费，因此也是收入形成、实现的必要条件。企业要生产产品就要发生各种生产耗费，包括生产资料中的劳动手段（如机器设备）和劳动对象（如原材料）的耗费以及劳动力等方面的耗费。企业在生产过程中发生的、用货币形式表现的生产耗费称为生产费用。这些费用最终都要归集、分配到一定种类的产品上去，从而形成各种产品的成本。换言之，企业为生产一定种类、一定数量产品支出的各种生产费用的总和对象化于产品就形成了这些产品的成本。由此可见，费用与成本有着密切的联系，费用的发生过程也就是成本的形成过程，费用是产品成本形成的基础。但是，费用与成本也有一定的区别，费用是在一定期间为了进行生产经营活动而发生的各项耗费，费用与发生的期间相关，即费用强调"期间"；成本则是为生产某一产品或提供某一劳务所消耗的费用成本与负担者直接相关，即成本强调"对象"。

生产费用与费用要素在经济性质上也有一定的区别。生产费用只表明企业在产品生产过程中对资产的消耗，在产品生产完工以后，这些耗费构成产品成本，形成企业新的资产，而不是直接转化为能够导致经济利益流出企业的费用。只有当这些产品销售以后，才会转化为销售期间的费用，形成与企业实现的产品销售收入存在密切配比关系的费用。

生产费用按其计入产品成本的方式不同，可以分为直接费用和间接费用。直接费用是指企业生产产品过程中实际消耗的直接材料和直接人工。间接费用是指企业为生产产品和提供劳务而发生的各项间接支出，通常称为制造费用。上述各个项目是生产费用按其经济用途进行的分类，在会计上我们一般将其称为成本项目。制造企业产品的成本项目主要如下：

（1）直接材料，即构成产品实体的原材料以及有助于产品形成的主要材料、外购半成品和辅助材料等。

（2）直接人工，即企业在生产产品和提供劳务过程中直接从事产品生产的工人工资、补贴和福利费等各种形式的报酬以及各项附加费用的职工薪酬。

（3）制造费用，即企业为生产产品和提供劳务而发生的各项间接费用，其构成内容比较复杂，包括车间管理人员的职工薪酬、固定资产折旧费、无形资产摊销费、办公费、水电费、机物料消耗、国家规定的有关环保费用、季节性和修理期间的停工损失等。换言之，制造费用是指企业为生产多种产品而产生的间接代价，这些间接代价不能直接计入某特定产品或劳务的成本，而是需要先行归集，然后采用合理的标准分配给相应的产品项目。

### 二、生产业务核算设置的账户

#### （一）"生产成本"账户

"生产成本"账户属于成本计算类账户，用来核算构成产品制造成本的直接材料、直接人工和制造费用。该账户的借方用来归集生产产品发生的各项生产费用，贷方反映已完工产品成本的转出，借方余额表示尚未完工的在产品的制造成本。

"生产成本"账户结构如图 3-15 所示。

生产成本

| 发生的生产费用：<br>　　直接材料<br>　　直接人工<br>　　制造费用 | 结转完工验收入库产成品成本 |
| --- | --- |
| 期末余额：在产品成本 | |

**图 3-15　"生产成本"账户结构**

#### （二）"制造费用"账户

"制造费用"账户属于成本费用类账户，用来核算生产车间的办公费、车间管理人员的薪酬、固定资产折旧费、水电费、机物料消耗、季节性停工损失等制造费用。该账户的借方记录制造费用的增加，贷方登记转入产品成本的费用。该账户一般无余额（季节性生产企业除外），发生多少就分配多少。

制造费用是一种间接费用。所谓间接费用，是指与产品生产有关，但不能直接归属于某类产品计算对象，需要先行归集，再转入产品成本的费用。当费用发生时，企业先通过"制造费用"账户进行归集，期末再转入"生产成本"账户，以使"生产成本"账户的借方归集生产过程中发生的全部产品制造成本。企业定期将借方归集的全部制造成本在完工产品和在产品之间进行分配，完工产品的制造成本从贷方转出，剩余部分便是在产品的制造成本。

"制造费用"账户结构如图 3-16 所示。

制造费用

| 归集车间范围内发生的各项间接费用 | 期末分配转入"生产成本"账户的制造费用 |
| --- | --- |
| | |

图 3-16 "制造费用"账户结构

制造费用、生产成本与库存商品账户之间的关系如图 3-17 所示。

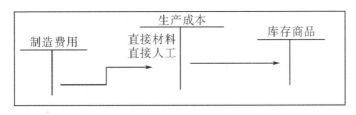

图 3-17 制造费用、生产成本与库存商品账户之间的关系

(三)"应付职工薪酬"账户

"应付职工薪酬"账户属于负债类账户,用来核算企业职工的薪酬的确认与实际发放情况,并反映和监督企业结算职工薪酬的情况。该账户的贷方反映企业应支付未支付的薪酬总额,包括各种工资、奖金、津贴和福利费等,同时应付的职工薪酬应作为一项费用按其经济用途分配记入有关的成本、费用账户;借方登记本月实际支付的职工薪酬数额。月末如为贷方余额,表示本月应付职工薪酬的数额大于实付职工薪酬的数额,即应付未付的职工薪酬。"应付职工薪酬"账户可以按照"工资""职工福利""社会保险费""住房公积金"等进行明细分类核算。

"应付职工薪酬"账户结构如图 3-18 所示。

应付职工薪酬

| 实际支付的职工薪酬 | 月末计算分配的职工薪酬 |
| --- | --- |
| | 期末余额:应付未付的职工薪酬 |

图 3-18 "应付职工薪酬"账户结构

职工薪酬是企业支付给职工的劳动报酬,实际上是一种活劳动的耗费。企业发生的职工薪酬的用途是不同的,有的直接用于产品的生产,有的用于管理活动等。因此,在确定本月应付职工薪酬时,企业就应该按用途分别在有关的账户中进行核算,特别是对于生产多种产品的企业,其共同性的职工薪酬应在各种产品之间按照一定的标准进行分配。分配的具体过程将在经济业务的处理中详细说明。

支付给与生产产品直接相关的生产工人工资、车间管理人员工资是产品制造成本的构成部分,应记入生产成本或者制造费用;支付给行政管理人员的工资应记入管理费用；支付给销售机构人员的工资应记入销售费用；支付给工程建造人员的工资应记入在建工程。如果每期实际工资额与应付工资额一致，则"应付职工薪酬"账户期末没有余额。如果实付工资额与应付工资额不一致，"应付职工薪酬"账户会出现余额，若为贷方余额，表明应付工资额大于实付工资额；若为借方余额，表明应付工资额小于实付工资额。

（四）"累计折旧"账户

为了给固定资产的管理提供有用的会计信息，真实、准确地反映企业固定资产价值的增减变动及其结存情况，企业在会计核算过程中设置了"固定资产"账户。由于固定资产在其较长的使用期限内保持原有实物形态，而其价值却随着固定资产的损耗而逐渐减少，但其实物未被报废清理之前，总有部分价值相对固定在实物形态上。固定资产管理要求原价与实物口径相一致，以考核固定资产的原始投资规模。固定资产由于损耗而减少的价值就是固定资产的折旧。固定资产的折旧应该作为折旧费用计入产品成本和期间费用，这样做不仅是为了使企业在将来有能力重置固定资产，更主要是为了实现期间收入与费用的正确配比。计提固定资产折旧，通常是根据期初固定资产的原价和规定的折旧率按月计算提取的。

"累计折旧"账户是固定资产的备抵账户，起冲减固定资产价值的作用，用来核算固定资产的成本已转化为费用的累计金领。该账户一般只有贷方发生数和期末余额，贷方登记当期计提的折旧金额，贷方余额反映到目前为止固定资产成本已转化为费用的累计金额，只有固定资产报废或出售时才会借记"累计折旧"账户。

固定资产折旧费用是按使用部门来进行归集的，生产车间厂房、机器设备等的折旧记入"制造费用"账户，行政管理部门使用的固定资产的折旧记入"管理费用"账户，销售部门使用的固定资产的折旧记入"销售费用"账户。

"累计折旧"账户结构如图 3-19 所示。

累计折旧

| 固定资产折旧的减少（注销） | 提取的固定资产折旧的增加 |
| --- | --- |
| | 期末余额：现有固定资产累计折旧额 |

图 3-19　"累计折旧"账户结构

（五）"库存商品"账户

"库存商品"账户属于资产类账户，用来核算库存商品的收、发和结存情况。该账户的借方登记已完工产品的实际制造成本（或企业库存的外购商品、发出展览的商品以及寄存在外的商品等的实际或计划成本），贷方登记已销售产品的实际制造成本，期末借方余额反映尚未售出的库存商品的实际制造成本。为了具体核算和监督各种库存商品的增减变动及库存情况，企业应按库存商品的品种或类别开设库存商品明细账。

"库存商品"账户结构如图 3-20 所示。

库存商品

| 验收入库商品成本的增加 | 库存商品成本的减少 |
| --- | --- |
| 期末余额：结存的商品成本 | |

图 3-20　"库存商品"账户结构

### 三、生产业务的账务处理

生产过程既是产品的制造过程，又是资源的耗费过程。材料的耗费、人工的耗费、制造费用的耗费构成产品的制造成本。

（一）材料费用的归集与分配

原材料是指企业在生产过程中经加工改变其形态或性质并构成产品主要实体的各种原料及主要材料、辅助材料、燃料、修理用备件（备品备件）、包装材料、外购半成品（外购件）等。

直接用于某种产品生产的材料费，应直接计入该产品生产成本明细账中的直接材料项目；由几种产品共同耗用、应由这些产品共同负担的材料费，应选择适当的标准在各种产品之间进行分配之后，计入各有关成本计算对象；车间间接消耗的各种材料费，应先在"制造费用"账户中进行归集，然后再同其他间接费用一起分配计入有关产品成本；行政管理部门耗用的材料费，记入"管理费用"账户。

产品制造企业采购得到的材料，经验收入库，形成生产的物资储备。生产部门领用时，填制领料单，向仓库办理领料手续，领取所需材料。仓库发出材料后，要将领料凭证传递到会计部门。会计部门将领料单汇总，编制发出材料汇总表，据此将本月发生的材料费用按其用途分配计入生产费用以及其他有关费用。

以下举例说明材料费用归集与分配的总分类核算过程。

【例 3-16】益华公司仓库发出下列材料用于生产亚麻沙发和全棉沙发两种产品以及其他的一般耗用，如表 3-1 所示。

表 3-1　原材料发出汇总表　　　　　　　　　单位：元

| 项目 | 亚麻布料 | 全棉布料 | 波浪弹簧 | 高回弹海绵 | 辅助材料 | 合计 |
| --- | --- | --- | --- | --- | --- | --- |
| 亚麻沙发 | 800 000 | | 30 500 | 123 300 | 18 200 | 972 000 |
| 全棉沙发 | | 508 000 | 28 500 | 102 000 | 15 000 | 653 500 |
| 车间一般耗用 | | | | | 1 200 | 1 200 |
| 合计 | 800 000 | 508 000 | 59 000 | 225 300 | 34 400 | 1 626 700 |

分析：这项经济业务的发生，一方面使生产成本增加 1 625 500 元（972 000+

653 500），记入"生产成本"账户的借方；车间一般耗费增加 1 200 元，记入"制造费用"账户的借方；另一方面使企业的库存材料减少 1 626 700 元，记入"原材料"账户的贷方。会计分录编制如下：

借：生产成本——亚麻沙发 　　　　　　　　　　　972 000

　　　　　　——全棉沙发 　　　　　　　　　　653 500

　　制造费用 　　　　　　　　　　　　　　　　　1 200

　贷：原材料——亚麻布料 　　　　　　　　　　　800 000

　　　　　　——全棉布料 　　　　　　　　　　508 000

　　　　　　——波浪弹簧 　　　　　　　　　　　59 000

　　　　　　——高回弹海绵 　　　　　　　　　225 300

　　　　　　——辅助材料 　　　　　　　　　　　34 400

（二）人工费用的归集与分配

职工为企业劳动，理应从企业获得一定的报酬，职工薪酬是指企业为获得职工提供的服务而给予职工各种形式的报酬以及其他相关支出，包括职工在职期间和离职后提供给职工的全部货币性薪酬和非货币性福利。企业提供给职工配偶、子女或其他被赡养人的福利等，也属于职工薪酬。职工薪酬由于涉及非货币性薪酬（如股权）、长期职工福利（如年金）等，核算较为复杂，初学者只要掌握短期货币性薪酬的核算就可以了。

短期薪酬是指企业在职工提供相关服务的年度报告期间结束后 12 个月内需要全部予以支付的职工薪酬，因解除与职工劳动关系给予的补偿除外。短期薪酬主要包括：

（1）职工工资、奖金、津贴和补贴。

（2）职工福利费。

（3）医疗保险费、养老保险费、失业保险费、工伤保险费和生育保险费等社会保险费。

（4）住房公积金。

（5）工会经费和职工教育经费。

（6）非货币性福利。

（7）因解除与职工的劳动关系给予的补偿。

（8）其他与获得职工提供的服务相关的支出。

会计根据职工提供服务的受益对象，将职工短期薪酬分别计入产品成本或劳务成本。其中，生产工人的薪酬记入"生产成本"账户，生产车间管理人员的薪酬记入"制造费用"账户，企业行政管理部门人员的薪酬记入"管理费用"账户，专设销售机构销售人员的薪酬记入"销售费用"账户。

此外，应由在建工程、无形资产负担的短期职工薪酬，应计入建造固定资产或无形资产的成本。

为便于理解，我们将职工薪酬的核算总结为：第一步，将工资记入成本费用类账户的同时，确认应付未付的负债（应付职工薪酬）；第二步，实际发放工资时冲减应付职工薪酬，减少银行存款。

【例3-17】计算益华公司2019年12月应付职工薪酬，其中制造亚麻沙发的职工工资38 000元，制造全棉沙发的职工工资12 000元，车间管理人员工资6 000元，公司行政管理人员工资8 000元，共计64 000元。

分析：这项经济业务的发生，一方面使薪酬费用增加64 000元，其中生产工人工资50 000元（38 000+12 000）记入"生产成本"账户的借方，车间管理人员的工资6 000元记入"制造费用"账户的借方，管理人员的工资8 000元记入"管理费用"账户的借方；另一方面应付未付职工薪酬64 000元记入"应付职工薪酬"账户的贷方。会计分录编制如下：

```
借：生产成本——亚麻沙发                          38 000
        ——全棉沙发                              12 000
    制造费用                                      6 000
    管理费用                                      8 000
  贷：应付职工薪酬                                          64 000
```

【例3-18】月末，按照上述工资结算金额，益华公司财务部门将工资直接转入职工的工资卡。

分析：这项经济业务的发生，一方面使公司的负债减少64 000元，记入"应付职工薪酬"账户的借方；另一方面使公司的银行存款减少64 000元，记入"银行存款"账户的贷方。会计分录编制如下：

```
借：应付职工薪酬                                  64 000
  贷：银行存款                                              64 000
```

（三）制造费用的归集与分配

制造费用是产品制造企业为了生产产品和提供劳务而发生的各种间接费用。其主要内容是企业的生产部门为组织和管理生产活动以及为生产活动服务而发生的费用，如车间管理人员的工资及福利费，车间生产使用的照明费、取暖费、运输费、劳动保护费等。在生产多种产品的企业里，制造费用在发生时一般无法直接判定其应归属的成本核算对象，因此不能直接计入生产的产品成本中，必须将上述费用在发生时通过"制造费用"账户予以归集、汇总，然后选用一定的标准（如生产工人工资、生产工时等），在各种产品之间进行合理的分配，以便于确定各种产品应负担的制造费用额。在制造费用的归集过程中，企业要按照权责发生制核算基础的要求，正确地处理跨期间的各种费用，使其分摊于应归属的会计期间。

制造费用具体内容又可以分为以下三部分：

第一部分是间接用于产品生产的费用，如机器物料消耗费用，车间生产用固定资产的折旧费、保险费，车间生产用的照明费、劳动保护费等。

第二部分是直接用于产品生产，但管理上不要求或者不便于单独核算，因此没有单独设置成本项目进行核算的某些费用，如生产工具的摊销费、设计制图费、试验费以及生产工艺用的动力费等。

第三部分是车间用于组织和管理生产的费用，如车间管理人员的工资及福利费，车间管理用的固定资产折旧费，车间管理用具的摊销费，车间管理用的水电费、办公差旅费等。

【例3-19】益华公司用现金500元购买车间的办公用品。

分析：这项经济业务的发生，使得公司车间的办公用品费增加500元，同时现金减少500元，因此该项经济业务涉及"制造费用"和"库存现金"两个账户。其中，车间办公用品费的增加是费用的增加，应记入"制造费用"账户的借方，现金的减少是资产的减少，应记入"库存现金"账户的贷方。会计分录编制如下：

借：制造费用      500

    贷：库存现金      500

【例3-20】益华公司采用直线法按月计提车间管理用固定资产折旧37 950元。

分析：这项经济业务的发生，一方面使公司的折旧费用增加37 950元，记入"制造费用"账户的借方；另一方面使固定资产账面价值减少37 950元，记入"累计折旧"账户的贷方。会计分录编制如下：

借：制造费用      37 950

    贷：累计折旧      37 950

【例3-21】益华公司在月末将本月发生的制造费用先归集，再按生产工人工资比例分配计入亚麻沙发和全棉沙发的成本。

分析：对于这项经济业务，企业先归集本月发生的制造费用额。制造费用归集为45 650元（1 200+6 000+500+37 950）。按照生产工人工资比例进行分配，即

制造费用分配率＝制造费用总额/生产工人工资总额

$$＝45 650/（38 000+12 000）＝0.913（元）$$

亚麻沙发负担的制造费用额＝38 000×0.913＝34 694（元）

全棉沙发负担的制造费用额＝12 000×0.913＝10 956（元）

企业将分配的结果计入产品成本时，一方面使得产品生产费用增加45 650元，另一方面使得制造费用减少45 650元，因此该项经济业务涉及"生产成本"和"制造费用"两个账户。产品生产费用的增加作为间接费用应记入"生产成本"账户的借方，制造费用的减少是费用的结转，应记入"制造费用"账户的贷方。这项经济业务的会计分录编制如下：

借：生产成本——亚麻沙发      34 694

        ——全棉沙发      10 956

    贷：制造费用      45 650

（四）完工产品生产成本的计算与结转

在将制造费用分配由各种产品成本负担之后，"生产成本"账户的借方归集了各

种产品发生的直接材料、直接工资、其他直接支出和制造费用的全部内容，在此基础上就可以进行产品成本的计算了。成本计算是会计核算的主要内容之一。进行产品生产成本的计算就是将企业生产过程中为制造产品发生的各种费用按照生产产品的品种、类别等进行归集和分配，以便计算各种产品的总成本和单位成本。计算产品生产成本既为入库产成品提供了计价的依据，又满足了确定各会计期间盈亏的需要。

需要注意的是，"生产成本"账户归集的生产费用不一定是当期完工入库的产品成本。如果月末某种产品全部完工，该种产品成本明细账归集的费用总额就是该种完工产品的总成本；如果月末某种产品全部未完工，该种产品生产成本明细账归集的费用总额就是该种产品在产品的总成本；如果月末某种产品一部分完工，另一部分未完工，这时归集在产品成本明细账中的费用总额还要采取适当的分配方法在完工产品和在产品之间进行分配，之后才能计算出完工产品的总成本和单位成本。其具体的分配较为复杂，以后将在《成本会计》中加以介绍。完工产品成本的简单计算公式为：

完工产品生产成本＝期初在产品成本＋本期发生的生产费用－期末在产品成本

下列举例说明完工入库产品生产成本的核算。

【例3-22】益华公司结转已完工沙发的生产成本。假设本期生产的沙发已部分完工入库，益华公司生产完成亚麻沙发1 000套，生产成本为1 000 000元；全棉沙发700套，生产成本为630 000元。产品生产成本计算如表3-2所示。

表3-2　产品生产成本计算表

| 项目 | 生产成本 | | 合计 |
|---|---|---|---|
| | 亚麻沙发 | 全棉沙发 | |
| 材料费用/元 | 972 000 | 653 500 | 1 625 500 |
| 人工成本/元 | 38 000 | 12 000 | 50 000 |
| 制造费用/元 | 34 694 | 10 956 | 45 650 |
| 总成本合计/元 | 1 044 694 | 676 456 | 1 721 150 |
| 完工成本/元 | 1 000 000 | 630 000 | 1 630 000 |
| 数量/套 | 1 000 | 700 | |
| 单位成本/元 | 1 000 | 900 | |

分析：这是一项会计处理事项。由表3-2可知，企业还存在部分在产品，没有全部完工。完工产品完工、检验合格后，企业结转入库成本时，一方面使得企业的库存商品成本增加，其中亚麻沙发成本增加1 000 000元，全棉沙发成本增加630 000元；另一方面由于结转入库商品实际成本而使生产过程中占用的资金减少1 630 000元（1 000 000＋630 000）。因此，该项经济业务涉及"生产成本"和"库存商品"两个账户，库存商品成本的增加是资产的增加，应记入"库存商品"账户

的借方，结转入库产品成本使生产成本减少，应记入"生产成本"账户的贷方。会计分录编制如下：

借：库存商品——亚麻沙发      1 000 000
        ——全棉沙发      630 000
  贷：生产成本——亚麻沙发      1 000 000
          ——全棉沙发      630 000

# 第五节　销售过程业务的核算

## 一、销售业务概述

销售业务是指将库存商品交付给客户，并收回货款的过程，除了销售商品等主营业务外，还可能发生一些其他业务，如销售材料、出租包装物、出租固定资产等。在销售过程中，为了销售产品，企业还会发生包装费、运输费、广告费、销售人员工资福利、销售机构日常运营费用等销售费用。在发生销售业务时，企业应按适用的增值税税率计算相应的增值税销项税额，并按国家税法规定的税率和税基（应缴纳的增值税和消费税）计算相关的税金及附加，如消费税、城市维护建设税、教育费附加等。因此，销售业务主要涉及收入确认、货款结算、结转已售产品成本、销售费用以及税金及附加的计算和缴纳。

（一）收入确认

2017年7月5日财政部发布了修订后的《企业会计准则第14号——收入》（以下简称"新收入准则"），要求同时在境内外上市的公司2018年执行，非境外上市公司2020年开始执行，执行企业会计准则的非上市公司2021年开始执行。

新收入准则下，收入确认的核心原则为企业应当在履行了合同中的履约义务，即在客户取得相关商品或服务的控制权时确认收入。基于该原则，新收入准则收入的确认和计量采用五步确认模型[①]。一是识别客户合同，二是识别合同中包含的各单项履约义务，三是确定交易价格，四是把交易价格分摊至各单项履约义务，五是根据各单项履约义务的履行确认收入。

在计量销售商品的收入时，我们要注意在销售过程中发生的销售退回、销售折让、商业折扣和现金折扣等内容。

销售退回是指企业售出的商品，由于质量、品种等不符合要求而发生的退货。销售退回如果发生在收入确认之前，其处理非常简单，只需转回库存商品即可。销售退回如果发生在收入确认之后，应区分情况处理：本年度或以前年度销售的商品，在年度终了前（12月31日）退回，应冲减退回月份的收入，同时转回相关的成本、

---

① 新收入准则变化较大，在《初级财务会计学》中不再详述，将在《中级财务会计学》中介绍。

税金；报告年度或以前年度销售的商品，在年度财务报告批准报出前退回的，冲减报告年度的收入以及相关的成本、税金。

销售折让是指企业因售出商品的质量不合格等原因而在售价上给予的价格减让。销售折让可能发生在销货方确认收入之前，也可能发生在销货方确认收入之后。如果销售折让发生在销货方确认收入之前，销货方应直接从原定的销售价格中扣除给予购买方的销售折让作为实际销售价格，并据以确认收入；如果销售折让发生在确认收入之后，销货方应按给予购买方的销售折让冲减当期销售收入。

商业折扣是指企业为促进商品销售而在商品标价上给予的价格扣除。企业销售商品如果涉及商业折扣，应当按照扣除商业折扣后的金额确定销售商品收入，也就是商品标价扣除商业折扣后的金额为双方的实际交易价格，即发票价格。由于会计记录是以实际交易价格为基础的，而商业折扣是在交易成立之前予以扣除的折扣，商业折扣只是购销双方确定交易价格的一种方式，因此并不影响销售的会计处理。

现金折扣是指债权人为鼓励债务人在规定的期限内付款，而向债务人提供的债务扣除。企业会计准则要求企业采用总价法对现金折扣进行处理，即在确定销售商品收入时，不考虑各种预计可能发生的现金折扣，而在实际发生现金折扣时，将其冲减商品的销售收入。

由此可见，在计量销售商品收入的金额时，应将销售退回、销售折让和商业折扣等作为销售收入的抵减项目记账，即

商品销售收入＝不含税单价×销售数量−销售退回−销售折让

（二）货款结算

货款结算涉及销售方式，现销直接通过用"库存现金"和"银行存款"账户进行核算；赊销涉及"应收账款"和"应收票据"账户；采用预收货款销售，则需要通过"预收账款"账户进行核算。

（三）结转已售产品成本

结转已售产品成本是指将已售出的产品成本作为主营业务成本计入当期损益，与相关的收入进行配比，以便计算出当期的利润。

（四）销售费用的处理

推广产品发生的各项支出按照实际发生的金额直接作为当期的费用处理。

（五）税金及附加的处理

税金及附加按国家税务部门规定的税基和税率进行计算与缴纳。

此外，企业为了管理需要，常常将企业经营活动区分为主营业务和附属（兼营）业务，并设置"主营业务收入"和"其他业务收入"账户进行核算。

## 二、销售业务核算设置的账户

（一）"主营业务收入"账户

"主营业务收入"账户属于收入类账户，用来核算企业确认的销售商品、提供

劳务等主营业务的收入。该账户的贷方登记企业实现的主营业务收入，即主营业务收入的增加额，借方登记期末转入"本年利润"账户的主营业务收入（按净额结转）以及发生销售退回和销售折让时应冲减的本期主营业务收入。结转后，该账户无余额。该账户应按照主营业务的种类进行明细核算。

"主营业务收入"账户结构如图 3-21 所示。

| 主营业务收入 | |
| --- | --- |
| 销售退回等<br>期末转入"本年利润"账户的<br>净收入 | 实现的主营业务收入（增加） |

**图 3-21　"主营业务收入"账户结构**

（二）"主营业务成本"账户

"主营业务成本"账户属于费用类账户，用来核算作为主营业务成本计入当期损益的已销售产品的成本。该账户的借方登记主营业务发生的实际成本，贷方登记该账户应期末转入"本年利润"账户的主营业务成本。结转后，该账户无余额。

"主营业务成本"账户结构如图 3-22 所示。

| 主营业务成本 | |
| --- | --- |
| 发生的主营业务成本 | 期末转入"本年利润"账户的<br>主营业务成本 |

**图 3-22　"主营业务成本"账户结构**

（三）"其他业务收入"账户

"其他业务收入"账户是收入类账户，用来核算企业确认的除主营业务活动以外的其他经营活动实现的收入，包括出租固定资产、出租无形资产、出租包装物和商品、销售材料等取得的收入。该账户的贷方登记企业实现的其他业务收入，即其他业务收入的增加额，借方登记期末转入"本年利润"账户的其他业务收入。结转后，该账户无余额。该账户应按其他业务的种类进行明细核算。

"其他业务收入"账户结构如图 3-23 所示。

| 其他业务收入 | |
| --- | --- |
| 期末转入"本年利润"账户的<br>其他业务收入 | 其他业务收入的实现（增加） |

**图 3-23　"其他业务收入"账户结构**

（四）"其他业务成本"账户

"其他业务成本"账户属于费用类账户，用来核算企业确认的除主营业务活动以外的其他经营活动发生的支出，包括销售材料的成本、出租固定资产的折旧额、出租无形资产的摊销额、出租包装物的成本或摊销额等。该账户的借方登记其他业务的支出额，贷方登记期末转入"本年利润"账户的其他业务支出额。结转后，该账户无余额。该账户应按其他业务支出的种类进行明细核算。

"其他业务成本"账户结构如图3-24所示。

| 其他业务成本 | |
| --- | --- |
| 其他业务成本的发生（增加） | 期末转入"本年利润"账户的其他业务成本 |

**图3-24　"其他业务成本"账户结构**

（五）"应收账款"账户

"应收账款"账户属于资产类账户，用来核算企业因赊销商品、提供劳务等经营活动应收取的款项。该账户的借方登记企业发生的应收账款，贷方登记收回的或者注销的应收账款。该账户期末借方余额，反映企业尚未收回的应收账款。该账户应按债务人进行明细核算。

"应收账款"账户结构如图3-25所示。

| 应收账款 | |
| --- | --- |
| 发生的应收账款（增加） | 收回的应收账款（减少） |
| 期末余额：应收未收款 | 期末余额：预收款 |

**图3-25　"应收账款"账户结构**

（六）"应收票据"账户

"应收票据"账户属于资产类账户，用来核算企业因赊销商品、提供劳务等而收到的商业汇票（包括银行承兑汇票和商业承兑汇票）。该账户的借方登记企业收到的应收票据，贷方登记应收票据的收回或转让。期末余额在借方，反映企业持有的尚未到期的商业汇票金额。该账户应按债务人（开出或承兑商业汇票的单位）进行明细核算。

企业应当设置"应收票据备查簿"，逐笔登记商业汇票的种类、号数和出票日、票面金额、交易合同号、付款人、承兑人、背书人的姓名或单位名称、到期日、背书转让日、贴现日、贴现率和贴现净额以及收款日和收回金额、退票情况等资料。商业汇票到期结清票款或退票后，在应收票据备查簿中应予以注销。

"应收票据"账户结构如图3-26所示。

应收票据

| 本期收到的商业汇票（增加） | 到期（或提前贴现）票据（减少） |
|---|---|
| 期末余额：尚未收回的票据<br>应收款 | |

图 3-26  "应收票据"账户结构

（七）"预收账款"账户

"预收账款"账户属于负债类账户，用来核算企业按照合同规定预先收取，但尚未交付商品或劳务的款项。该账户的贷方登记企业向购货单位预收的款项，借方登记已交付商品或劳务后转为收入的预收的款项。期末余额在贷方，反映企业预收的款项。该账户应按购货单位进行明细核算。

"预收账款"账户结构如图 3-27 所示。

预收账款

| 预收货款的减少 | 预收货款的增加 |
|---|---|
| 期末余额：购货单位应补付的<br>款项 | 期末余额：预收款的结余 |

图 3-27  "预收账款"账户结构

（八）"销售费用"账户

"销售费用"账户属于费用类账户，用来核算企业发生的各项销售费用。该账户的借方登记发生的各项销售费用，贷方登记期末转出的本期销售费用发生额总额。期末结转后，该账户无余额。该账户可按费用项目进行明细核算。

"销售费用"账户结构如图 3-28 所示。

销售费用

| 发生的销售费用 | 期末转入"本年利润"账户的<br>销售费用额 |
|---|---|

图 3-28  "销售费用"账户结构

（九）"税金及附加"账户

"税金及附加"账户属于费用类账户，用来核算企业经营活动发生的消费税、城市维护建设税、资源税和教育费附加、房产税、车船税、土地使用税和印花税等相关税费。该账户的借方登记各种税金及附加的增加，贷方登记期末转出的本期税金及附加发生额总额。期末结转后，该账户无余额。

"税金及附加"账户结构如图 3-29 所示。

| 税金及附加 | |
|---|---|
| 按照计税依据计算出的消费税、城建税及教育费附加等 | 期末转入"本年利润"账户的税金及附加额 |

图 3-29 "税金及附加"账户结构

### 三、销售业务的账务处理

（一）主营业务收入与主营业务成本的核算

【例 3-23】益华公司销售亚麻沙发 900 套给星华公司，单位售价 3 400 元，合计 3 060 000 元，增值税销项税额为 397 800 元。益华公司收回 2 457 800 元货款已存入银行，剩余 1 000 000 元尚未收到。

分析：产品销售是公司的主营业务。这项经济业务的发生，一方面使公司的产品实现了销售，使银行存款增加 2 457 800 元，记入"银行存款"账户的借方，应收未收的账款增加 1 000 000 元，记入"应收账款"账户的借方；另一方面使公司的收入增加 3 060 000 元，记入"主营业务收入"账户的贷方，销项税额增加 397 800 元，记入"应交税费——应交增值税（销项税额）"账户的贷方。会计分录编制如下：

借：银行存款　　　　　　　　　　　　　　　　　　2 457 800
　　应收账款——星华公司　　　　　　　　　　　　1 000 000
　贷：主营业务收入　　　　　　　　　　　　　　　　　　　3 060 000
　　　应交税费——应交增值税（销项税额）　　　　　　　　397 800

【例 3-24】益华公司将全棉沙发 600 套销售给星艺公司，每套单位售价 2 000 元，货款合计 1 200 000 元，增值税销项税额为 156 000 元。公司收到星艺公司签发的一张不带息银行承兑汇票，面值 1 356 000 元。

分析：这项经济业务的发生，一方面使公司应收票据增加 1 356 000 元，记入"应收票据"账户的借方；另一方面使公司的收入增加 1 200 000 元，记入"主营业务收入"账户的贷方，增值税销项税额增加 156 000 元，记入"应交税费——应交增值税（销项税额）"账户的贷方。会计分录编制如下：

借：应收票据——星艺公司　　　　　　　　　　　　1 356 000
　贷：主营业务收入　　　　　　　　　　　　　　　　　　　1 200 000
　　　应交税费——应交增值税（销项税额）　　　　　　　　156 000

【例 3-25】益华公司预收星华公司货款 70 000 元，存入银行。

分析：这项经济业务的发生，一方面使银行存款增加 70 000 元，记入"银行存款"账户的借方；另一方面使公司承担了在约定时间交付商品的义务，形成企业的一项负债 70 000 元，记入"预收账款"账户的贷方。会计分录编制如下：

121

借：银行存款　　　　　　　　　　　　　　　　　　　　70 000

　　贷：预收账款——星华公司　　　　　　　　　　　　　　　　70 000

【例 3-26】益华公司向星华公司交付亚麻沙发 20 套，单价 3 400 元，货款 68 000 元，增值税销项税额为 8 840 元，共计 76 840 元。益华公司扣除预收款项 70 000 元外，收回库存现金 6 840 元。

分析：这项经济业务的发生，一方面使现金增加 6 840 元，记入"库存现金"账户的借方，使预收货款减少了 70 000 元，记入"预收账款"账户的借方；另一方面使收入增加 68 000 元，记入"主营业务收入"账户的贷方，销项税额增加 8 840 元，记入"应交税费——应交增值税（销项税额）"账户的贷方。会计分录编制如下：

借：库存现金　　　　　　　　　　　　　　　　　　　　6 840

　　预收账款　　　　　　　　　　　　　　　　　　　 70 000

　　贷：主营业务收入　　　　　　　　　　　　　　　　　　68 000

　　　　应交税费——应交增值税（销项税额）　　　　　　　8 840

【例 3-27】益华公司结转已售亚麻沙发 920 套的成本 920 000 元（920×1 000），全棉沙发 600 套的成本 540 000 元（600×900）。

分析：这是一项会计处理事项，公司出售产品后，在减少库存商品的同时，需要将已售出商品的成本结转至主营业务成本，与收入进行配比，以便进行计算利润。这项会计处理事项的发生，一方面使产品销售成本增加 1 460 000 元，记入"主营业务成本"账户的借方；另一方面使库存商品减少 1 460 000 元，记入"库存商品"账户的贷方。会计分录编制如下：

借：主营业务成本——亚麻沙发　　　　　　　　　　　 920 000

　　　　　　　　　——全棉沙发　　　　　　　　　　　 540 000

　　贷：库存商品——亚麻沙发　　　　　　　　　　　　　920 000

　　　　　　　　　——全棉沙发　　　　　　　　　　　　540 000

（二）其他业务收入与其他业务成本的核算

企业在经营过程中，除了要发生主营业务之外，还会发生一些非经常性的、具有兼营性的其他业务。其他业务（也称附营业务）是指企业在经营过程中发生的除主营业务以外的其他销售业务，包括销售材料、出租包装物、出租固定资产、出租无形资产、出租商品、用材料进行非货币性资产交换或债务重组等活动。对于不同的企业而言，主营业务和其他业务的内容划分并不是绝对的，一个企业的主营业务可能是另一个企业的其他业务，即便在一个企业里，不同期间的主营业务和其他业务的内容也不是固定不变的。由于其他业务不属于企业主要的经营业务范围，按照重要性的要求，对其他业务的核算采取比较简单的方法。其他业务收入和支出的确认原则与计量方法同主营业务基本相同，但相对而言，没有主营业务的要求严格。

实践中，我们一般将其他业务所取得的收入记入"其他业务收入"账户进行核算。

【例3-28】益华公司将其购入的波浪形弹簧转让给合作工厂。不含增值税的售价为8 000元，增值税销项税额为1 040元，转让收到的9 040元已存入银行。

分析：转售材料属于其他业务。这项经济业务的发生，一方面使公司的银行存款增加9 040元，记入"银行存款"账户的借方；另一方面使该公司的其他业务收入增加8 000元，记入"其他业务收入"账户的贷方，销项税额增加1 040元，记入"应交税费——应交增值税（销项税额）"账户的贷方。会计分录编制如下：

借：银行存款　　　　　　　　　　　　　　　　　　9 040
　　贷：其他业务收入　　　　　　　　　　　　　　　8 000
　　　　应交税费——应交增值税（销项税额）　　　　1 040

【例3-29】益华公司结转已售波浪形弹簧的实际成本6 000元。

分析：这项结转事项的发生，一方面使公司的其他业务成本增加6 000元，记入"其他业务成本"账户的借方；另一方面使公司的波浪形弹簧减少6 000元，记入"原材料"账户的贷方。会计分录编制如下：

借：其他业务成本　　　　　　　　　　　　　　　　6 000
　　贷：原材料——波浪形弹簧　　　　　　　　　　　6 000

（三）销售费用的核算

销售费用是指企业为了销售商品、推广其提供的劳务发生的各种费用，包括保险费、包装费、展览费和广告费、商品维修费、预计产品质量保证损失、运输费、装卸费以及为销售本企业商品而专设的销售机构（含销售网点、售后服务网点等）的职工薪酬、业务费、折旧费等经营费用。

【例3-30】益华公司开出银行转账支票支付广告费1 000 000元（暂不考虑增值税）。

分析：广告费属于产品推销费用。这项经济业务的发生，一方面使公司的广告费用增加1 000 000元，记入"销售费用"账户的借方；另一方面使该公司的银行存款减少1 000 000元，记入"银行存款"账户的贷方。会计分录编制如下：

借：销售费用——广告费　　　　　　　　　　　　1 000 000
　　贷：银行存款　　　　　　　　　　　　　　　　1 000 000

（四）税金及附加的核算

税金及附加是指企业经营活动发生的消费税、城市维护建设税、资源税、教育费附加及房产税、土地使用税、车船税、印花税等相关税费。下面简要介绍三种传统的税金与附加。

（1）消费税。消费税是一种间接税，是只针对特定的消费品和消费行为征收的一种流转税，一般在生产环节征收，税率实行从价定率和从量定额以及从价从量复合计征三种方法，最低为3%，最高为56%。消费税是价内税，是价格的组成部分。

（2）城市维护建设税。城市维护建设税（简称"城建税"）和教育费附加的缴纳义务人是缴纳增值税、消费税的单位和个人。计税依据均为企业缴纳的增值税、消费税的合计数。城市维护建设税按纳税人所在地的不同，税率分为7%（市区）、3%（县城、建制镇）和1%（其他）。

（3）教育费附加。教育费附加的征收率为3%。

【例3-31】假设益华公司2019年需要承担的城建税为9 800元，教育费附加为4 400元。

分析：这项经济业务的发生，一方面使公司税金及附加增加14 200元，记入"税金及附加"账户的借方；另一方面使应交税费增加14 200元，分别计入"应交税费——应交教育费附加"和"应交税费——应交城建税"账户的贷方。会计分录编制如下：

借：税金及附加　　　　　　　　　　　　　　　　　14 200
　　贷：应交税费——应交教育费附加　　　　　　　　　　4 400
　　　　　　　——应交城建税　　　　　　　　　　　　　9 800

# 第六节　财务成果形成与分配业务的核算

企业作为一个独立的经济实体，其经营活动的主要目的就是要不断地提高企业的盈利水平，增强企业的获利能力。利润就是一个反映企业获利能力的综合指标，利润水平的高低不仅反映企业的盈利水平，而且还反映企业向整个社会所做贡献的大小，同时还是各有关方面对本企业进行财务预测和投资决策的重要依据。

## 一、财务成果的含义

财务成果是指企业在一定会计期间实现的最终经营成果，也就是企业实现的利润或亏损总额。利润是按照配比的要求，将一定时期内存在因果关系的收入与费用进行配比而产生的结果，收入大于费用支出的差额部分为利润，反之则为亏损。利润是综合反映企业在一定时期生产经营成果的重要指标。企业各方面的情况，如劳动生产率的高低、产品是否适销对路、产品成本和期间费用的节约与否，都会通过利润指标得到综合反映。因此，获取利润就成为企业生产经营的主要目的之一。一个企业的获利水平不仅关系企业的稳定发展和职工生活水平的提高问题，而且也会影响社会的积累与发展，因此企业必须采取一切措施，增收节支，增强企业的盈利能力，提高经济效益。

## 二、利润的构成与计算

由于利润是一个综合指标，综合了企业在经营过程中的支出与所得，因此对于利润的确认与计量，是以企业生产经营活动过程中实现的收入和发生的费用的确认与计量为基础的，同时还要包括通过投资活动而获得的投资收益以及与生产经营活动没有直接关系的营业外收支等。由此可见，反映企业财务成果的利润，就其构成内容来看，既有通过生产经营活动而获得的，也有通过投资活动而获得的，还有那些与生产经营活动没有直接关系的各项收入和支出等。按照我国会计准则及会计制度的规定，制造业企业的利润一般包括营业利润和营业外收支等内容。也就是说，企业在生产经营过程中通过销售活动将商品卖给购买方，实现收入，扣除当初的投入成本以及其他一系列费用，再加减非经营性质的收支等，就形成了企业的利润或亏损总额。有关利润指标各个层次的计算公式如下：

（1）营业毛利＝营业收入−营业成本

（2）营业利润＝营业毛利−税金及附加−销售费用−管理费用−财务费用−资产减值损失±公允价值变动净损益±投资净损益

（3）利润总额（税前利润）＝营业利润＋营业外收入−营业外支出

（4）净利润（税后利润）＝利润总额−所得税费用

其中，所得税费用＝利润总额（税前利润）×所得税税率

利润实现以后，企业会根据《中华人民共和国公司法》和公司董事会的决议（经股东大会通过）进行利润分配。一部分以利润的形式分配给投资者，作为投资者的收益；一部分以盈余公积的形式留在企业，作为企业扩大生产经营规模的资金；一部分以未分配利润的形式保留在账目上，作为增强企业抵御风险能力的资金。

125

### 三、利润形成和分配业务核算设置的账户

#### （一）本年利润账户

为了核算企业一定时期内财务成果的具体形成情况，会计上需要设置"本年利润"账户。该账户的性质是所有者权益类，用来核算企业一定时期内净利润的形成或亏损的发生情况。期末，企业将各种收入类账户的贷方发生额从其借方转入"本年利润"账户的贷方；将各种费用类账户的借方发生额从其贷方转入"本年利润"账户的借方；将本期转入的收入类和费用类账户的发生额进行比较，若为贷方余额，表示本期实现的利润；若为借方余额，表示本期发生的亏损。年度终了，企业将"本年利润"账户的贷方余额或借方余额全部转入"利润分配"账户，结转后"本年利润"账户期末余额为零。

"本年利润"账户结构如图 3-30 所示。

| 本年利润 | |
|---|---|
| 期末转入的各项费用： | 期末转入的各项收入： |
| 　主营业务成本 | 　主营业务收入 |
| 　税金及附加 | 　其他业务收入 |
| 　其他业务成本 | 　投资净收益 |
| 　管理费用 | 　营业外收入 |
| 　财务费用 | |
| 　销售费用 | |
| 　投资净损失 | |
| 　营业外支出 | |
| 　所得税费用 | |
| 期末余额：累计亏损 | 期末余额：累计净利润 |

**图 3-30　"本年利润"账户结构**

（二）"所得税费用"账户

所得税费用是企业按照国家税法的有关规定，对企业某一经营年度实现的经营所得和其他所得，按照规定的所得税税率计算缴纳的一种税款。所得税费用是企业使用政府提供的各种服务而向政府应尽的义务。

企业所得税通常是按年计算、分期预交、年末汇算清缴的。其计算公式为：

应交所得税＝应纳税所得额×所得税税率

应纳税所得额＝利润总额±所得税税前利润中予以调整的项目

公式中的所得税税前利润中的调整项目是由于税法与会计法规之间存在的一些计算口径和确认差异形成的，企业需要将会计计算的利润总额进行后期调整，调整为税法确认的所得额，包括纳税调整增加项目和纳税调整减少项目两部分。纳税调整增加项目主要包括税法规定不允许扣除项目，企业已计入当期费用但超过税法规定扣除标准的金额，超过税法规定标准的工资支出、业务招待费支出、税收罚款滞纳金、非公益性捐赠支出等；纳税调整减少项目主要包括按税法规定允许弥补的亏损和准予免税的项目，如 5 年内未弥补完的亏损、国债的利息收入等。由于纳税调整项目的内容比较复杂，在《初级财务会计学》中，为了简化核算，我们一般假设纳税调整项目为零，因此就可以以会计上的利润总额为基础计算所得税税额。企业所得税税率通常为 25%，各期预交所得税的计算公式为：

当前期累计应交所得税＝当前期累计应纳税所得额×所得税税率

当前期应交所得税＝当前期累计应交所得税－上期累计已交所得税

为了核算所得税费用的发生情况，会计上需要设置"所得税费用"账户。该账户的性质是损益类，用来核算企业按照有关规定应在当期损益中扣除的所得税费用的计算及其结转情况。其借方登记按照应纳税所得额计算出的所得税费用额，贷方登记期末转入"本年利润"账户的所得税费用额。经过结转之后，该账户期末没有余额。

"所得税费用"账户结构如图 3-31 所示。

所得税费用

| 计算出的所得税费用额 | 期末转入"本年利润"账户的<br>所得税费用额 |
|---|---|

**图 3-31 "所得税费用"账户结构**

（三）"利润分配"账户

"利润分配"账户是所有者权益类账户，用来核算企业一定时期内净利润的分配或亏损的弥补以及历年结存的未分配利润（或未弥补亏损）情况。其借方登记实际分配的利润额，包括提取的盈余公积金和分配给投资者的利润以及年末从"本年利润"账户转入的全年累计亏损额；贷方登记用盈余公积金弥补的亏损额等其他转入数以及年末从"本年利润"账户转入的全年实现的净利润额。年内期末余额如果在借方，表示已分配的利润额，年末余额如果在借方，表示未弥补的亏损额；期末余额如果在贷方，表示未分配利润额。

"利润分配"账户一般应设置以下几个主要的明细账户："盈余公积补亏""提取法定盈余公积""提取任意盈余公积""应付现金股利（或利润）""转作资本（或股本）的股利""未分配利润"等。

年末，企业应将"利润分配"账户下的其他明细账户的余额转入"未分配利润"明细账户，经过结转后，除"未分配利润"明细账户有余额外，其他各个明细账户均无余额。

"利润分配"账户结构如图 3-32 所示。

利润分配

| 年末从"本年利润"账户转入<br>的全年亏损<br>　实际分配的利润额：<br>　　提取法定盈余公积<br>　　应付现金股利<br>　　转作资本的股利<br>　　年末转入的亏损 | 盈余公积补亏<br>年末从"本年利润"账户转入<br>的全年净利润 |
|---|---|
| 年内余额：已分配利润额<br>年末余额：未弥补亏损额 | 期末余额：未分配利润 |

**图 3-32 "利润分配"账户结构**

（四）"盈余公积"账户

"盈余公积"账户是所有者权益类账户，用来核算企业从税后利润中提取的盈余公积金，包括法定盈余公积、任意盈余公积的增减变动及其结余情况。其贷方登

127

记提取的盈余公积金，即盈余公积金的增加；借方登记实际使用的盈余公积金，即盈余公积金的减少。期末余额在贷方，表示结余的盈余公积金。"盈余公积"应设置"法定盈余公积""任意盈余公积"等明细账户。

"盈余公积"账户结构如图3-33所示。

盈余公积

| 实际使用的盈余公积金（减少） | 年末提取的盈余公积金（增加） |
| --- | --- |
| | 期末余额：结余的盈余公积金 |

图3-33　"盈余公积"账户结构

（五）"应付股利"账户

"应付股利"账户是负债类账户，用来核算企业按照股东大会或类似权力机构决议分配给投资者股利（现金股利）或利润的增减变动及其结余情况。其贷方登记应付给投资者股利（现金股利）或利润的增加，借方登记实际支付给投资者的股利（现金股利）或利润，即应付股利的减少。期末余额在贷方，表示尚未支付股利（现金股利）或利润。这里需要注意的是，企业分配给投资者的股票股利不在本账户核算。股份制公司的股利用"应付股利"账户核算，如果是非股份制公司分配利润则用"应付利润"账户核算，结构和用法与"应付股利"账户相似。

"应付股利"账户结构如图3-34所示。

应付股利

| 实际支付的利润或股利 | 应付未付的利润或股利 |
| --- | --- |
| | 期末余额：尚未支付的利润和股利 |

图3-34　"应付股利"账户结构

**四、利润形成和分配的业务处理**

前面主要介绍了主营业务和其他业务形成的利润，利润的形成还包括以下三个部分：期间费用的核算、投资收益的核算、营业外收支的核算。由于投资收益涉及金融资产的内容，因此在《初级财务会计学》中不再详述，将在《中级财务会计学》中详细介绍。

（一）期间费用的核算

期间费用的核算包括财务费用、销售费用和管理费用。财务费用和销售费用的核算前面已有举例，现重点介绍管理费用的核算。

管理费用是指企业为组织和管理企业生产经营活动发生的各种费用，通常包括筹建期间的开办费、董事会和行政管理部门在企业的经营管理中发生的或者应由企业统一负担的公司经费（包括行政管理部门职工薪酬、物料消耗、低值易耗品摊销、办公费和差旅费等）、工会经费、董事会费（包括董事会成员津贴、会议费和差旅费等）、聘请中介机构费、咨询费（含顾问费）、诉讼费、业务招待费、技术转让费、矿产资源补偿费、研究费用和排污费等。

企业设置"管理费用"账户进行核算。"管理费用"账户属于损益类账户，用来核算管理费用的发生和结转情况。该账户借方登记发生的各项管理费用，贷方登记期末转入"本年利润"账户的管理费用金额。期末结转后，该账户无余额。该账户可按费用项目进行明细核算。

【例 3-32】益华公司以银行存款支付企业管理部门的办公费 2 000 元。

分析：这项经济业务的发生，一方面使公司的办公成本增加 2 000 元，记入"管理费用"账户的借方；另一方面使公司的银行存款减少 2 000 元，记入"银行存款"账户的贷方。会计分录编制如下：

借：管理费用——办公费　　　　　　　　　　　　　2 000
　贷：银行存款　　　　　　　　　　　　　　　　　　　　　2 000

【例 3-33】益华公司采用直线法分摊本期无形资产的成本 20 000 元。

分析：这项经济业务的发生，一方面使公司承担的无形资产费用增加 20 000 元，记入"管理费用"账户的借方；另一方面使累计摊销增加 20 000 元，记入"累计摊销"账户的贷方。会计分录编制如下：

借：管理费用　　　　　　　　　　　　　　　　　　20 000
　贷：累计摊销　　　　　　　　　　　　　　　　　　　　　20 000

【例 3-34】益华公司采购部林芳出差预借差旅费 5 000 元，已用现金支付。

分析：该项经济业务的发生，一方面使公司对林芳的应收款增加，记入"其他应收款"账户的借方，另一方面使公司的库存现金减少，记入"库存现金"账户的贷方。会计分录编制如下：

借：其他应收款——林芳　　　　　　　　　　　　　5 000
　贷：库存现金　　　　　　　　　　　　　　　　　　　　　5 000

【例 3-35】益华公司的采购部人员林芳出差归来报销差旅费 4 650 元，原借款 5 000 元，余额已退回现金。

分析：差旅费属于企业的期间费用，在"管理费用"账户核算。这项经济业务的发生，一方面使公司的管理费用增加 4 650 元，库存现金增加 350 元（5 000-4 650），另一方面使公司的其他应收款这项债权减少 5 000 元，因此该项经济业务涉及"管理费用""库存现金"和"其他应收款"三个账户。管理费用的增加是费用的增加，应记入"管理费用"账户的借方，现金的增加是资产的增加，应记入"库存现金"账户的借方，其他应收款的减少是资产（债权）的减少，应记入"其他应收款"账户的贷方。会计分录编制如下：

129

借：管理费用——差旅费　　　　　　　　　　　　　　　　　　4 650
　　库存现金　　　　　　　　　　　　　　　　　　　　　　　350
　　贷：其他应收款——林芳　　　　　　　　　　　　　　　　　　5 000

【例3-36】益华公司月末摊销以前已付款且摊销期超过一年的行政管理部门房租2 000元。

分析：行政管理部门房租属于企业的管理费用，由于这笔费用以前付款时已经记入"长期待摊费用"账户，因此现在摊销应冲减预付费用。这项经济业务的发生，一方面使得公司的管理费用增加2 000元，另一方面使得公司的长期待摊费用减少2 000元，因此该项经济业务涉及"管理费用"和"长期待摊费用"两个账户。管理费用的增加是费用的增加，应计入"管理费用"账户的借方，预付费用的减少是资产的减少，应计入"长期待摊费用"账户的贷方。会计分录编制如下：

借：管理费用——房租　　　　　　　　　　　　　　　　　　2 000
　　贷：长期待摊费用　　　　　　　　　　　　　　　　　　　　2 000

（二）营业外收入与营业外支出的核算

企业除了日常经营活动产生的收入以外，还有一部分是非日常活动带来的收入，如企业变卖固定资产、转让无形资产取得的收入、罚没收入、获得政府补助、获得捐赠、流动资产盘盈等情形下取得的净收入（或净损失）。为了与日常活动带来的收入相区别，会计将其称为营业外收入。

有营业外收入，就会有营业外支出。当然，营业外收入与营业外支出之间不像收入与费用之间存在因果关系。换句话说，一项营业外支出不是为了获得相应的营业外收入。

营业外收入与营业外支出的核算需要设置如下账户：

（1）"营业外收入"账户。"营业外收入"账户是收入类账户，用来核算非日常活动产生的利得，包括变卖固定资产的利得、转让无形资产的利得、罚没收入、捐赠利得等。该账户的贷方登记取得的营业外收入，即营业外收入的增加额；借方登记会计期末转入"本年利润"账户的营业外收入本期发生额总额。期末结转后，该账户无余额。该账户应按营业外收入项目进行明细核算。

（2）"营业外支出"账户。"营业外支出"账户是损失类账户，用来核算非日常活动发生的损失，包括变卖固定资产的亏损、转让无形资产的亏损、罚款支出、捐赠支出、资产盘亏损失等。该账户的借方登记营业外支出的发生，即营业外支出的增加额；贷方登记期末转入"本年利润"账户的营业外支出本期发生额总额。期末结转后，该账户无余额。该账户应按支出项目进行明细核算。

【例3-37】益华公司获得政府捐赠300 000元，存入银行。

分析：政府捐赠是企业从政府无偿取得的货币性资产或非货币性资产，用于补偿企业已发生的相关成本或损失，直接计入当期损益或冲减相关成本。益华公司将其获得的政府捐赠直接计入当期损益，通过"营业外收入"账户进行核算。

这项经济业务的发生，一方面使公司的银行存款增加 300 000 元，记入"银行存款"账户的借方；另一方面使公司获得的政府捐赠增加 300 000 元，记入"营业外收入"账户的贷方。会计分录编制如下：

借：银行存款　　　　　　　　　　　　　　　　　　　300 000

　贷：营业外收入——政府捐赠　　　　　　　　　　　　　300 000

【例 3-38】益华公司因噪声污染被罚款 6 000 元。

分析：这项经济业务的发生，一方面使公司的罚款支出增加 6 000 元，记入"营业外支出"账户的借方；另一方面使公司的银行存款减少 6 000 元，记入"银行存款"账户的贷方。会计分录编制如下：

借：营业外支出——罚款　　　　　　　　　　　　　　　6 000

　贷：银行存款　　　　　　　　　　　　　　　　　　　　6 000

（三）利润总额的计算和结转

企业期末计算利润时，一方面将"主营业务收入""其他业务收入""营业外收入""投资收益净额"等账户的贷方发生额合计数从其借方转入"本年利润"账户的贷方；另一方面将"主营业务成本""其他业务成本""税金及附加""管理费用""财务费用""销售费用""营业外支出"等账户的借方发生额合计数从其贷方转入"本年利润"账户的借方，这个过程就是会计学所称的"结转本年利润"。

1. 结转收入类账户

【例 3-39】年末，益华公司结转（平）2019 年所有收入类账户。"主营业务收入"账户贷方发生额为 4 328 000 元，"其他业务收入"账户贷方发生额为 8 000 元，"营业外收入"账户贷方发生额为 300 000 元，全部结转至"本年利润"账户的贷方。

分析：这是一项结转事项。结转（平）收入类账户的含义是清空收入类账户，使其余额为零。从收入类账户的贷方发生额的相反方向转出，即可将收入类账户余额变为零。这项结转事项一方面要冲减收入类账户，记入"主营业务收入""其他业务收入""营业外收入"账户的借方；另一方面记入"本年利润"账户的贷方。会计分录编制如下：

借：主营业务收入　　　　　　　　　　　　　　　　4 328 000

　　其他业务收入　　　　　　　　　　　　　　　　　　8 000

　　营业外收入　　　　　　　　　　　　　　　　　　300 000

　贷：本年利润　　　　　　　　　　　　　　　　　　4 636 000

2. 结转费用类账户

【例 3-40】年末，益华公司结转（平）2019 年所有成本费用类账户。"主营业务成本"账户借方发生额为 1 460 000 元，"其他业务成本"账户借方发生额为 6 000 元，"营业外支出"账户借方发生额为 6 000 元，"税金及附加"账户借方发生额为 14 200 元，"管理费用"账户借方发生额为 36 650 元，"财务费用"账户借方发生

131

额为 4 000 元，"销售费用"账户借方发生额为 1 000 000 元。

分析：这是一项结转事项。结转（平）费用类账户的含义是清空费用类账户，使其余额为零。从费用类账户的借方发生额的相反方向转出，即可将费用类账户余额变为零。这项结转事项一方面要冲减费用类账户，记入"主营业务成本""其他业务成本""营业外支出""税金及附加""管理费用""财务费用""销售费用"账户的贷方；另一方面记入"本年利润"账户的借方。会计分录编制如下：

借：本年利润　　　　　　　　　　　　　　　　　2 526 850

　　贷：主营业务成本　　　　　　　　　　　　　　　　　1 460 000

　　　　其他业务成本　　　　　　　　　　　　　　　　　　　6 000

　　　　税金及附加　　　　　　　　　　　　　　　　　　　14 200

　　　　营业外支出　　　　　　　　　　　　　　　　　　　　6 000

　　　　管理费用　　　　　　　　　　　　　　　　　　　　36 650

　　　　财务费用　　　　　　　　　　　　　　　　　　　　　4 000

　　　　销售费用　　　　　　　　　　　　　　　　　　　1 000 000

（四）所得税费用的核算

"所得税费用"账户是费用类账户，用来核算所得税费用的发生和结转情况。该账户的借方登记企业应计入当期损益的所得税费用，贷方登记企业期末转入"本年利润"账户的所得税费用。期末结转后，该账户无余额。所得税费用的核算比较复杂，《初级财务会计学》采用简易方式计算所得税费用。其计算公式为：

所得税＝应纳税所得额×所得税税率

【例 3-41】益华公司 2019 年应纳税所得额为 2 109 150 元（4 636 000 - 2 526 850），适用的所得税税率为 25%。

分析：（1）计算所得税时。

所得税 = 2 109 150×25% = 527 287.5（元）

这项经济业务的发生，一方面使公司的所得税费用增加 527 287.5 元，记入"所得税费用"账户的借方；另一方面使公司的应交所得税费用增加 527 287.5 元，记入"应交税费——应交所得税"账户的贷方。会计分录编制如下：

借：所得税费用　　　　　　　　　　　　　　　　527 287.5

　　贷：应交税费——应交所得税　　　　　　　　　　　527 287.5

（2）实际缴纳税款时。这项经济业务的发生，一方面使公司的应交税费减少 527 287.5 元，记入"应交税费——应交所得税"账户的借方；另一方面使公司的银行存款减少 527 287.5 元，记入"银行存款"账户的贷方。会计分录编制如下：

借：应交税费——应交所得税　　　　　　　　　　527 287.5

　　贷：银行存款　　　　　　　　　　　　　　　　　　527 287.5

（3）所得税费用的结转。益华公司将所得税费用 527 287.5 元结转至"本年利润"账户。

这是一项结转事项，将所得税费用结转至本年利润，以清空"所得税费用"账户。这项结转事项一方面使公司的本年利润减少 527 287.5 元，记入"本年利润"账户的借方；另一方面使公司的所得税费用减少 527 287.5 元，记入"所得税费用"账户的贷方。会计分录编制如下：

借：本年利润　　　　　　　　　　　　　　527 287.5

　　贷：所得税费用　　　　　　　　　　　　　527 287.5

（五）净利润的计算和结转

在结转所得税费用之后，如果"本年利润"账户贷方发生额合计数大于借方发生额合计数，则该差额为净利润；反之，则该差额为净亏损。

企业应设置"利润分配"账户，用来核算企业利润的分配（或亏损的弥补）情况，并反映历年分配（或弥补）后的余额。该账户属于所有者权益类账户，借方登记实际分配的利润额，包括提取的盈余公积和分配给投资者的利润以及年末从"本年利润"账户转入的全年发生的净亏损；贷方登记用盈余公积弥补的亏损额等其他转入数以及年末从"本年利润"账户转入的全年实现的净利润。年末，企业应将"利润分配"账户下的其他明细账户的余额转入"未分配利润"明细账户，结转后，除"未分配利润"明细账户可能有余额外，其他各个明细账户均无余额。

"未分配利润"明细账户的贷方余额为历年累积的未分配利润（可供以后年度分配的利润），借方余额为历年累积的未弥补亏损（留待以后年度弥补的亏损）。该账户应当区分"提取法定盈余公积""提取任意盈余公积""应付利润""盈余公积补亏"和"未分配利润"等设置明细账，进行明细分类核算。

企业若当年实现了净利润，则按"本年利润"账户贷方发生额与借方发生额的差额借记"本年利润"账户，贷记"利润分配——未分配利润"账户。这样就使得"本年利润"账户的借方发生额与贷方发生额相等，达到了把该账户"清空"或"结平"的目的。若为净亏损，则编制相反的会计分录。净利润结转后，"本年利润"账户无余额。

【例3-42】益华公司结转 2019 年度形成的净利润 1 581 862.5 元（2 109 150-527 287.5）。

分析：这是一项结转事项。结转本年净利润时，一方面使公司的本年利润减少 1 581 862.5 元，记入"本年利润"账户的借方；另一方面使公司的未分配利润增加 1 581 862.5 元，记入"利润分配——未分配利润"账户的贷方。会计分录编制如下：

借：本年利润　　　　　　　　　　　　　　1 581 862.5

　　贷：利润分配——未分配利润　　　　　　　1 581 862.5

（六）利润分配的核算

利润分配是指企业根据国家有关规定和企业章程、投资者协议等，对企业当年可供分配利润指定其特定用途和分配给投资者的行为。

企业向投资者分配利润，应按一定的顺序进行。按照《中华人民共和国会计法》的有关规定，利润分配应按下列顺序进行：

（1）计算可供分配的利润。企业在利润分配前，应根据本年净利润（或亏损）与年初未分配利润（或亏损）、其他转入的金额（如盈余公积弥补的亏损）等项目，计算可供分配的利润，即

可供分配的利润 = 净利润(或亏损)+年初未分配利润-弥补以前年度的亏损+其他转入的金额

如果可供分配的利润为负数（累计亏损），则不能进行分配；如果可供分配利润为正数（累计盈利），则可以进行分配。

（2）提取法定盈余公积。按照《中华人民共和国公司法》的有关规定，公司应当按照当年税后利润（抵减年初累计亏损后）的10%提取法定盈余公积，提取的法定盈余公积累计额超过注册资本50%以上的，可以不再提取。

（3）提取任意盈余公积。公司提取法定盈余公积后，经股东会或者股东大会决议，还可以从税后利润中提取任意盈余公积。

（4）向投资者分配利润（或股利）。企业可供分配的利润扣除提取的盈余公积后，形成可供投资者分配的利润，即

可供投资者分配的利润 = 可供分配的利润-提取的盈余公积

企业可以采用现金股利、股票股利和财产股利等形式向投资者分配利润（或股利）。企业也可以直接按当年净利润的一定比例进行利润分配。

1. 提取盈余公积的核算

企业应设置"盈余公积"账户，用来核算企业从税后利润中提取的盈余公积。该账户属于所有者权益类账户，贷方登记提取的盈余公积（盈余公积的增加额），借方登记盈余公积的减少额。期末余额在贷方，反映企业结余的盈余公积。该账户设置"法定盈余公积"和"任意盈余公积"明细账，进行明细分类核算。

企业提取法定盈余公积时，借记"利润分配——提取的法定盈余公积"账户，贷记"盈余公积——法定盈余公积"账户；提取的任意盈余公积，借记"利润分配——提取的任意盈余公积"账户，贷记"盈余公积——任意盈余公积"账户。

【例3-43】益华公司2019年实现税后利润1 581 862.5元，按10%的比例提取法定盈余公积金，按10%的比例提取任意盈余公积金。

分析：这项经济业务的发生，一方面使公司可供分配的利润减少316 372.5元，记入"利润分配——提取盈余公积"账户的借方；另一方面使公司的盈余公积增加316 372.5元，记入"盈余公积"账户的贷方。会计分录如下：

借：利润分配——提取法定盈余公积　　　　　　158 186.25
　　　　　　——提取任意盈余公积　　　　　　158 186.25
　　贷：盈余公积——法定盈余公积　　　　　　　　158 186.25
　　　　　　——任意盈余公积　　　　　　　　　　158 186.25

2. 向投资者分配利润的核算

企业设置"应付利润"账户，该账户属于负债类账户，用来核算企业分配的现金利润。该账户的贷方登记应付给投资者的利润，即应付利润的增加额；借方登记实际支付给投资者的利润，即应付利润的减少额。期末余额在贷方，反映企业应付未付的现金利润。该账户应按投资者进行明细核算。

企业根据股东会审议批准的利润分配方案，按应支付的现金股利，借记"利润分配——应付利润"账户，贷记"应付利润"账户。

【例3-44】益华公司2019年经股东会议决议，向股东分配现金利润300 000元。

分析：决议通过时，这项经济业务的发生，一方面使公司未分配利润减少300 000元（所有者权益减少300 000元），记入"利润分配——应付利润"账户的借方；另一方面使公司应付利润增加300 000元，记入"应付利润"账户的贷方。会计分录编制如下：

借：利润分配——应付利润　　　　　　　　　　　　　300 000
　　贷：应付利润　　　　　　　　　　　　　　　　　　　　300 000

【例3-45】益华公司在宣告分派利润的第二天，支付上述股东利润。

分析：这项经济业务的发生，一方面使公司的应付利润减少300 000元，记入"应付利润"账户的借方；另一方面使公司的银行存款减少300 000元，记入"银行存款"账户的贷方。会计分录编制如下：

借：应付利润　　　　　　　　　　　　　　　　　　　　300 000
　　贷：银行存款　　　　　　　　　　　　　　　　　　　　300 000

【例3-46】企业将"利润分配"除"未分配利润"以外的明细账结平，其中计提的法定盈余公积158 186.25元，计提的任意盈余公积158 186.25元，应付利润300 000元。

分析：这项结转业务的发生，一方面使公司未分配利润减少，记入"利润分配——未分配利润"账户的借方；另一方面按其明细账的相反方向进行对冲，记入"利润分配——提取法定盈余公积""利润分配——提取任意盈余公积""利润分配——应付利润"账户的贷方。会计分录编制如下：

借：利润分配——未分配利润　　　　　　　　　616 372.50
　　贷：利润分配——提取法定盈余公积　　　　　　158 186.25
　　　　　　　　——提取任意盈余公积　　　　　　158 186.25
　　　　　　　　——应付利润　　　　　　　　　　300 000.00

**复习思考题**

1. 企业主要经济业务包括哪些？

2. 各种投资主体投资形成的资本明细账户有哪些？

3. 股权融资和债务融资有什么不同？

135

4. 增值税是购入资产的成本吗？为什么？

5. 材料采购成本包括哪些内容？如何理解"在途物资"账户在材料采购业务中的作用？

6. 企业产品成本的构成项目主要有哪些？产品制造过程中的耗费分为直接耗费与间接耗费，它们在会计核算上有何区别？

7. 销售过程中形成的收入与已销成本为什么要分别进行核算？

8. 利润的形成主要通过什么账户进行核算？如何理解该账户的性质。

9. 为什么要将利润分配明细账中除未分配利润外的明细账全部清零？各明细账之间是如何结转的？

### 综合练习题

#### 一、单项选择题

1. 我们一般将企业所有者权益中的盈余公积和未分配利润称为（　　）。
   A. 实收资本　　　　　　　　　　B. 资本公积
   C. 留存收益　　　　　　　　　　D. 所有者权益

2. 企业接受其他单位或个人捐赠固定资产时，应贷记的账户之一是（　　）。
   A. "营业外收入"账户　　　　　　B. "实收资本"账户
   C. "资本公积"账户　　　　　　　D. "盈余公积"账户

3. 下列交易、事项中能引起"资本公积"账户借方发生变动的是（　　）。
   A. 接受现金捐赠　　　　　　　　B. 资本公积转增资本
   C. 接受投资人分配股利　　　　　D. 溢价发行股票

4. 有限责任公司增资扩股时，如果有新的投资者加入，则新加入的投资者缴纳的出资额大于按约定比例计算的其在注册资本中所占份额部分应记入的贷方账户是（　　）。
   A. "实收资本"账户　　　　　　　B. "股本"账户
   C. "资本公积"账户　　　　　　　D. "盈余公积"账户

5. 企业为维持正常的生产经营所需资金而向银行等金融机构临时借入的款项称为（　　）。
   A. 长期借款　　　　　　　　　　B. 短期借款
   C. 长期负债　　　　　　　　　　D. 流动负债

6. 企业应设置"固定资产"账户，用来反映固定资产的（　　）。
   A. 磨损价值　　　　　　　　　　B. 累计折旧
   C. 原始价值　　　　　　　　　　D. 净值

7. 下列固定资产中只需在备查簿中进行登记的固定资产是（　　）。
   A. 融资租入的固定资产　　　　　B. 经营租入的固定资产
   C. 赊购的固定资产　　　　　　　D. 正在安装的固定资产

8. 企业的应付账款如果确实无法支付的，经批准后，应贷记（　　）。

　　A."营业外收入"账户　　　　　　B."营业外支出"账户

　　C."管理费用"账户　　　　　　　D."资本公积"账户

9. 某制造业企业为增值税一般纳税人。本期外购原材料一批，发票上注明买价为 20 000 元，增值税额为 2 600 元，入库前发生的挑选整理费用为 1 000 元。整理费暂不考虑增值税，则该批原材料的入账价值为（　　）。

　　A. 20 000 元　　　　　　　　　　B. 22 600 元

　　C. 21 000 元　　　　　　　　　　D. 24 400 元

10. 企业 8 月末负债总额 1 200 万元，9 月收回欠款 150 万元，用银行存款归还借款 100 万元，用银行存款预付购货款 125 万元，则 9 月末的负债总额为（　　）。

　　A. 1 100 万元　　　　　　　　　　B. 1 050 万元

　　C. 1 125 万元　　　　　　　　　　D. 1 350 万元

11. 应由本期负担，但本期未支付的费用是（　　）。

　　A. 预付费用　　　　　　　　　　B. 待摊费用

　　C. 预提费用　　　　　　　　　　D. 已付费用

12. 下列费用中，不构成产品成本，而应直接计入当期损益的是（　　）。

　　A. 直接材料费　　　　　　　　　B. 直接人工费

　　C. 期间费用　　　　　　　　　　D. 制造费用

13. 企业"应付账款"账户的借方余额反映的是（　　）。

　　A. 应付给供货单位的款项　　　　B. 预收购货单位的款项

　　C. 预付给供货单位的款项　　　　D. 应收购货单位的款项

14. 某企业预收出租包装物租金账户的 12 月 31 日余额为 200 000 元，如果企业在 12 月末没有对本月已赚取的租金 100 000 元的收入进行调整，则对本期有关项目的影响是（　　）。

　　A. 资产低估 100 000 元，净利润高估 100 000 元

　　B. 负债低估 100 000 元，净利润低估 100 000 元

　　C. 负债高估 100 000 元，净利润低估 100 000 元

　　D. 负债高估 100 000 元，净利润高估 100 000 元

15. 下列内容中属于其他业务收入的是（　　）。

　　A. 存款利息收入　　　　　　　　B. 出售材料收入

　　C. 委托代销商品收入　　　　　　D. 清理固定资产净收益

16. 在原材料按计划成本核算时，既核算材料的计划成本，又核算材料的实际成本的明细账是（　　）。

　　A."原材料"明细账　　　　　　　B."物资采购"明细账

　　C."材料成本差异"明细账　　　　D."在途物资"明细账

137

17. 年末结账后，"利润分配"账户的贷方余额表示（　　）。

    A. 本年实现的利润总额　　　　　B. 本年实现的净利润额

    C. 本年利润分配总额　　　　　　D. 年末未分配利润额

18. 企业发生的下列经济业务中，能引起资产和负债同时增加的业务是（　　）。

    A. 用银行存款购买原材料　　　　B. 预收销货款存入银行

    C. 提取盈余公积金　　　　　　　D. 年终结转净利润

19. 企业年初所有者权益总额为 2 000 万元，年内接受捐赠资产 160 万元，本年实现利润总额 500 万元，所得税税率 33%，按 10% 提取盈余公积金，决定向投资人分配利润 100 万元。则企业年末的所有者权益总额为（　　）。

    A. 2 460 万元　　　　　　　　　B. 2 395 万元

    C. 2 660 万元　　　　　　　　　D. 2 560 万元

20. 企业 6 月发生下列业务：①支付上个月水电费 2 400 元；②预付下半年房租 1 500 元；③预提本月借款利息 600 元；④计提本月折旧 480 元。按权责发生制和收付实现制原则计算的本月费用分别为（　　）。

    A. 4 980 元和 3 900 元　　　　　B. 3 900 元和 2 580 元

    C. 1 080 元和 3 900 元　　　　　D. 3 480 元和 1 080 元

## 二、多项选择题

1. 制造业企业的主要经济业务包括（　　）。

    A. 资金筹集业务　　　　　　　　B. 供应过程业务

    C. 产品生产业务　　　　　　　　D. 产品销售业务

    E. 财务成果业务

2. 下列内容中，可以在职工福利费中开支的有（　　）。

    A. 职工的医药费　　　　　　　　B. 职工困难补助

    C. 职工退休金　　　　　　　　　D. 医务福利人员工资

    E. 职工教育经费

3. 下列能引起资产和所有者权益同时增加的业务有（　　）。

    A. 收到国家投资存入银行　　　　B. 提取盈余公积金

    C. 收到外商投入设备一台　　　　D. 将资本公积金转增资本

    E. 收到外单位捐赠设备一台

4. 企业购入材料的采购成本包括（　　）。

    A. 材料买价　　　　　　　　　　B. 增值税进项税额

    C. 采购费用　　　　　　　　　　D. 采购人员差旅费

    E. 销售机构经费

5. 商品销售收入实现的主要标志有（　　）。

    A. 与所售商品所有权有关的风险和报酬已经转移

B. 不再对所售商品实施控制和继续管理

C. 货款已经收到或取得了索取价款的凭据

D. 与交易有关的经济利益能够可靠地流入企业

E. 相关的收入和成本能够可靠地计量

6. "税金及附加"账户借方登记的内容有（　　　）。

  A. 增值税         B. 消费税

  C. 城建税         D. 营业税

  E. 所得税

7. 下列项目中，应在"管理费用"账户中核算的有（　　　）。

  A. 工会经费        B. 劳动保险费

  C. 业务招待费       D. 车间管理人员的工资

  E. 业务人员差旅费

8. 企业实现的净利润应进行下列分配（　　　）。

  A. 计算缴纳所得税     B. 支付银行借款利息

  C. 提取法定盈余公积金    D. 提取法定公益金

  E. 向投资人分配利润

9. 企业的资本金按其投资主体不同，可以分为（　　　）。

  A. 货币投资        B. 国家投资

  C. 个人投资        D. 法人投资

  E. 外商投资

10. 企业的会计人员误将当月发生的增值税进项税额计入材料采购成本，其结果会有（　　　）。

  A. 月末资产增加      B. 月末利润增加

  C. 月末负债增加      D. 月末财务费用增加

  E. 月末应交税费增加

11. 为了具体核算企业利润分配及未分配利润情况，"利润分配"账户应设置相应的明细账户，下列项目中，属于"利润分配"明细账户的有（　　　）。

  A."其他转入"账户     B."提取资本公积金"账户

  C."应付普通股股利"账户   D."提取法定盈余公积"账户

  E."未分配利润"账户

12. 关于"本年利润"账户，下列说法中正确的有（　　　）。

  A. 借方登记期末转入的各项支出额

  B. 贷方登记期末转入的各项收入

  C. 贷方余额为实现的累计净利润额

  D. 借方余额为发生的亏损额

  E. 年末经结转后该账户没有余额

13. 下列账户中，月末应该没有余额的有（　　）。

    A. "生产成本" 账户                B. "制造费用" 账户

    C. "管理费用" 账户                D. "应付职工薪酬" 账户

    E. "财务费用" 账户

14. 关于企业的实收资本，下列说法中，正确的有（　　）。

    A. 是企业实际收到投资人投入的资本金

    B. 是企业进行正常经营的条件

    C. 是企业向外投出的资产

    D. 应按照实际投资数额入账

    E. 在生产经营中取得的收益不得直接增加实收资本

15. 与商品销售收入相配比进而确定主营业务利润的成本、费用包括（　　）。

    A. 商品销售成本                B. 营业费用

    C. 税金及附加                D. 管理费用

    E. 财务费用

16. 下列采购费用不计入材料采购成本，而是列作管理费用的有（　　）。

    A. 采购人员差旅费             B. 专设采购机构经费

    C. 市内采购材料的零星运杂费     D. 运输途中的合理损耗

    E. 外地运杂费

17. 在材料采购业务核算时，与 "物资采购" 账户相对应的账户一般有（　　）。

    A. "应付账款" 账户              B. "应付票据" 账户

    C. "银行存款" 账户              D. "预付账款" 账户

    E. "应交税费" 账户

18. 关于 "制造费用" 账户，下列说法中，正确的有（　　）。

    A. 借方登记实际发生的各项制造费用

    B. 贷方登记分配转入产品成本的制造费用

    C. 期末余额在借方，表示在产品的制造费用

    D. 期末结转 "本年利润" 账户后没有余额

    E. 期末一般没有余额

19. "材料成本差异" 账户贷方登记的内容有（　　）。

    A. 入库材料成本的节约差异      B. 入库材料成本的超支差异

    C. 发出材料的计划成本          D. 结转发出材料应负担的节约差异

    E. 结转发出材料应负担的超支差异

20. 在下列业务所产生的收入中属于 "其他业务收入" 的有（　　）。

    A. 出售固定资产收入           B. 出售材料收入

    C. 出售无形资产收入          D. 提供产品修理服务收入

    E. 罚款收入

21. 营业收入的实现可能引起（　　）。

    A. 资产的增加　　　　　　　　B. 所有者权益的增加

    C. 负债的减少　　　　　　　　D. 负债的增加

    E. 资产和负债同时增加

22. 对于共同性采购费用，应分配计入材料采购成本。下列内容中，可以用来作为分配材料采购费用标准的有（　　）。

    A. 材料的买价　　　　　　　　B. 材料的种类

    C. 材料的名称　　　　　　　　D. 材料的重量

    E. 材料的体积

23. 产品在生产过程中发生的各项生产费用按其经济用途进行分类构成产品生产成本的成本项目，具体包括（　　）。

    A. 直接材料费　　　　　　　　B. 直接工资费

    C. 期间费用　　　　　　　　　D. 其他直接支出

    E. 制造费用

24. 确定本月完工产品成本时，影响其生产成本计算的因素主要有（　　）。

    A. 月初在产品成本　　　　　　B. 本月发生的生产费用

    C. 本月已销产品成本　　　　　D. 月末在产品生产成本

    E. 月末库存产品成本

25. 在会计上，我们一般将债权人的要求权和投资人的要求权统称为权益，但这两种权益又存在着一定的区别。其主要区别有（　　）。

    A. 性质不同　　　　　　　　　B. 是否需要偿还和偿还期限不同

    C. 金额不等　　　　　　　　　D. 享受的权利不同

    E. 对象不同

26. 股份公司形成的可供投资者分配的利润，按要求还要进行以下顺序的分配（　　）。

    A. 提取法定盈余公积金　　　　B. 提取法定公益金

    C. 支付优先股股利　　　　　　D. 支付普通股股利

    E. 转作股本的普通股股利

### 三、判断题

1. 企业用支票支付购货款时，应通过"应付票据"账户进行核算。（　　）

2. "固定资产"账户登记企业所有的固定资产的原价以及固定资产的增减变动和结余情况，不仅包括企业购入、自建的固定资产，而且包括融资租入的固定资产。（　　）

3. 企业对于确实无法支付的应付账款，应在确认时增加企业的营业外收入。（　　）

4. 预收货款业务不多的企业可以不单独设置"预收账款"账户，其发生的预收

货款通过"应收账款"账户核算。 （ ）

5. 企业对外出售固定资产时，获得的出售收入应记入"其他业务收入"账户。
（ ）

6. 不论短期借款的用途如何，企业发生的短期借款利息支出，均应计入当期损益。 （ ）

7. 捐赠人虽然不是企业的所有者，但是他们捐赠的资产却属于股东所有。
（ ）

8. 增值税是企业销售收入的一个抵减项目。 （ ）

9. 企业当期实现的净利润提取了法定盈余公积金和法定公益金之后的差额即为企业的未分配利润。 （ ）

10. 企业在销售过程中发生的营业费用直接影响主营业务利润的确定。 （ ）

11. 企业在经营过程中发生的某项费用计入制造费用和计入管理费用对当期经营成果的影响是相同的。 （ ）

12. 企业计算缴纳的所得税应以净利润为基础，加或减各项调整因素。 （ ）

13. 企业的资本公积金和未分配利润也称为留存收益。 （ ）

14. 为了遵循权责发生制原则的要求，企业应将其他业务收入减去其他业务支出进而确定其他业务利润。 （ ）

15. 企业外购固定资产的取得成本中不包括购入固定资产时支付的增值税额。
（ ）

### 四、业务题

1. 练习筹资业务的核算

（1）某科学家于 2019 年 6 月以发明专利发起设立领先科技有限责任公司（以下简称"领先科技"），专利估价 300 万元。

（2）当地政府以科技园区的一栋厂房投资入股，厂房估价 550 万元。

（3）领先科技收到一家企业的投资款 250 万元。

（4）领先科技向农业银行借入期限为半年、利率为 5% 的借款 200 万元。

（5）领先科技向工商银行借入 300 万元用于新产品的研究与开发。借款期限为 3 年，利率为 9%，期满后一次归还本金和利息。

要求：为上述经济业务编制会计分录。

2. 练习供应阶段的业务核算

（1）某企业从国外进口一批设备，价值 300 万元，进口增值税为 39 万元，关税为 30 万元，运费为 2 万元，全部货款已付。

（2）某企业向华新公司购进甲种材料 100 万元，增值税为 13 万元，货款约定 3 个月后支付。

（3）某企业开出转账支票一张，向朝阳公司支付购进乙种材料款 80 万元，增值税税率为 13%。

（4）某企业用银行存款支付上述甲、乙两种材料的运输费3万元。

（5）某企业用银行存款支付上述甲种材料的购货款及增值税，合计113万元。

（6）甲、乙两种材料已验收入库，结转材料的采购成本。

（7）某企业向蓝天公司预付50万元，以采购丙种材料。

（8）丙种材料价税合计226万元（其中货款200万元，增值税26万元），差额已用银行存款支付。丙种材料要一个月后才能运抵企业。

要求：为上述经济业务编制会计分录。

3. 练习生产阶段的业务处理

（1）某企业生产A产品领用甲材料60万元，乙种材料30万元。

（2）某企业生产B产品领用甲种材料30万元，乙种材料40万元。

（3）某企业支付车间水电费2万元。

（4）某企业支付车间设备维护保养费用5万元。

（5）某企业月末计算生产A产品的生产工人工资为5万元，生产B产品的生产工人工资为4万元，管理人员工资为3万元，车间管理人员工资为1万元。

（6）次月15日某企业从银行提取现金13万元发放工资。

（7）某企业计提本月机器设备折旧25 000元。

（8）某企业将制造费用按生产工人生产两种产品的工资比例计入生产成本。

（9）某企业结转已完工产品的生产成本，假设A产品已全部完工，B产品只完工80%。

要求：为上述经济业务编制会计分录。

4. 练习销售阶段的业务处理

（1）某企业销售A产品50台，每台单价为18 000元，适用的增值税税率为13%。

（2）某企业采用赊销方式售出A产品20台，每台单价为18 000元，增值税为46 800元。

（3）某企业与X公司签订一份销售A产品10台的合同，收取定金100 000元。

（4）某企业交付10台A产品给X公司，单价为18 000元，适用的增值税税率为13%。

（5）某企业销售80套B产品给Y公司，单位售价为15 000元，适用的增值税税率为13%；收到Y公司签发的一张不带息银行承兑汇票1 356 000元。

（6）某企业支付广告费20万元。

（7）某企业支付销售机构网点办公费30 000元。

（8）某企业月末计算销售机构人员工资10万元。

（9）某企业与客户签订的销售合同金额为2 640 000元，按0.3%缴纳印花税。

（10）某企业结转上述已售A产品90台的成本906 300元，B产品80套的成本626 400元。

（11）某企业将其发明专利以专利许可的方式授权其他公司使用，收取的专利使用费为 150 000 元。

要求：为上述经济业务编制会计分录。

5. 练习利润形成与分配阶段的业务处理

（1）某企业在交付 B 产品时，逾期 5 天，按合同约定，支付违约罚款 1 508 元。

（2）某企业分摊应由本月承担的无形资产摊销费用 3 000 元。

（3）某企业将所有收入加以汇总，转入"本年利润"账户的贷方。

（4）某企业将所有成本费用加以汇总，转入"本年利润"账户的借方。

（5）某企业将本月利润结转至"利润分配——未分配利润"账户。

（6）某企业计算所得税，所得税税率为 15%。

（7）某企业按税后利润计提 10% 的盈余公积。

（8）某企业将"利润分配——计提法定盈余公积"账户 78 325 元结转至"利润分配——未分配利润"账户。

（9）某企业通过 T 形账户计算"利润分配——未分配利润"账户的余额。

要求：为上述经济业务编制会计分录。

# 第四章
# 会计凭证

- - - - - - - - - - - - - - - - - - - - - - - - - - - - - - - - - - - - - - - - - - - - -

## 第一节  会计凭证概述

### 一、会计凭证的定义

会计凭证简称凭证，是记录经济业务、明确经济责任和据以登记账簿的书面证明。会计主体办理任何一项经济业务，都必须办理凭证手续，并取得合法合规的会计凭证。执行或者完成该项经济业务的有关人员取得或者填制会计凭证，记录经济业务的发生日期、具体内容以及数量和金额，并在凭证上签名或盖章，对经济业务的合法性、真实性和正确性负完全责任。所有会计凭证都要由会计部门审核无误后才能作为记账依据。因此，填制和审核会计凭证，是会计信息处理的重要方法之一，同时也是整个会计核算工作的起点和基础。

### 二、会计凭证的作用

（一）作为经济业务真实性与合法性的依据

会计凭证记录和反映了经济业务活动的发生和完成情况等具体内容，因此通过对会计凭证的严格审核，就可以检查每笔经济业务是否合理、合规和合法。会计凭证的取得或者填制以及审核，能够及时、正确地反映经济业务完成情况，是整个会计信息系统的起点。

（二）作为进行账务处理的依据

记账一定要以经过审核无误的会计凭证为依据，否则会造成弄虚作假。也就是说，没有凭证，不能记账，从而保证会计核算的正确性。如果没有合法的凭证作为依据，任何经济任务都不能登记到账簿中去。因此，做好会计凭证的填制和审核工作，是保证会计账簿资料真实性、正确性的重要条件。

（三）作为明确经济业务各有关方面责任的依据

由于会计凭证记录里每一项经济业务的内容都要由有关部门的经办人员签章，这就要求有关部门和有关人员对经济活动的真实性、正确性、合法性负责。这样无疑会增强有关部门和有关人员的责任感，促使其严格按照有关政策、法令、制度、计划或者预算办事。如有发生违法违纪或者经济纠纷事件，有关部门可以借助会计凭证确定各经办部门和人员所负的经济责任，并据此进行正确的裁决和处理，从而加强经营管理的岗位责任。

（四）作为实行单位内部监督加强内部控制的依据

审核会计凭证可以查明各项经济业务是否符合法律法规和相关制度的规定，有无贪污盗窃、铺张浪费和损公肥私行为，从而发挥会计监督的作用，保护各会计主体拥有资产的安全与完整，维护投资者、债权人和有关各方的合法权益，加强单位内部控制。

### 三、会计凭证的种类

会计凭证多种多样，按其填制程序和用途不同，可以分为原始凭证和记账凭证两大类。

（一）原始凭证

原始凭证是用以记录和证明经济业务的发生与完成情况的原始记录，也是明确经济责任和据以记账的原始依据。原始凭证按其取得来源的不同，可以分自制原始凭证和外来原始凭证两大类。

1. 自制原始凭证

自制原始凭证是由本单位经办业务的部门和人员在执行或完成某项经济业务时填制的凭证。自制原始凭证按其填制程序和内容不同，又可以分为一次凭证、累计凭证和汇总原始凭证三种。

一次凭证又称一次有效凭证，是指只记载一项经济业务或同时记载若干同类经济业务，填制手续一次完成的凭证。例如，领料单（表4-1）、增值税专用发票（表4-2）、收据（表4-3）等都是一次凭证。一次凭证只能反映一笔经济业务的内容，使用方便灵活，但数量较多，核算较麻烦。

表4-1　领料单

用途：生产领用材料　　　　　　　2019 年 3 月 25 日　　　　　　　　领字第　号

| 材料的编号 | 材料名称 | 规格 | 单位 | 请领数量 | 单价 | 实发数量 | 金额 |
|---|---|---|---|---|---|---|---|
|  |  |  |  |  |  |  |  |
|  |  |  |  |  |  |  |  |

记账：　　　　　发料：　　　　　领料单位：　　　　　领料：

表 4-2　**增值税专用发票**　　　　　NO.

发票联　　　　　　　开票日期：

| 购买方 | 名　　称：<br>纳税人识别号：<br>地　址、电　话：<br>开户行及账号： | | | 密码区 | | | |
|---|---|---|---|---|---|---|---|
| 货物或劳务、<br>服务名称 | 规格型号 | 单位 | 数量 | 单价 | 金额 | 税率 | 税额 |
| 合　计 | | | | | | | |
| 价税合计（大写） | | | | （小写） | | | |
| 销售方 | 名　　称：<br>纳税人识别号：<br>地　址、电　话：<br>开户行及账号： | | | | | 备注 | |

收款人：　　　　复核：　　　　开票人：　　　　销售方：（章）

表 4-3　**收据**　　　　　　　　NO.

年　月　日

| 今天收到＿＿＿＿＿＿＿＿＿＿＿＿＿＿＿＿＿＿＿＿＿＿＿＿＿＿＿＿＿<br>＿＿＿＿＿＿＿＿＿＿＿＿＿＿＿＿＿＿＿＿＿＿＿＿＿＿＿＿＿＿＿＿<br>金额（大写）： |
|---|

会计主管：　　　　复核：　　　　收款：　　　　单位盖章：

　　累计凭证又称多次有效凭证，是指连续记载一定时期内不断重复发生的同类经济业务，填制手续是在一张凭证中多次进行才能完成的凭证。例如，限额领料单（表4-4）就是一种累计凭证。使用累计凭证，由于平时随时登记发生的经济业务，并计算累计数，期末计算总数后作为记账的依据，因此能减少凭证的数量，简化凭证填制手续。

表 4-4　限额领料单

领料部门：　　　　　　　　　　　　　　　　　　　材料类别：

用途：　　　　　　　　　　　　　年　月　日　　　仓库：

| 材料编号 | 材料名称 | 规格 | 计量单位 | 领用限额 | 实际领用 | | | 备注 |
|---|---|---|---|---|---|---|---|---|
| | | | | | 数量 | 单价 | 金额 | |
| | | | | | | | | |

| 日期 | 请领 | | 实发 | | | 退库 | | | 限额结余 |
|---|---|---|---|---|---|---|---|---|---|
| | 数量 | 领料负责人签章 | 数量 | 发料人 | 领料人签章 | 数量 | 收料人签章 | 退料人签章 | |
| | | | | | | | | | |
| | | | | | | | | | |
| | | | | | | | | | |
| | | | | | | | | | |

生产部门负责人：　　　　　　　　供应部门负责人：　　　　　　　　仓库负责人：

　　汇总原始凭证又称原始凭证汇总表，是根据许多同类经济业务的原始凭证定期加以汇总而重新编制的凭证。例如，月末根据月份内所有领料单汇总编制的领料单汇总表，也称为发料汇总表，格式见表4-5，就是汇总原始凭证。汇总原始凭证可以简化编制记账凭证的手续，但它本身不具备法律效力。

表 4-5　发料汇总表

附件　张　　　　　　　　　　　　　年　月　日　　　　　　　　　编号

| 借方　　　　贷方 | | 原料及主要材料 | 辅助材料 | 燃料 | 配件 | …… | 合计 |
|---|---|---|---|---|---|---|---|
| 生产成本 | 基本生产成本 | | | | | | |
| | 辅助生产成本 | | | | | | |
| 制造费用 | | | | | | | |
| 管理费用 | | | | | | | |
| | | | | | | | |
| 合计 | | | | | | | |

会计主管：　　　　　记账：　　　　　　审核：　　　　　　填制：

2. 外来原始凭证

　　外来原始凭证是指在经济业务发生时，从其他单位或个人处取得的凭证。例如，企业开来的发票、行政事业单位开来的收据、银行开来的收款或者支付款项的通知单等都属于外来原始凭证。外来原始凭证一般都是一次凭证。

（二）记账凭证

记账凭证是根据审核无误的原始凭证或汇总原始凭证，按照经济业务的内容加以归类并确定会计分录而填制的，据以登记账簿的凭证。由于原始凭证的形式和格式多种多样，直接据以入账容易发生差错，因此在记账前，企业应根据原始凭证编制相应的记账凭证。

记账凭证按其适用的经济业务，可以分为专用记账凭证和通用记账凭证两类。

1. 专用记账凭证

专用记账凭证是指分类反映经济业务的记账凭证。这种记账凭证按其反映经济业务的内容不同，又可以分为收款凭证、付款凭证和转账凭证。收款凭证和付款凭证是用来反映货币资金收入、付出业务的凭证，货币资金的收入、付出业务就是直接引起库存现金或银行存款增减变动的业务。例如，企业用现金支付劳务费，以银行存款支付购进的材料款等。转账凭证是用来反映非货币资金业务的凭证。非货币资金业务又称转账业务，指的是不涉及货币资金增减变动的业务，如向仓库领用材料、产成品入库、分配成本费用等。

专用记账凭证的一般格式见表4-6、表4-7、表4-8。

表4-6　收款凭证

借方科目：库存现金/银行存款　　　　　年　月　日　　　　　　现/银收字第　号

| 摘要 | 贷方科目 | | 金额 | 记账 |
|---|---|---|---|---|
| | 一级科目 | 二级或明细科目 | | |
| | | | | |
| 合计 | | | | |

会计主管：　　　记账：　　　出纳：　　　审核：　　　填制：

附件　张

表4-7　付款凭证

贷方科目：库存现金/银行存款　　　　　年　月　日　　　　　　现/银付字第　号

| 摘要 | 借方科目 | | 金额 | 记账 |
|---|---|---|---|---|
| | 一级科目 | 二级或明细科目 | | |
| | | | | |
| 合计 | | | | |

会计主管：　　　记账：　　　出纳：　　　审核：　　　填制：

附件　张

表4-8　转账凭证

年　月　日　　　　　　　　　　　　　　转字第　号

| 摘要 | 一级科目 | 二级或明细科目 | 借方金额 | 贷方金额 | 记账 | |
|------|----------|----------------|----------|----------|------|---|
|  |  |  |  |  |  | 附件 |
|  |  |  |  |  |  | 张 |
| 合计 |  |  |  |  |  | |

会计主管：　　　　　记账：　　　　　出纳：　　　　　审核：　　　　　填制：

### 2. 通用记账凭证

通用记账凭证是指可以用来供所有类型的交易或事项填制的记账凭证。采用通用记账凭证的企业，不用再划分交易或事项的类型，所有的交易或事项都填制在格式一样的通用记账凭证上。通用记账凭证格式与转账记账凭证类似。其基本格式如表4-9所示。

表4-9　通用记账凭证

年　月　日　　　　　　　　　　　　　　记字第　号

| 摘要 | 一级科目 | 二级或明细科目 | 借方金额 | 贷方金额 | 记账 | |
|------|----------|----------------|----------|----------|------|---|
|  |  |  |  |  |  | 附件 |
|  |  |  |  |  |  | 张 |
| 合计 |  |  |  |  |  | |

会计主管：　　　　　记账：　　　　　出纳：　　　　　审核：　　　　　填制

## 第二节　原始凭证

### 一、原始凭证的基本内容

企业的经济业务多种多样，原始凭证的形式也是多种多样的。但是，作为记录交易或事项的原始凭证，必须详细记载交易或事项的内容和完成情况，明确经济责任。因此，所有的原始凭证都应当具备共同的基本内容。原始凭证的内容包括原始凭证的名称和编号；原始凭证填制的日期；填制单位、经办人员签名、盖章；接受原始凭证单位的名称；经济业务的基本内容；经济业务的数量、单价和金额；有关人员签章。

在实际应用中，根据实际经营管理和业务的需要，除上述基本内容外，企业还可以增加必要的内容。对于不同单位经营发生的共通性经济业务，有关部门可以制定统一的凭证格式，如中国人民银行统一制定的银行转账结算凭证。

### 二、原始凭证的填制

自制原始凭证的填制有三种形式：一是根据实际发生或完成的经济业务，由经办人员直接填制，如入库单、领料单等；二是根据账簿记录对有关经济业务加以归类、整理填制，如月末编制的制造费用分配表、利润分配表等；三是根据若干张反映同类经济业务的原始凭证定期汇总填制，如各种汇总原始凭证等。外来原始凭证，虽然是由其他单位或个人填制，但同自制原始凭证一样，也必须具备为证明经济业务完成情况和明确经济责任所必需的内容。尽管各种原始凭证的具体填制依据和方法不完全一致，但就原始凭证应反映经济业务、明确责任而言，其填制的一般要求有以下几个方面：

（一）记录真实

凭证上记载的经济业务，必须与实际情况相符，决不允许有任何歪曲或者弄虚作假；对于实物的数量、质量和金额，都要经过严格的审核，确保凭证内容真实可靠。从外单位取得的原始凭证如有丢失，应取得原签发单位盖有"财务专用章"的证明，并注明原凭证的号码、所载金额等内容，由经办单位负责人批准后，可代作原始凭证；对于确实无法取得证明的，如火车票、轮船票、飞机票等，可由当事人写出详细情况，由经办单位负责人批准后，也可代作原始凭证。

（二）内容完整

凭证的填列要按照凭证的格式和规定的内容逐项填列，不可以遗漏或省略。需要注意的是，年、月、日要按照填制原始凭证的实际日期填写；名称要齐全，不能简化；品名或用途要填写明确，不能含糊不清；有关人员签章必须齐全；需要填写一式多联的，联次不能短缺。

（三）手续齐备

单位自制的原始凭证，必须有经办业务部门和人员的签名或盖章；对外开出的原始凭证，必须加盖本单位的财务专用章等；从外部取得的原始凭证，必须盖有填制单位的公章。

（四）书写清楚、规范

原始凭证上的文字和数字必须按照国家统一要求的格式书写，字迹清晰，易于辨认。书写的文字应使用规范的简化字，书写阿拉伯数字不能连写，数字的排列要整齐，间隙要均匀，字号不宜过大，高度一般占全格的 1/2 为宜（最多不能超过 2/3），且要靠近底线，上部空间以备修改时使用。阿拉伯数字前应加货币符号"￥""＄"等。货币符号和阿拉伯数字之间不能留空白。金额数字写作零、壹、贰、叁、肆、伍、陆、柒、捌、玖、拾、佰、仟、万、亿、元（圆）、角、分等。大写金额到"元"为止，在"元（圆）"后要写"整"或"正"字；到"角"为止的，在"角"后可写"整"或"正"；到"分"为止的，不写"整"或"正"字。对于凭证的填制，如果使用有编号的原始凭证，应按编号连续填制。填写错误不得撕毁，应标明"作废"字样并与存根联一同留存。原始凭证的填写有错误的，不得涂改、刮擦、挖补，应该按照规定的方法进行更正。填制的时间要及时，每次交易或事项办理完毕，经办人员应及时取得或填制原始凭证，并送交会计部门审核，作为会计核算的依据，不得拖延或者积压，以免影响会计部门对交易或事项进行会计处理，进而影响企业对交易或事项相关信息的加工整理和对外报出。

### 三、原始凭证的审核

为了如实反映交易或事项的发生和完整情况，充分发挥会计人员的监督职能，保证原始凭证的真实性和合法性，会计人员必须对所有原始凭证严格审核。对原始凭证的审核应该注意以下两个方面：

（一）审核原始凭证上记录的交易或事项内容的合法性、合规性和合理性

原始凭证的审核应以国家颁布的有关法律、法规、政策、制度和本单位的计划或者预算等方面的规定为依据，审核原始凭证的内容是否符合政策、制度方面的规定，有无违反财务制度的规定而随意支出等问题；是否符合计划、预算和合同等方面的规定，有无任意扩大开支标准的情况。对违反国家法规和国家统一会计制度的事项，会计人员有权拒绝办理或者按照职权予以纠正并且向单位负责人报告。

（二）审核原始凭证的完整性、准确性

审核原始凭证应根据原始凭证的填制要求，审核经办人员交来的原始凭证是否具备合法凭证所必需的基本内容；格式、内容和填制手续是否符合要求；有关项目是否填列齐全，有关单位和人员是否已经签名或盖章；数量、单价、金额、小计和合计等是否正确。不完整、不准确的原始凭证应退还有关部门或人员补办手续或更正。

## 第三节　记账凭证

### 一、记账凭证的基本内容

记账凭证是将原始凭证记录的交易或事项运用账户和复式记账方法转化成会计分录的过程，即将原始凭证记录的交易或事项转换成会计语言的过程。在实际工作中，各单位对会计核算繁简程度的要求不同。但是，为了满足登记账簿的需要，记

账凭证必须具备以下一些基本相同的内容或要素：记账凭证的名称；填制记账凭证的日期；记账凭证的编号；交易或事项的内容摘要；应借、应贷账户的名称、记账方向和金额，即会计分录；记账的符号；附原始凭证的张数。

**二、记账凭证的填制要求**

记账凭证必须是根据审核无误的原始凭证来填制，记账凭证的内容必须与原始凭证的内容保持一致，记账凭证填制错误，必然会导致账簿记录的错误，进而导致报表编制的错误，从而影响整个会计核算的过程和结果。各种记账凭证可以根据每一张原始凭证单独填制；也可以根据当日发生的同类经济业务的若干张原始凭证加以整理汇总填制；还可以先将同类的原始凭证定期归类整理，汇总编成原始凭证汇总表，再根据原始凭证汇总表填制记账凭证。记账凭证的填制应遵循以下要求：

（1）填制记账凭证必须以审核无误的原始凭证或汇总原始凭证为依据，除填制更正错账、编制结账分录和按责权发生制要求填制调整分录的记录凭证可以不附原始凭证以外，其余的记账凭证一般都应该附有原始凭证。填制记账凭证，会计人员应认真查对所附的原始凭证种类、张数，以保证填列的经济业务的内容、数字正确，防止重复填制或填漏。根据同一凭证填制多张记账凭证时，会计人员必须在未附原始凭证的记账凭证摘要栏中注明"原始凭证××张，附在第×号记账凭证上"，以方便日后查询。

（2）会计科目的运用要准确，会计凭证上的会计分录必须正确，总分类科目与明细分类科目之间必须保持对应的关系，金额也必须核对无误。

（3）摘要要简单明确，写清楚经济业务的同时也要简单明了，如"购进××材料""××报销差旅费""销售××产品"。

（4）记账凭证日期的填写，一般为填制记账凭证当天的日期，如果为收、付款记账凭证，一般与货币资金收付的日期相同；如果为转账凭证，一般与填制日期相同；如果为按权责发生制原则计算当月收益、分配费用、结转成本和利润等调整分录和结账分录的记账凭证，应填写当月月末的日期，以便在当月内登记。

（5）记账凭证的编号要连续，根据不同情况采纳不同的方法。如果企业采用通用记账凭证，记账凭证的编号可以采取顺序编号法，即按月编制序号。如果企业采取收款凭证、付款凭证和转账的专用记账凭证形式，则记账凭证应该按照字号编号法，即把不同类型的记账凭证用"字"加以区别，再把同类的记账凭证按照顺序加以连续编号，如"收字第××号""转字第××号"等。如果一项经济业务需要填制一张以上的记账凭证时，记账凭证的编号可以采取分数编号法。例如，企业采取专用记账凭证时，×月×日发生第50项转账业务，需要填制3张记账凭证，则这三张记账凭证的编号如下："转字第50 1/3"（第一张）、"转字第50 2/3"（第二张）、"转字第50 3/3"（第三张）。

其中，分母代表该项经济业务的记账凭证总张数，分子表示第几张凭证。分数编号法可以与顺序编号法结合运用，也可以与字号编号法结合运用。当企业采用单式记账凭证时，为了便于查阅同一项经济业务的几张相关凭证，也可以采纳分数编号法。无论哪种编号法，都应该在月末最后一张记账凭证的编号旁加注"全"字，以便检查有无散失。

（6）在复式记账凭证上，一定要填写金额合计，以便于在填制时就能够检查借贷双方的金额是否平衡、总账与二级或明细科目之间的金额合计是否平衡以及会计分录是否正确。

（7）记账凭证填制时，如果发生错误，应该重新填制，不得在原始凭证上做任何修改。如果已经登记入账的记账凭证当年内发现错误的，可以用红字更正法或补充登记法。如果发现以前年度记账凭证的错误，应该先填制与原记账凭证会计分录相同、金额相同但为红字的记账凭证，冲销原记录，然后再用蓝字填制一张正确的记账凭证据以入账。

（8）记账凭证填制后如果还有空行，应该自最后一笔金额的空行处至合计数上的空行处划斜线注销，以堵塞漏洞，严格会计核算手续。

（9）记账凭证填制后，应该进行复核与检查，有关人员需要签名或盖章。出纳人员根据收款凭证、付款凭证收付款项后，应该在凭证上加盖"收讫"或"付讫"戳记，以免重复收付。

### 三、记账凭证的具体填制方法

（一）收款凭证的填制

收款凭证应根据有关库存现金、银行存款交易或事项的原始凭证填制。收款凭证左上角的"借方科目"按收款的具体项目填写"库存现金"或"银行存款"。收款凭证就是登记有关账簿的依据。

【例4-1】2019年3月5日，某企业销售甲产品一批，向购货方开出的增值税专用发票上注明货款为40 000元，税款为5 200元，同时收到对方开出的金额45 200元的转账支票一张。支票送存银行收到银行的入账通知。

分析：记载该笔业务的原始凭证为开给对方的增值税专用发票和银行的进账单、产品出库单，一共三张原始凭证。根据以上资料，编写会计分录如下：

借：银行存款      45 200
　贷：主营业务收入——甲      40 000
　　　应交税费——应交增值税（销项税额）      5 200

该项业务为银行收款第1笔业务，是所有业务中的第2笔。收款凭证的填制如表4-10所示。

表4-10　收款凭证

借方科目：银行存款　　　　　　　　2019 年 3 月 5 日　　　　　　　　银收字第 1 号

| 摘要 | 贷方科目 | | 金额 | 记账 |
|---|---|---|---|---|
| | 一级科目 | 二级或明细科目 | | |
| 销售甲产品 | 主营业务收入 | 甲产品 | 40 000 | |
| | 应交税费 | 应交增值税（销项税额） | 5 200 | |
| | | | | |
| | | | | |
| 合计 | | | 45 200 | |

附件 3 张

会计主管：任涛　　记账：刘妍　　出纳：陈红　　审核：李娇　　填制：张盈

（二）付款凭证的填制

付款凭证应根据有关库存现金、银行存款付款交易或事项的原始凭证填制。付款凭证左上角的"贷方科目"按付款的具体项目填写"库存现金""银行存款"。付款凭证是登记有关账簿的依据。付款的交易或事项一般包括购买材料、支付工资、差旅费借款、上缴税费等。

【例4-2】2019 年 3 月 6 日，某企业购买 A 材料一批，增值税专用发票上注明价款为 10 000 元，增值税进项税额为 1 300 元，全都款项都已用银行存款支付，材料已经收到，填写材料入库单移交仓管部门。此业务为当月发生的第 2 笔付款业务，是所有业务中的第 6 笔。

根据上述经济业务编制会计分录如下：

借：原材料——A 材料　　　　　　　　　　　　　　　10 000
　　应交税费——应交增值税（进项税额）　　　　　　 1 300
　　贷：银行存款　　　　　　　　　　　　　　　　　　　 11 300

付款凭证的填制如表 4-11 所示。

表4-11　付款凭证

贷方科目：银行存款　　　　　　　　2019 年 3 月 6 日　　　　　　　　银付字第 2 号

| 摘要 | 借方科目 | | 金额 | 记账 |
|---|---|---|---|---|
| | 一级科目 | 二级或明细科目 | | |
| 购买 A 材料 | 原材料 | A 材料 | 10 000 | |
| | 应交税费 | 应交税费（进项税额） | 1 300 | |
| | | | | |
| 合计 | | | 11 300 | |

附件 张

会计主管：任涛　　记账：刘妍　　出纳：陈红　　审核：李娇　　填制：张盈

（三）转账凭证的填制

转账凭证为根据企业发生的与货币资金收支无关的交易或事项所取得的原始凭证填制的一种记账凭证，转账凭证是企业会计人员根据转账业务或其他账簿信息整理而填制的记账凭证。

【例4-3】2019年3月31日，某企业计提办公部门固定资产折旧15 000元，填制计提固定资产折旧表，此业务为当月第12笔转账业务，是所有业务中的第30笔。

根据以上资料，会计分录编写如下：

借：管理费用——折旧费　　　　　　　　　　　　　　　　　　15 000

　　贷：累计折旧　　　　　　　　　　　　　　　　　　　　　　　　15 000

转账凭证的填制如表4-12所示。

表4-12　转账凭证

2019年3月31日　　　　　　　　　　　　　　　转字第12号

| 摘要 | 一级科目 | 二级或明细科目 | 借方金额 | 贷方金额 | 记账 |
|---|---|---|---|---|---|
| 计提固定资产折旧 | 管理费用 | 折旧费 | 15 000 | | |
| | 累计折旧 | | | 15 000 | |
| | | | | | |
| 合计 | | | | | |

附件　张

会计主管：任涛　　　　记账：刘妍　　　　审核：李娇　　　　填制：张盈

注意：如果一笔交易的会计分录的借方或者贷方涉及两个或两个以上的科目，且这些科目中同时包含有"库存现金"或"银行存款"，在采用专用记账凭证核算时，就会涉及既有需要记入收、付款凭证的部分，又有需要记入转账凭证的部分，那么就需要对这笔交易编制的会计分录进行拆分，拆分为一个借方或贷方只有"库存现金"或"银行存款"的会计分录和一个不包含"库存现金"或"银行存款"的会计分录，即填制两张记账凭证：一张收款或者付款凭证，一张转账凭证。

（四）通用记账凭证的填制

通用记账凭证的格式类似于转账凭证，凭证的要素内容也与转账凭证基本相同，只是反映的内容不再受交易或事项的类别上的限制，编号按照交易或事项的时间先后顺序连续编号即可，不用再按照类别分开编号。

填制【例4-1】至【例4-3】的通用记账凭证如表4-13、表4-14、表4-15所示。

表 4-13 记账凭证

2019 年 3 月 5 日　　　　　　　　记字 2 号

| 摘要 | 借方科目 | | 借方金额 | 贷方金额 | 记账 |
| --- | --- | --- | --- | --- | --- |
| | 一级科目 | 二级或明细科目 | | | |
| 销售甲产品 | 银行存款 | | 45 200 | | |
| | 主营业务收入 | 甲产品 | | 40 000 | |
| | 应交税费 | 应交增值税（销项税额） | | 5 200 | |
| | | | | | |
| 合计 | | | 45 200 | 45 200 | |

会计主管：任涛　　记账：刘妍　　出纳：陈红　　审核：李娇　　填制：张盈

附件3张

表 4-14 记账凭证

2019 年 3 月 6 日　　　　　　　　记字 6 号

| 摘要 | 借方科目 | | 借方金额 | 贷方金额 | 记账 |
| --- | --- | --- | --- | --- | --- |
| | 一级科目 | 二级或明细科目 | | | |
| 购买 A 材料 | 原材料 | A 材料 | 10 000 | | |
| | 应交税费 | 应交增值税（进项税额） | 1 300 | | |
| | 银行存款 | | | 11 300 | |
| | | | | | |
| 合计 | | | 11 300 | 11 300 | |

会计主管：任涛　　记账：刘妍　　出纳：陈红　　审核：李娇　　填制：张盈

附件3张

表 4-15 记账凭证

2019 年 3 月 31 日　　　　　　　　记字 12 号

| 摘要 | 借方科目 | | 借方金额 | 贷方金额 | 记账 |
| --- | --- | --- | --- | --- | --- |
| | 一级科目 | 二级或明细科目 | | | |
| 计提固定资产折旧费 | 管理费用 | 折旧费 | 15 000 | | |
| | 累计折旧 | | | 15 000 | |
| | | | | | |
| 合计 | | | 15 000 | 15 000 | |

会计主管：任涛　　记账：刘妍　　出纳：陈红　　审核：李娇　　填制：张盈

附件3张

### 四、记账凭证的审核

为了保证记账凭证的正确性，除了编制人员应认真负责加以自审外，财会部门还应建立相互复核或专人审核的制度。记账凭证审核的主要内容如下：

（1）审核记账凭证是否依据审核无误的原始凭证填制；审核记账凭证是否附有原始凭证；记账凭证的内容与所附的原始凭证的内容是否相同，金额是否一致。

（2）审核记账凭证应借、应贷会计科目（一级、二级或明细科目）和金额是否一致；借贷双方金额是否相符；明细科目金额之和与相应的总账科目金额是否相符。

（3）审核记账凭证的摘要是否清楚，日期、记账凭证编号、附件张数以及有关人员的签名信息否完整。

经审核发现记账凭证上的错误，应查明原因，予以重填或按照规定办法及时更正。只有审核无误后的记账凭证，才能据以记账。

# 第四节　会计凭证的传递和保管

## 一、会计凭证的传递

会计凭证的传递是指各种会计凭证从填制、取得到归档保管为止的全部过程，即在企业、事业和行政单位内部有关人员和部门之间传送、交接的过程。会计凭证的传递要规定各凭证的填写、传递单位与凭证份数，规定会计凭证传递的程序、移交的时间和接受与保管的有关部门。

正确地组织会计凭证的传递，对及时反映经济业务的发生与完成情况，协调单位内部各部门、各环节的工作，加强经营管理的岗位责任制，实行会计监督，具有重要的意义。例如，对材料发出业务的凭证传递，应明确规定由谁负责填制领料单，由谁审核批准领料，由谁将发料单递交给会计部门；会计部门由谁来审核发料单，由谁在何时编制记账凭证与登记账簿等，从而加强经营管理上的责任制，提高经营管理水平，提高经济活动效益。

会计凭证的传递主要包括会计凭证的传递路线、传递时间、传递手续三个方面的内容。

会计凭证的传递路线是指各单位要根据经济业务的特点、机构的设置和人员的分工情况以及经营管理上的需要，恰当地规定各种会计凭证的联数与流程。传递路线要注意，既要使有关部门与经办人员能够利用会计凭证基本了解企业的经济业务，并按照规定程序进行处理和审核，又要避免会计凭证流向不必要的环节，影响传递速度，从而保证会计凭证沿着最简捷、最合理的路线传递。

会计凭证的传递时间是指各种会计凭证在各经办部门、环节停留的最长时间。传递时间要根据有关部门与经办人员对经济业务办理必要手续的需要，确定会计凭证在各个流经环节停留的时间，保证经济业务手续的完成；同时，又要防止在各个流经环节过多停留，发生不必要的耽搁。明确会计凭证的传递时间能防止拖延处理和积压凭证，保证会计工作的正常秩序，提高工作效率。一切会计凭证的传递和处理，都应该在报告期内完成，否则将会影响会计核算的及时性。

会计凭证的传递手续是指会计凭证在传递过程中的衔接手续。各单位要建立严格的会计凭证交接和签收制度，为了保证会计凭证的安全与完整，在各个环节中都应指定专门的人员办理交接手续，做到责任明确，手续齐全、严密。

### 二、会计凭证的保管

会计凭证的保管是指会计凭证入账后的整理、装订与归档存查等。会计凭证是登记账簿的依据，是重要的经济档案与历史资料。各单位应该对会计凭证妥善保管，不得丢失或任意销毁。对会计凭证的保管，既要做到会计凭证的安全与完整，又要便于会计凭证的日后查阅。会计凭证归档保管的主要方法和要求如下：

（1）每月记账完毕，会计人员先要将本月各种记账凭证加以整理，检查是否存在缺号以及附件是否齐全。然后，会计人员对记账凭证按照顺序号排列，装订成册。为了便于日后查阅，会计人员还应该在装订成册的会计凭证上加上封面，封面上注明：单位名称、所属年月、起讫日期、记账凭证种类、起讫号数、总计册数等，并由有关经办人员签名。为了防止任意拆装，装订线上要加贴封签，并由会计主管盖章。会计凭证封面的格式如图 4-1 所示。

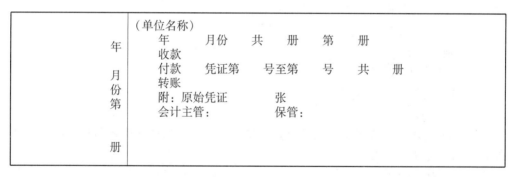

**图 4-1　会计凭证封面**

（2）如果在月内跨级凭证的数量过多，可以分册进行装订。如果某些记账凭证所附的原始凭证数量过多，则可以单独装订保管，但应该在封面上加注说明。会计人员对于重要的原始凭证，如合同、押金、收据等可以单独保管，但应该编制目录，并在原始凭证上注明，另行保管。

（3）装订成册的会计凭证应该集中保管、专人保管。

（4）会计凭证的保管期限和销毁手续必须严格按照《会计基础工作规范》的有关规定执行。

会计凭证是重要的会计档案和经济资料，每个单位都要建立保管制度，妥善保管。在保管期间会计凭证原则上不得外借，如有特殊需要，要有一定的手续。对超过规定期限（一般是30年）的会计凭证，相关人员要严格依照有关程序销毁。需要永久保留的有关会计凭证，不能销毁。

**综合练习题**

**一、单项选择题**

1. 会计凭证分为原始凭证和记账凭证，这种分类的标准是（　　）。
    A. 用途和填制程序　　　　　　　　B. 形成来源
    C. 用途　　　　　　　　　　　　　D. 填制方式

2. 下列各项中，属于原始凭证主要作用的是（　　）。
    A. 登记账簿的依据　　　　　　　　B. 证明经济业务发生或完成
    C. 对经济业务进行分类　　　　　　D. 保证账簿记录的正确性

3. 原始凭证分为一次凭证、累计凭证等，这种分类的标准是（　　）。
    A. 用途和填制程序　　　　　　　　B. 形成来源
    C. 填制程序　　　　　　　　　　　D. 填制方式

4. 下列各项中，属于外来原始凭证的是（　　）。
    A. 提货单　　　　　　　　　　　　B. 发出材料汇总表
    C. 购货发票　　　　　　　　　　　D. 领料单

5. 出纳人员付出货币资金依据的是（　　）。
    A. 收款凭证　　　　　　　　　　　B. 付款凭证
    C. 转账凭证　　　　　　　　　　　D. 原始凭证

6. 企业将现金送存银行时，应填制的原始凭证是（　　）。
    A. 支票存根　　　　　　　　　　　B. 汇款单
    C. 进账单　　　　　　　　　　　　D. 发票

7. 由出纳人员根据审核无误的原始凭证填制的，用来记录现金和银行存款收款业务的凭证是（　　）。
    A. 付款凭证　　　　　　　　　　　B. 转账凭证
    C. 原始凭证　　　　　　　　　　　D. 收款凭证

8. 出纳人员根据收款凭证收款或根据付款凭证付款后，为避免重收重付，应（　　）。
    A. 在凭证上加盖"收讫"或"付讫"戳记
    B. 由收款人员或付款人员在备查簿上签名
    C. 由出纳人员在备查簿登记
    D. 由出纳人员在凭证上划线注销

9. 以下经济业务中，应填制转账凭证的是（    ）。

    A. 职工借支差旅费 5 000 元

    B. 以现金 2 000 元购买办公用品

    C. 销售甲产品收入现金 3 000 元

    D. 购入设备一台，价款 60 000 元未付

10. 下列各项中，属于会计凭证传递实质的是（    ）。

    A. 在各部门、各环节之间起协调和组织作用

    B. 有利于完善经济责任制度

    C. 及时进行会计记录

    D. 有利于合理建立企业的组织结构

11. 某单位会计部门第 8 号记账凭证的会计事项需要填制 3 张凭证，则 3 张凭证编号为（    ）。

    A. 8，9，10                  B. 8（1/3），8（2/3），8（3/3）

    C. 25/3，26/3，27/3           D. 8-1，8-2，8-3

## 二、多项选择题

1. 填制会计凭证的目的有（    ）。

    A. 明确经济责任                B. 记录经济业务

    C. 编制报表                     D. 登记账簿

    E. 抓好办理会计手续的必要环节

2. 填制和审核会计凭证的作用有（    ）。

    A. 提供会计信息                B. 监督经济活动

    C. 控制经济活动                D. 提供记账依据

    E. 明确经济责任

3. 会计凭证按用途和填制程序不同，可以分为（    ）。

    A. 原始凭证                     B. 累计凭证

    C. 记账凭证                     D. 转账凭证

    E. 收款凭证

4. 下列各项中，属于原始凭证基本要素的有（    ）。

    A. 凭证名称                     B. 经济业务内容

    C. 填制凭证日期                D. 数量、单价和金额

    E. 所附原始凭证的张数

5. 下列各项中，属于原始凭证填制要求的有（    ）。

    A. 符合实际情况               B. 明确经济责任

    C. 填写内容齐全               D. 书写格式规范

    E. 附件数量完整

6. 对原始凭证审核的内容有（　　　）。

    A. 合规性                        B. 完整性

    C. 真实性                        D. 科学性

    E. 正确性

7. 发现外来原始凭证有文字书写错误，可以采用的处理方法是（　　　）。

    A. 由本单位代为更正            B. 由出具单位更正

    C. 由出具单位重开               D. 由本单位负责人代为更正

8. 下列各项中，属于自制原始凭证的包括（　　　）。

    A. 借款单                        B. 领料单

    C. 工资结算汇总表             D. 材料请购单

    E. 记账凭证

9. 下列单据属于原始凭证的包括（　　　）。

    A. 销货发票                     B. 销售合同

    C. 材料入库单                 D. 领料单

    E. 工资计算单

10. 下列各项中，属于外来原始凭证的有（　　　）。

    A. 销售商品发票             B. 火车票

    C. 记账编制凭证             D. 汇总原始凭证

    E. 购进材料发票

11. 下列各项中，属于记账凭证基本要素的有（　　　）。

    A. 会计科目                    B. 所附原始凭证张数

    C. 记账金额                    D. 凭证编号

    E. 记账标记

12. 下列各项中，属于记账凭证填制要求的有（　　　）。

    A. 凭证摘要简明             B. 业务记录明确

    C. 科目运用准确             D. 附件数量完整

    E. 填写内容齐全

13. 记账凭证的主要作用有（　　　）。

    A. 对经济业务进行分类

    B. 登记账簿的依据

    C. 证明经济业务已经发生或完成

    D. 编制会计报告的依据

    E. 连续地记录经济业务

14. 对记账凭证审核的内容有（　　　）。

    A. 合规性                         B. 技术性

    C. 完整性                         D. 系统性

    E. 及时性

15. 记账凭证按与货币收付业务是否有关可以分为（　　）。

  A. 收款凭证　　　　　　　　　B. 汇总记账凭证

  C. 转账凭证　　　　　　　　　D. 付款凭证

  E. 复式记账凭证

16. 收款凭证的作用有出纳人员据此（　　）。

  A. 收入货币资金　　　　　　　B. 付出货币资金

  C. 登记库存现金日记账　　　　D. 登记银行存款日记账

  E. 登记库存现金总账

17. 下列业务中，需要填制收款凭证的是（　　）。

  A. 接受投资者投资，收到投资款

  B. 用银行存款购买机器设备

  C. 销售商品取得银行存款

  D. 将现金存入银行

  E. 结转原材料的采购成本

18. 下列业务中，需要填制付款凭证的是（　　）。

  A. 向金融机构借款，已存入银行

  B. 用银行存款购买原材料

  C. 支付员工工资

  D. 将现金存入银行

  E. 结转原材料的采购成本

## 三、判断题

1. 所有的会计凭证都是登记账簿的依据。（　　）

2. 所有的会计凭证都必须由经办人员和相关负责人签名或盖章。（　　）

3. 原始凭证要按规定填写，文字要简要，字迹要清楚，易于辨认，金额不得使用简体汉字。（　　）

4. 原始凭证是进行会计核算的原始资料。（　　）

5. 外来原始凭证一般都属于一次凭证，自制原始凭证一般都属于累计凭证。（　　）

6. 限额领料单只限于领用一次材料。（　　）

7. 记账凭证是根据账簿记录填制的。（　　）

8. 记账凭证必须附上原始凭证。（　　）

9. 记账凭证一般由会计人员填制，不用审核。（　　）

10. 收款凭证一般按库存现金和银行存款分别编制。（　　）

11. 付款凭证是出纳人员付出货币的依据。（　　）

12. 与货币收付无关的业务一律编制转账凭证。（　　）

13. 从银行提取现金时，按习惯可以编制现金收款凭证。（　　）

14. 单式记账凭证是依据单式记账法填制的。（　　）

15. 记账凭证的填制日期应是经济业务发生或完成的日期。（　　）

# 第五章
# 会计账簿

------------------------------------------

## 第一节　会计账簿概述

　　会计账簿简称账簿，是指由具有一定格式、相互联结的账页组成，以经过审核无误的会计凭证为依据，全面、连续、系统地记录各项交易或事项增减变动及其结果的簿籍。《会计基础工作规范》规定，各单位应当按照国家统一的会计制度的规定和会计业务的需要设置会计账簿。

　　在会计日常核算工作中，虽然企业发生的各项经济业务都已经通过会计凭证进行了详细的记录和反映，但是由于经济业务的复杂，会计凭证数量庞大，并且十分零散，每张凭证记录的只是个别的经济业务，只能反映个别经济业务的内容，因此它们提供的只是零星的核算资料。为了把各个会计凭证反映的经济业务序时、分类地进行登记，以取得完整、系统的会计核算资料，各单位都必须设置账簿。通过账簿的登记，各单位就可以对各项经济业务进行序时、分类地记录，既可以提供总括的核算资料，又可以提供明细的核算资料。每个单位都必须结合具体情况和实际需要，设置必要的账簿，并认真做好记账工作。

### 一、会计账簿的意义

　　会计账簿是会计信息的存储器，其意义主要体现在以下几个方面：

　　（一）会计账簿能够为企业经营管理提供系统、完整的会计资料

　　会计凭证能够全面地反映企业的会计信息，但是会计凭证上的信息资料是比较分散的、不系统的。通过会计账簿，企业可以把发生的具体交易和事项进行系统归类，从而可以进行总括的或分类详细的核算，反映企业内部资产、负债和所有者权益的增减变动情况，也可以正确计算成本、费用、收入、利润的形成及分配等情况，同时进行序时记录。这为经济管理人员进行经营决策提供了总体的或详细的会计信息。

　　（二）会计账簿是编制会计报表的基础

　　在会计期末，企业对经审核无误的会计账簿内的会计信息进行加工整理，形成

财务报表中有关项目的数据资料，构成对外报告信息的组成部分。没有各类账簿对企业各项经济业务进行记录和反映，并按期进行结账和对账，会计报表就不能如实反映企业的财务状况等信息，也不能为报表使用者做决策所用。

（三）会计账簿能够在一定程度保证实物资产的完整和安全

在账簿中，实物资产的增减变动和结存都做了详细的反映，通过财产清查的方法，如账实相比的方法，能够检查各种实物资产的完整性，有效发挥会计的监督作用。

（四）会计账簿是考核经营成果、评价经营业绩等的重要依据

账簿记录的序时性使其能够反映经济活动的整个过程，同时账簿又是分类记录的，不仅能提供经济活动总体情况，还能反映各个方面、各个部分的具体指标，如成本费用、销售收入和财务成果等指标。这些指标又可以与预先制订的经营计划和财务预算等相比较，分析、判断计划和预算实施效果，分析原因，采取对策及时解决问题，不断提高管理水平。这样的对比结果也可用于评价企业经营业绩的提升或下降状况，为经营者的聘用等提供依据。

**二、会计账簿的种类**

会计账簿的种类多种多样，按照不同的标准可以分为不同的类别。

（一）根据账簿的用途不同进行分类

1. 日记账簿

日记账簿也称为序时账簿，是按经济业务发生和完成时间的先后顺序，逐日逐笔进行登记的账簿。日记账簿按照每天发生的经济业务的时间先后顺序和应借、应贷的账户以及金额进行登记。目前，最常用的日记账包括库存现金日记账和银行存款日记账。

2. 分类账簿

分类账簿是对全部经济业务按照总分类账户和明细分类账户进行分类登记的账簿，简称分类账。分类账簿按其反映经济内容的详细程度不同，可以进一步分为总分类账簿和明细分类账簿。

总分类账簿也称总分类账，简称总账，是将经济业务按照各个总分类账户进行分类登记的账簿。总分类账簿提供总括核算资料。在实际工作中，每个会计主体应该设置一本总账，包括经营管理所需的所有会计账户。

明细分类账簿也称为明细分类账，简称明细账，是将经济业务按照各个明细分类账户进行分类登记的账簿。明细账提供详细的核算资料。在实际工作中，每个会计主体可以根据经营管理的需要，为不同的总账账户设置所属的明细账。明细分类账是对总账的补充和具体化，并且受总分类账的控制和统驭。

3. 备查账簿

备查账簿也称辅助账簿，是对未能在日记账簿和分类账簿中反映与记录的事项或记载不全的经济业务进行补充登记的账簿。备查账簿主要用来记录一些供日后查

考的经济事项，如"租入固定资产登记账簿""受托加工材料登记账簿""应收票据备查账簿"等。设置和登记备查账簿，可以对某些经济业务的内容进行补充，为加强经济管理提供必需的参考资料。各个单位可以根据实际需要设置备查账簿。

（二）根据账簿的外表形式不同进行分类

1. 订本式账簿

订本式账簿简称订本账，是在使用前将若干账页进行顺序编号并装订成册的一种账簿。订本账一般适用于库存现金日记账、银行存款日记账和总分类账。其优点是账页固定，既可防止账页散失，又可防止抽换账页。其缺点是由于账页固定，不能根据需要增减账页，在使用时必须为每一账户预留账页，这样就容易出现预留账页过多或不足，造成浪费和影响账户连续登记的情况。此外，在同一时间里，订本账只能由一人负责登记，不便于会计人员分工记账。

2. 活页式账簿

活页式账簿简称活页账，是将分散的账页装存在账页夹内而不固定，可以随时增减账页的账簿。活页账主要适用于一般的明细账。其优点是可以根据需要增减或重新排序账页，不会造成账页浪费，并且可以同时分工记账，有利于提高工作效率；其缺点是由于账页不固定，账页容易散失或被抽换。为保证账簿资料的安全与完整，活页账平时应按账页顺序编号，在会计期末应按照实际账页编制目录并装订成册，加编目录，并由有关人员盖章后保管。

3. 卡片式账簿

卡片式账簿简称卡片账，是指由若干张卡片作为账页，将卡片存放在卡片箱中进行保管的一种账簿。卡片式账簿在使用之前不加装订，根据记录需要随时增添卡片数量。为了便于保管，卡片通常存放于卡片箱中。卡片式账簿的优缺点与活页式账簿相同，与活页式账簿不同的是，一张卡片上通常只是完整地反映同一项经济事项。在使用卡片账时，为了防止散失和抽换，卡片账应按照顺序编号，并由有关人员在卡片上签章，同时存入卡片箱中由专人保管。卡片账通常主要用于比较复杂的财产明细账，如固定资产明细账、低值易耗品明细账等。

# 第二节　账簿的设置与格式

## 一、账簿的设置要求与基本内容

（一）账簿的设置要求

每一个会计主体需要设置哪些账簿，应当根据经济业务的特点和管理上的需要来确定。账簿的设置应当符合以下要求：

（1）账簿的设置要能保证系统、全面地反映和监督经济业务，满足管理上的需要，为经济管理提供总括的和明细的核算资料。

（2）账簿的设置要能保证组织严密，各账簿之间既要有明确的分工，又要有密切的联系，考虑人力和物力的节约，力求避免重复或遗漏。

（3）账簿的格式应简便适用，便于登记、查找、更正错误和保管。

（二）账簿的基本内容

由于管理的要求不同，设置的账簿不同，各种账簿记录的经济业务也不同，其形式也多种多样，但所有账簿一般都应具备以下基本内容：

（1）封面，写明账簿名称和记账单位名称。

（2）扉页，填明启用的日期和截止的日期、页数、册次、经管账簿人员一览表及签章、会计主管签章、账户目录等。

（3）账页。账页的基本内容包括账户的名称（一级科目、二级科目或明细科目）、记账日期、凭证种类和号数栏、摘要栏、金额栏、总页次等。

## 二、日记账的格式

（一）普通日记账的格式

普通日记账一般只设置借方和贷方两个金额栏，以便分别记录各项经济业务所确定的账户名称及借方和贷方的金额，也称为两栏式日记账或叫分录簿。其格式如表5-1所示。

表 5-1 普通日记账

| 2019 年 | | 凭证号数 | 摘要 | 对应账户 | 金额 | | 过账 |
| 月 | 日 | | | | 借方 | 贷方 | |
| 3 | 1 | | | | | | |
| | | | | | | | |
| | | | | | | | |
| | | | | | | | |
| | | | | | | | |
| | | | | | | | |
| | | | | | | | |
| | | | | | | | |

采用这种日记账，会计人员每天都应按照经济业务完成时间的先后顺序逐笔进行登记。登记时，会计人员首先记入经济业务发生的具体时间，如2019年3月1日等；其次，在摘要栏里写下经济业务的简要说明；再次，在对应账户栏里记入应借应贷的账户名称，即会计科目；最后，将借方金额和贷方金额分别记入两个金额栏内。除了上述登记外，会计人员每天还应根据日记账中应借应贷的账户名称和金额登记总分类账。

（二）特种日记账的格式

特种日记账是专门用来登记某一类经济业务的日记账，是普通日记账的进一步发展。常用的特种日记账主要有库存现金日记账和银行存款日记账。

1. 库存现金日记账的格式

库存现金日记账是顺序登记库存现金收、付款业务的日记账。库存现金日记账由出纳人员根据审核无误的有关收款凭证和付款凭证，序时逐日逐笔地登记。其中，根据现金收入凭证（如果是到银行提取现金业务应是根据银行存款的付款凭证）登记收入金额。每日业务终了出纳人员应分别计算库存现金收入和支出合计数并结出账面余额。其计算公式为：

日余额＝上日余额＋本日收入额－本日支出额

结出余额后，出纳人员应将账面余额数与库存现金实有数相核对，检查每日库存现金收、支、存的情况，做到日结日清。对于从银行提取现金这样的业务，为了避免重复记账，企业可以规定填制减少方的凭证，即银行付款凭证，并根据银行存款、付款凭证登记库存现金日记账的收入金额。

库存现金日记账除了三栏式以外，也可以采用多栏式，即在收入和支出栏内进一步设置对方科目，也就是在收入栏内设应贷科目（借方为"库存现金"），在支出栏内设置应借科目（贷方为"库存现金"）。库存现金日记账的格式如表5-2所示。

表5-2　库存现金日记账　　　　　单位：元

| 2019年 | | 凭证号数 | 摘要 | 对方账户 | 收入 | 付出 | 结余 |
| 月 | 日 | | | | | | |
| --- | --- | --- | --- | --- | --- | --- | --- |
| 3 | 1 | | 月初余额 | | | | 10 000 |
| | 3 | 记09 | 从银行提取现金 | 银行存款 | 20 000 | | 30 000 |
| | 9 | 记12 | 支付工人劳务费 | 管理费用 | | 1 500 | 28 500 |
| | 12 | 记15 | 购买办公用品 | 管理费用 | | 2 000 | 26 500 |
| | | | …… | | | | |

2. 银行存款日记账的格式

银行存款日记账是用来序时反映企业银行存款的增加、减少和结存情况的账簿。该账簿由出纳人员根据银行存款的收款和付款凭证序时逐日逐笔登记，每日终了结出该账户全日的银行存款收入、支出合计数和余额，并定期与银行对账单对账，编制银行存款余额调节表。银行存款日记账的登记方法与库存现金日记账的登记方法基本相同。银行存款日记账的格式一般为三栏式，也可以采用多栏式。三栏式银行存款日记账的格式如表5-3所示。

表 5-3 银行存款日记账　　　　　　　　　　单位：元

| 2019 年 | | 凭证号数 | 摘要 | 对方账户 | 收入 | 付出 | 结余 |
|---|---|---|---|---|---|---|---|
| 月 | 日 | | | | | | |
| 3 | 1 | | 月初余额 | | | | 85 000 |
| | 5 | 记 09 | 从银行提取现金 | 库存现金 | | 20 000 | 65 000 |
| | 9 | 记 10 | 支付上月水电费 | 管理费用 | | 15 000 | 50 000 |
| | 13 | 记 15 | 收到客户货款 | 应收账款 | 100 000 | | 150 000 |
| | | | …… | | | | |

设置特种日记账，既能减少根据日记账过入总分类账的过账工作量，又能减少登记总账的工作量，还可以根据管理的不同要求设置相关的日记账。这些日记账同一时间可以由不同的会计人员进行登记，既便于会计人员分工协作，又可以提高记账效率和明确记账责任。

### 三、分类账簿的格式

#### （一）总分类账的格式

总分类账是按一级会计科目设置，提供总括资料的账簿。总分类账只能以货币作为计量单位。其最常见的格式为三栏式，即分为借方金额、贷方金额、余额三栏。总分类账可以按记账凭证逐笔登记，也可以根据多栏式日记账在月末汇总登记。总之，其登记方法主要取决于采用的会计核算组织程序。三栏式总分类账的格式如表 5-4 所示。

表 5-4 原材料总分类账　　　　　　　　　　单位：元

| 2019 年 | | 凭证号数 | 摘要 | 对方账户 | 收入 | 付出 | | 结余 |
|---|---|---|---|---|---|---|---|---|
| 月 | 日 | | | | | | | |
| 3 | 1 | | 月初余额 | | | | 借 | 15 000 |
| | 5 | 记 08 | 原材料入库 | 25 000 | | | 借 | 40 000 |
| | 9 | 记 09 | 领用原材料 | | 20 000 | | 借 | 20 000 |
| | | | …… | | | | 借 | |
| | 31 | | 本月合计及余额 | 50 000 | 60 000 | | 借 | 5 000 |

（二）明细分类账的格式

明细分类账是登记某类经济业务详细情况的账簿，既可以反映资产、负债、所有者权益、收入、费用等价值变动的情况，又可以反映资产等实物量增减的情况。明细分类账的格式主要是根据其反映的经济业务的特点以及实物管理的不同要求来设计的。明细分类账应根据原始凭证汇总表登记，也可以根据记账凭证登记。其主要格式有以下三种：

1. 三栏式明细账

三栏式明细账主要适用于只反映金额的经济业务，一般记录只有金额而没有实物量的经济业务，如应收账款、应付账款、其他应收款、长期待摊费用等。三栏式明细账的格式如表5-5所示。

表5-5 其他应收款明细账

二级科目或明细科目：保险公司 单位：元

| 2019年 | | 凭证 | | 摘要 | 借方 | 贷方 | 借或贷 | 结余 |
|---|---|---|---|---|---|---|---|---|
| 月 | 日 | 种类 | 号数 | | | | | |
| 3 | 1 | | | 月初余额 | | | 借 | 15 000 |
| | 5 | 记 | 05 | 收到保险公司赔款 | | 15 000 | 平 | 0 |
| | 9 | 记 | 10 | 应收保险公司赔款 | 20 000 | | 借 | 20 000 |
| | | | | …… | | | 借 | |
| | 31 | | | 本月合计及余额 | 20 000 | 15 000 | 借 | 20 000 |

2. 数量金额式明细账

数量金额式明细账在收入、支出、结存三栏内再增设数量、单价等栏目，分别登记实物的数量和金额。因此，数量金额式明细账适用于既需要反映金额，又需要反映数量的经济业务，如原材料、库存商品、自制半成品等科目的明细核算。数量金额式明细账实质上是在三栏式明细账的基础上发展起来的，是三栏式明细账的扩展。其格式如表5-6所示。

表 5-6 原材料明细账

二级科目：原材料及主要材料 计量单位：元/千克

材料名称：G 材料 最高储备：

材料规格： 最低储备：

| 2019 年 | | 凭证 | 摘要 | 收入 | | | 发出 | | | 结余 | | |
|---|---|---|---|---|---|---|---|---|---|---|---|---|
| 月 | 日 | | | 数量 | 单价（元） | 金额 | 数量 | 单价（元） | 金额 | 数量 | 单价（元） | 金额 |
| 3 | 1 | | 月初余额 | | | | | | | 1 000 | 2 | 2 000 |
| | 5 | | 购买入库 | 1 500 | 2 | 3 000 | | | | 2 500 | 2 | 5 000 |
| | 9 | | 车间领用 | | | | 2 000 | 2 | 4 000 | 500 | 2 | 1 000 |
| | 12 | 略 | 购买入库 | 2 000 | 2 | 4 000 | | | | 2 500 | 2 | 5 000 |
| | 15 | | 车间领用 | | | | 1 000 | 2 | 2 000 | 1 500 | 2 | 3 000 |
| | | | …… | | | | | | | | | |
| 3 | 31 | | 本月合计及余额 | 5 000 | 2 | 10 000 | 5 500 | 2 | 11 000 | 500 | 2 | 1 000 |

3. 多栏式明细账

多栏式明细账是根据经济业务的特点和经营管理的要求，在某一总分类账项下，对属于同一一级科目或二级科目的明细科目设置若干栏目，用以在同一张账页上集中反映有关明细项目的详细资料。多栏式明细账主要适用于费用、成本、收入和利润等科目的明细账核算。由于各种多栏式明细账记录的经济业务内容不同，所需核算的指标也不同，因此栏目的设置也不尽相同。多栏式明细账的格式如表 5-7 所示。

表 5-7 多栏式明细账 单位：元

| 2019 年 | | 凭证 | 摘要 | 成本项目 | | | |
|---|---|---|---|---|---|---|---|
| 月 | 日 | | | 直接材料 | 直接人工 | 制造费用 | 金额 |
| 3 | 1 | | 月初余额 | 5 000 | 2 500 | 1 800 | |
| | 5 | | 购买入库 | | | | |
| | 9 | | 车间领用 | | | | |
| | 12 | 略 | 购买入库 | | | | |
| | 15 | | 车间领用 | | | | |
| | | | …… | | | | |
| 3 | 31 | | 本月合计及余额 | | | | |

171

# 第三节　账簿的启用与登记

## 一、账簿的启用

新的会计年度开始，每个会计主体都应该启用新的会计账簿。在启用新的账簿时，企业应在账簿的有关位置记录以下相关信息：

（1）设置账簿的封面与封底。除订本账不另设封面以外，各种活页账都应该设置封面和封底，并登记单位名称、账簿名称和所属会计年度。

（2）填写账簿启用和经管人员一览表。在启用新会计账簿时，会计人员应首先填写扉页上印制的"账簿启用及交接表"中的启用说明，其中包括单位名称、账簿名称、账簿编号、起止日期、单位负责人、主管会计、审核人员和记账人员等项目，并加盖单位公章。在会计人员发生变更时，会计人员应办理交接手续并填写"账簿启用及交接表"中的交接说明。

（3）填写账户目录。总账应按照会计科目的编号顺序填写科目名称及启用页码。在启用活页式明细分类账时，会计人员应按照所属会计科目填写科目名称和页码；在年度结账后，撤去空白账页，填写使用页码。

（4）粘贴印花税票。印花税票应粘贴在账簿的右上角，并且划线注销。在使用缴款书缴纳印花税时，会计人员应在右上角注明"印花税已缴"及缴款金额。

## 二、账簿的登记

账簿必须按以下要求进行登记：

（1）账簿应根据审核无误的会计凭证连续、系统地登记，不能错记、漏记和重记。会计人员应将会计凭证的序号记入账簿，在记账时必须使用会计科目、子目、细目的全称，不得简化。

（2）会计人员登记账簿时必须使用钢笔或签字笔，用蓝黑或黑墨水登记，不能使用圆珠笔和铅笔。红墨水只能在结账划线、改错和冲账时候使用，以防篡改。

（3）各种账簿必须按照事先编定的页码连续登记，不能隔页、跳行。如果不慎发生类似的情况，会计人员应在空页或空行处用红墨水画对角线的叉线，并注明此页或此行空白，而且要加盖印鉴，不得任意撕毁或抽换账页。

（4）登账时或登账后如果发现差错，会计人员应根据错误的具体情况，按照更正错账的方法进行更正，不得刮擦、挖补、涂改用褪色药水更改字迹，应保持账簿和字迹清晰、整洁。

（5）摘要栏的文字应简明扼要，并采用标准的简化字，不能使用不规范的汉字。金额栏的数字应采用阿拉伯数字，并且对齐位数，注意"0"不能省略和连写。数字和文字一般应书写在行距下方的 1/2 处，为更正错误留有余地。

（6）每登满一页账页，会计人员应该在该页的最后一行加计本页的发生额及余额，在摘要栏中注明"过此页"，并在下一页首行记入上页的发生额和余额，在摘要栏内注明"承前页"，以便对账和结账。

（7）凡需要结出余额的账户，会计人员结出余额后，应当在借或贷栏内写明"借"或"贷"字样；没有余额的账户，应在借或贷栏内写"平"字，并在余额栏"元"位上填上"0"。库存现金日记和银行存款日记账必须每日结出余额，做到日清月结。

（8）每一账页登记完毕结转下页时，会计人员应当结出本页发生额合计数及余额，写在本页最后一行和下页第一行有关栏内，并在摘要栏内注明"过次页"和"承前页"字样。对需要结计本期发生额的账户，会计人员结计"过次页"的本页合计数应当为自本月初起至本页末止的发生额合计。对需要结计本年累计发生额的账户，会计人员结计"过次页"的本页合计数应当为自年初起至本页止的累计数。对既不需要结计本月发生额，也不需要结计本年累计发生额的账户，会计人员可以只将每页末的余额结转次页。

（9）账簿记录发生错误后，会计人员应按照规定的办法予以更正，严禁涂改、刮擦、挖补、用药水更改字迹或撕毁账页，应采用正确的错账更正方法进行更正。

# 第四节　对账与结账

## 一、对账

在会计工作中，有时难免发生记账差错和账实不符的情况，因此在会计期末结账之前，有必要进行对账工作。对账就是对账簿记录进行的核对工作。通过对账，会计人员可以及时发现和纠正记账及计算的差错，做到账证相符、账账相符、账实相符，保证账簿记录和编制会计报表的真实可靠。对账工作一般在月末、季末、年末结出各账户的期末余额之后、结账之前进行。对账的主要内容包括账证核对、账账核对、账实核对。

（一）账证核对

账证核对是将各种账簿记录与据以记账的记账凭证及其所附的原始凭证进行核对，以保证账证相符。账证核对要将总账与汇总记账凭证或记账凭证相核对，将日记账、明细分类账与记账凭证及所附原始凭证相核对。核对的内容主要有账簿记录的经济业务的日期、凭证编号、摘要、记账方向和金额等是否与作为记账依据的会计凭证完全一致。如果发现有不一致之处，会计人员应当及时查明原因，并按照规定予以更正。账证核对工作主要是在平时编制记账凭证和记账过程中进行的。

（二）账账核对

账账核对是指将各种账簿之间的有关记录进行核对，主要包括如下内容：

（1）总分类账各账户的期末借方余额合计数应同期末贷方余额合计数核对相符。此项核对一般是通过编制"总分类账户期末余额试算平衡表"进行的。

（2）总分类账各账户期末余额与其所属的各明细分类账的期末余额核对相符。此项核对一般是通过编制"总分类账户与明细分类账户对照表"进行的。

（3）总分类账中"库存现金"账户和"银行存款"账户的期末余额分别与库存现金、银行存款日记账的期末余额核对相符。

（4）会计部门各种财产物资明细分类账期末余额应与财产物资保管和使用部门的有关记账凭证的期末余额核对相符。

（三）账实核对

账实核对是指各项财产物资的账簿记录与财产物资实存数额之间的核对。主要包括如下内容：

（1）库存现金日记账账面余额与库存现金实有数额之间的核对。这项核对应逐日进行，并且还要进行不定期的抽查。

（2）银行存款日记账账面余额与银行对账单之间的核对。银行存款日记账账面余额应该定期同开户银行送来的对账单核对相符，每月至少核对一次。这项核对通过编制"银行存款余额调节表"进行。

（3）各项财产物资明细账账面余额与财产物资的实有数额之间的核对。此项核对应定期或不定期进行。

（4）各种应收、应付款项等明细分类账的账面余额应该定期同债权、债务单位或个人核对相符。此项核对应定期或不定期进行。

## 二、结账

结账就是在把一定时期内发生的经济业务全部登记入账的基础上，计算并记录本期发生额和期末余额，并将期末余额结转至下期的一种方法。通过结账，会计人员可以全面、系统地反映一定时期内经济活动全貌，可以反映一定时期内资产、负债、所有者权益等的增减变动情况及其结果，可以合理确定各个期间的经营成果，以便根据账簿记录及时编制会计报表。

（一）结账的程序

（1）在结账时，会计人员应先查明在本期内发生的经济业务是否已经全部填制会计凭证，并已登记入有关的账簿，若发生漏记、错记，应及时补记、更正。

（2）根据权责发生制原则进行期末账项调整。为了真实地反映各会计期间的收入和费用，以合理地确定各会计期间的财务成果，会计人员就需要调整那些收支期与归属期不一致的收入和费用。

（3）对于各种损益类账户的余额，会计人员分别从各收入账户与费用账户转入"本年利润"账户的贷方和借方，结平所有损益类账户。

（4）在本期全部经济业务登记入账的基础上，会计人员计算出所有账户的本期发生额和期末余额，并将期末余额结转至下期。

（二）结账的方法

结账分为月结、季结和年结三种。月度结账时，会计人员应该结出本月借、贷双方的月内发生额和期末余额，在摘要栏内注明"本期发生额及期末余额"，同时在"本期发生额及期末余额"行的上、下端各划一条红线，表示账簿记录已经结束；季度结账应在本季度后一个月的结账数字的红线下边一行把本季度的借、贷双方月结数汇总，并在摘要栏内注明"本季发生额合计及季末余额"，同样在数字下端划一条红线；年度结账应将四个季度的借、贷双方季结加以汇总，在摘要栏内注明"本年发生额及年末余额"，并在数字下端划双红线，表示本年度账簿记录已经结束。年度结账后，各账户的年末余额应转入下年度的新账簿。

# 第五节　错账更正

在记账工作中，记账人员可能因为对业务不熟悉、粗心大意等，造成账簿记录错误。例如，填制记账凭证的差错、记账的差错等。账簿记录发生错误，不准涂改、挖补、刮擦或者用药水消除字迹，应根据错误的具体情况，按照规定的更正方法进行更正。常用的记账错误更正方法有划线更正法、红字冲销法和补充登记法。

## 一、划线更正法

会计人员在结账前发现账簿记录有文字或数字错误，而记账凭证没有错误，应采用划线更正法进行更正。更正方法是：会计人员先在错误的文字或数字上划一条红线，表示注销，并使原来的字迹仍可辨认；之后在红线上方空白处用蓝字填写正确的文字或数字，并由更正人员盖章，以明确经济责任。错误的数字应全部划红线更正，不得只更正其中的错误数字；错误的文字可以只划去错误的文字进行更正。

例如，记账人员在登记账簿时，将记账凭证上的 3 560 元误记为 3 650 元。更正时，记账人员应将"3 650"整个数字用红线划去，并在红线上面空白处写上"3 560"，并加盖更正人员图章。

## 二、红字冲销法

红字冲销法也称为红字更正法，是指用红字冲销或冲减原有的错误记录，以更正或调整账簿记录的方法。这种方法适用于以下两种情况：

会计人员记账后，如果发现记账凭证中的应借、应贷会计科目有错误或记错了借贷方向时，应用红字冲销法。更正方法是：会计人员先用红字金额填制一张内容与原错误记账凭证完全相同的记账凭证，以示注销原记账凭证，在摘要栏注明"冲销某月某日某号凭证"，并据以用红字金额登记入账，冲销原来的错误记录；之后再用蓝字填制一张正确的记账凭证，在摘要栏注明"更正某月某日某号凭证"，并用蓝字登记入账。

【例5-1】某公司生产车间2019年4月13日领用2 000元甲材料，用于车间日常生产，应记入"制造费用"账户，但编制记账凭证时，误记入"管理费用"账户，并已登记入账。

原错误记录为：

借：管理费用　　　　　　　　　　　　　　　　　　　　　　2 000

　　贷：原材料　　　　　　　　　　　　　　　　　　　　　　2 000

更正时，会计人员先填制一张内容与原来错误记账凭证一样的红字金额的记账凭证，并用红字登记入账：

借：管理费用　　　　　　　　　　　　　　　　　　　　2 000

　　贷：原材料　　　　　　　　　　　　　　　　　　　　2 000

之后会计人员再填一张正确的记账凭证，并登记入账：

借：制造费用　　　　　　　　　　　　　　　　　　　　　　2 000

　　贷：原材料　　　　　　　　　　　　　　　　　　　　　　2 000

会计人员记账后，如果发现原记账凭证中应借、应贷会计科目虽然没有错误，但所写的金额大于应填的金额，应采用红字冲销法进行更正。更正方法是：会计人员将多记的金额部分再填制一张内容与原来错误记账凭证一样的红字金额的记账凭证，并据以用红字登记入账，在摘要栏内写"冲销某月某日某号凭证多记金额"。

### 三、补充登记法

会计人员记账后，如果发现记账凭证中应借、应贷会计科目和记账方向都没有错误，但记录的金额小于应记的金额，可以用补充登记法进行更正。更正方法是：会计人员按少记的金额用蓝字编制一张与原记账凭证应借、应贷会计科目完全相同的记账凭证，在摘要栏注明"补记第×号凭证少记数"，以补充少记的金额，并据以记账。

【例5-2】某公司2019年4月30日计提固定资产折旧费用3 000元，会计人员在填制记账凭证时，误记金额为300元，而所记会计科目无误，并已入账。

借：制造费用　　　　　　　　　　　　　　　　　　　　　　300

　　贷：累计折旧　　　　　　　　　　　　　　　　　　　　　300

更正时，会计人员用蓝字填制一张金额为2 700元的记账凭证，并登记入账。

借：制造费用　　　　　　　　　　　　　　　　　　　　　　2 700

　　贷：累计折旧　　　　　　　　　　　　　　　　　　　　2 700

综合练习题

## 一、单项选择题

1. 下列关于账簿的表述中，错误的是（　　）。

    A. 账簿可以为定期编制会计报表提供资料

    B. 登记账簿是会计核算的一种重要方法

    C. 总账可以提供每一项交易的发生日期

    D. 账簿是考核企业经营成果、加强经济核算的重要依据

2. （　　）为编制会计报表提供直接的依据。

    A. 会计凭证　　　　　　　　　　B. 会计账簿

    C. 利润计算　　　　　　　　　　D. 会计科目

3. 账簿按（　　）的不同，可以分为序时账簿、分类账簿、备查账簿。

    A. 用途　　　　　　　　　　　　B. 外表形式

    C. 格式　　　　　　　　　　　　D. 启用时间

4. 库存现金日记账和银行存款日记账必须采用（　　）账簿。

    A. 活页式　　　　　　　　　　　B. 订本式

    C. 备查　　　　　　　　　　　　D. 卡片式

5. 库存现金日记账和总分类账一般采用（　　）账页。

    A. 两栏式　　　　　　　　　　　B. 三栏式

    C. 多栏式　　　　　　　　　　　D. 数量金额式

6. 企业从银行提取现金时，登记库存现金日记账的依据是（　　）。

    A. 现金收款凭证　　　　　　　　B. 库存现金付款凭证

    C. 银行存款收款凭证　　　　　　D. 银行存款付款凭证

7. 企业在分别设置库存现金收入日记账和库存现金支出日记账的情况下，每日结清库存现金余额时应通过的账簿是（　　）。

    A. 库存现金收入日记账　　　　　B. 库存现金支出日记账

    C. 库存现金总账　　　　　　　　D. 库存现金备查账簿

8. 下列明细账中，不宜采用三栏式账页格式的是（　　）。

    A. 应收账款明细账　　　　　　　B. 应付账款明细账

    C. 管理费用明细账　　　　　　　D. 短期借款明细账

9. 下列适合采用多栏式明细账格式核算的是（　　）。

    A. 制造费用　　　　　　　　　　B. 原材料

    C. 库存商品　　　　　　　　　　D. 应付账款

10. 下列账簿中，采用卡片式账簿的是（　　）。

    A. 库存现金日记账　　　　　　　B. 固定资产明细账

    C. 总分类账　　　　　　　　　　D. 明细分类账

11. 下列各项中，可以在借贷方均设多栏的账户是（    ）。

    A."本年利润"账户               B."主营业务收入"账户

    C."管理费用"账户               D."生产成本"账户

12. "原材料"明细账采用的账簿格式是（    ）。

    A. 三栏式明细分类账             B. 活页式

    C. 数量金额式明细分类账       D. 多栏式明细分类账

13. "应收账款"总账科目所属明细账的资料如下："应收账款——A 公司"借方余额 200 万元；"应收账款——B 公司"借方余额 400 万元；"应收账款——C 公司"贷方余额 300 万元；"应收账款——D 公司"贷方余额 100 万元。如果不考虑其他因素，则"应收账款"科目期末余额为（    ）万元。

    A. 200                       B. 600

    C. 900                       D. 1 000

14. 按照规定，不能用红色墨水记账的情况是（    ）。

    A. 按照红字更正法冲销错误记录

    B. 在三栏式账页的余额栏前，如未印明余额方向的，在余额栏内登记负数余额

    C. 在借方多栏式明细账页中，登记增加数

    D. 根据国家会计制度的规定可以用红字登记的其他会计账簿

15. 账实核对是指账簿记录与财产物资实有数额是否相符合。下列各项中，不属于账实核对的是（    ）。

    A. 总分类账簿与序时账簿核对

    B. 银行存款日记账余额与银行对账单余额核对

    C. 各种实物资产明细账余额与实有数额核对

    D. 债权、债务明细账余额与对方单位的账面记录核对

16. 结账时应通栏划双红线的情形是（    ）。

    A. 月结                       B. 半年结

    C. 季结                       D. 年结

## 二、多项选择题

1. 设置和登记账簿的作用是（    ）。

    A. 记载和存储会计信息          B. 分类和汇总会计信息

    C. 检查和校正会计信息          D. 编报和输出会计信息

    E. 汇总原始凭证

2. 账簿按其用途分类，可以分为（    ）。

    A. 序时账簿                  B. 订本式账簿

    C. 分类账簿                  D. 备查账簿

    E. 活页账

3. 账簿按其形式分类，可以分为（　　）。

    A. 订本式账簿　　　　　　　　　　B. 三栏式账簿

    C. 卡片式账簿　　　　　　　　　　D. 活页式账簿

    E. 分类账簿

4. 下列各项中，属于任何会计主体都必须设置的账簿有（　　）。

    A. 库存现金日记账　　　　　　　　B. 银行存款日记账

    C. 总分类账簿　　　　　　　　　　D. 明细分类账簿

    E. 日记总账

5. 下列各项中，作为登记账簿的依据有（　　）。

    A. 收款凭证　　　　　　　　　　　B. 汇总收款凭证

    C. 科目汇总表　　　　　　　　　　D. 复式记账凭证

    E. 付款凭证

6. 下列各项中，可以作为明细分类账登记依据的有（　　）。

    A. 原始凭证　　　　　　　　　　　B. 汇总记账凭证

    C. 记账凭证　　　　　　　　　　　D. 公司章程

    E. 科目汇总表

7. 下列各项中，适用于库存现金、银行存款日记账的账页格式有（　　）。

    A. 三栏式　　　　　　　　　　　　B. 多栏式

    C. 卡片式　　　　　　　　　　　　D. 数量金额式

    E. 活页式

8. 下列各项中，适用三栏式明细分类账账页格式的有（　　）。

    A. 管理费用明细账　　　　　　　　B. 应付账款明细账

    C. 原材料明细账　　　　　　　　　D. 应收账款明细账

    E. 预收账款明细账

9. 下列各项中，适用数量金额式明细分类账账页格式的有（　　）。

    A. 库存商品明细账　　　　　　　　B. 生产成本明细账

    C. 应付账款明细账　　　　　　　　D. 固定资产明细账

    E. 原材料明细账

10. 下列各项中，适用多栏式明细分类账账页格式的有（　　）。

    A. 应收账款明细账　　　　　　　　B. 管理费用明细账

    C. 应付账款明细账　　　　　　　　D. 本年利润明细账

    E. 生产成本明细账

11. 下列各项中，应在备查账簿中进行记录的有（　　）。

    A. 经营租赁租入的固定资产

    B. 发行股票的股数、股东所占的比例

    C. 供货单位的名称

D. 生产产品的品种

E. 固定资产的使用期限

12. 银行存款日记账的登记方法有（    ）。

    A. 定期汇总登记

    B. 逐笔结清余额

    C. 日清日结

    D. 按照对账单的金额结算余额

    E. 按照银行存款总账结清余额

13. 明细分类账登记方法的选择受各种因素的影响，这些因素有（    ）。

    A. 业务量的多少                B. 经济业务的内容

    C. 人员的多少                  D. 经营管理的需要

    E. 账簿的格式

14. 会计记录如果采用红色墨水登记账簿，则其适用的情形有（    ）。

    A. 按照红字冲账的记账凭证冲销错误记录

    B. 在不设借贷栏的多栏式账页中，登记减少金额

    C. 在期末结账时，用红色墨水划通栏红线

    D. 三栏式账户的余额栏前，如未注明余额方向，在余额栏内登记负数金额

    E. 按照红字冲账的原理，冲销错误的报表数据

### 三、判断题

1. 只有经过审核无误的记账凭证，才能作为登记会计账簿的依据。   （　　）

2. 会计账簿是连接记账凭证和会计报表的中间环节。   （　　）

3. 账户与账簿的联系十分密切，可以说账户等于账簿。   （　　）

4. 库存现金日记账和银行存款日记账又称特种日记账，必须采用订本式账簿。

                                                         （　　）

5. 能提供某类经济业务增减变化总括会计信息的账簿是总分类账。   （　　）

6. 按经济业务发生的时间先后顺序，逐日逐笔进行登记的账簿是明细分类账。

                                                         （　　）

7. 备查账簿是对某些在记账凭证和分类账中未能记录或记录不全的经济业务进行补充登记的账簿，各单位必须设置。   （　　）

8. 三栏式账簿是指具有日期、摘要、金额三个栏目格式的账簿。   （　　）

9. 三栏式总分类账一般采用订本式账簿。   （　　）

10. 各种明细账的登记依据，既可以是原始凭证，也可以是记账凭证。   （　　）

# 第六章
# 财产清查

- - - - - - - - - - - - - - - - - - - - - - - - - - - - - - - -

## 第一节　财产清查概述

### 一、财产清查的定义和意义

（一）财产清查的定义

财产清查也叫财产检查，是指通过对实物、现金的实地盘点和对银行存款、往来款项的核对，查明各项财产物资、货币资金、往来款项的实有数和账面数是否相符的一种会计核算的专门方法。

企业的会计工作都要通过会计凭证的填制和审核，然后及时地在账簿中进行连续登记。应该说，这一过程能保证账簿纪录的正确性，也能真实地反映企业各项财产的实有数，各项财产的账实应该是一致的。但是，在实际工作中，由于种种原因，账簿纪录会发生差错，各项财产的实际结存数也会发生差错，造成账存数与实存数发生差异。原因是多方面的，一般有以下几种情况：

（1）在收发物资中，由于计量、检验不准确而造成品种、数量或质量上的差错。

（2）财产物资在运输、保管、收发过程中，在数量上发生自然增减变化。

（3）在财产增减变动中，由于手续不齐或计算、登记上发生错误。

（4）由于管理不善或工作人员失职，造成财产损失、变质或短缺等。

（5）贪污盗窃、营私舞弊造成的损失。

（6）自然灾害造成的非常损失。

（7）未达账项引起的账账、账实不符等。

（二）财产清查的意义

上述种种原因都会影响账实的一致性。

运用财产清查的手段对各种财产物资进行定期或不定期的核对和盘点，具有十分重要的意义。

1. 保证账实相符，使会计资料真实可靠

财产清查可以确定各项财产物资的实际结存数，将账面结存数和实际结存数进行核对，可以揭示各项财产物资的溢缺情况，从而及时地调整账面结存数，保证账簿记录真实、可靠。

2. 保护财产的安全和完整

财产清查可以查明财产、商品、物资是否完整，有无缺损、霉变现象，以便堵塞漏洞，改进和健全各种责任制，切实保证财产的安全和完整。

3. 挖掘财产潜力，加速资金周转

财产清查可以及时查明各种财产物资的结存和利用情况。如发现企业有闲置不用的财产物资应及时加以处理，以充分发挥它们的效能；如发现企业有滞销积压的财产物资也应及时加以处理，并分析原因，采取措施，加强经营管理。这样可以使财产物资得到充分合理的利用，加速资金周转，提高企业的经济效益。

4. 保证财经纪律和结算纪律的执行

财产清查通过对财产、物资、货币资金以及往来款项的清查，可以查明单位有关业务人员是否遵守财经纪律和结算纪律，有无贪污盗窃、挪用公款的情况；查明资金使用是否合理，是否符合党和国家的方针政策和法规，从而使工作人员更加自觉遵纪守法，自觉维护和遵守财经纪律。

**二、财产清查的种类**

财产清查按照清查的对象和范围，可以分为全面清查和局部清查；按照清查的时间，可以分为定期清查和不定期清查。

（一）全面清查与局部清查

全面清查是指对所有的财产和资金进行全面盘点与核对。其清查对象主要包括原材料、在产品、自制半成品、库存商品、库存现金、短期存（借）款、有价证券及外币、在途物资、委托加工物资、往来款项、固定资产等。全面清查范围广，工作量大，一般在年终决算或企业撤销、合并或改变隶属关系时进行。

局部清查也称重点清查，是指根据需要只对财产中某些重点部分进行的清查。例如，流动资金中变化较频繁的原材料、库存商品等，除年度全面清查外，还应根据需要随时轮流盘点或重点抽查。各种贵重物资要每月至少清查一次，库存现金要天天核对，银行存（借）款要按银行对账单逐笔核对。

（二）定期清查和不定期清查

定期清查是指在规定的时间内进行的财产清查，一般是在年、季、月终了后进行。

不定期清查也称临时清查，是指根据实际需要临时进行的财产清查，一般是在更换财产物资保管人员、企业撤销、合并或发生财产损失等情况时进行的清查。

定期清查和不定期清查的范围应视具体情况而定，既可全面清查也可局部清查。

# 第二节　财产清查的方法

## 一、财产清查的准备工作

财产清查是一项复杂细致的工作，涉及面广、政策性强、工作量大。为了加强领导，保质保量完成此项工作，一般应在企业负责人（如厂长、经理等）的领导下，由会计、业务、仓库等有关部门的人员组成财产清查的专门班子，即清查小组，具体负责财产清查的领导工作。在清查前，清查小组必须首先做好以下几项准备工作：

（1）清查小组制订财产清查计划，确定清查对象、范围，配备清查人员，明确清查任务。

（2）财务部门要将总账、明细账等有关资料登记齐全，核对正确，结出余额。保管部门对所保管的各种财产物资以及账簿、账卡挂上标签，标明品种、规格、数量，以备查对。

（3）银行存款和银行借款应从银行取得对账单，以便查对。

（4）对需要使用的度量衡器要提前校验正确，保证计量准确；需应用的所有表册，都要准备妥当。

## 二、实物资产、库存现金、银行存款、往来款项的清查

（一）实物资产的清查

对于各种实物如材料、半成品、在产品、产成品、低值易耗品、包装物、固定资产等，都要从数量和质量上进行清查。由于实物的形态、体积、重量、堆放方式等不尽相同，因此采用的清查方法也不尽相同。实物数量的清查方法，比较常用的有以下几种：

（1）实物盘点。实物盘点，即通过逐一清点或用计量器具来确定实物的实存数量。其适用范围较广，在多数财产物资清查中都可以采用这种方法。

（2）技术推算。采用这种方法，对于财产物资不是逐一清点计数，而是通过量方、计尺等技术推算财产物资的结存数量。这种方法只适用于成堆、量大而价值又不高，并且难以逐一清点的财产物资的清查。例如，露天堆放的煤炭等。

实物的质量应根据不同的实物采用不同的检查方法，如有的采用物理方法，有的采用化学方法来检查实物的质量。

实物清查过程中，实物保管人员和盘点人员必须同时在场。对于盘点结果，相关人员应如实登记盘存单，并由盘点人和实物保管人签字或盖章，以明确经济责任。盘存单既是纪录盘点结果的书面证明，也是反映财产物资实存数的原始凭证。盘存单的一般格式如表6-1所示。

表 6-1　盘存单

单位名称：　　　　　　　盘点时间：　　　　　　编号：

财产类别：　　　　　　　存放地点：　　　　　　金额单位：

| 编号 | 名称 | 计量单位 | 数量 | 单价 | 金额 | 备注 |
|------|------|----------|------|------|------|------|
|      |      |          |      |      |      |      |

盘点人签章：　　　　　　　　　　　　　　保管人：

为了查明实存数与账存数是否一致，确定盘盈或盘亏情况，清查人员应根据盘存单和有关账簿的记录，编制实存账存对比表。实存账存对比表是用以调整账簿记录的重要原始凭证，也是分析产生差异的原因、明确经济责任的依据。实存账存对比表的一般格式如表 6-2 所示。

表 6-2　实存账存对比表

| 编号 | 类别及名称 | 计量单位 | 单价 | 实存 | | 账存 | | 对比结果 | | | | 备注 |
|------|-----------|----------|------|------|------|------|------|------|------|------|------|------|
|      |           |          |      | | | | | 盘盈 | | 盘亏 | | |
|      |           |          |      | 数量 | 金额 | 数量 | 金额 | 数量 | 金额 | 数量 | 金额 | |
|      |           |          |      |      |      |      |      |      |      |      |      |      |
|      |           |          |      |      |      |      |      |      |      |      |      |      |

主管人员：　　　　　　　会计：　　　　　　　　制表：

对于委托外单位加工、保管的材料、商品、物资以及在途的材料、商品、物资等，清查人员可以用询证的方法与有关单位进行核对，以查明账实是否相符。

**（二）库存现金的清查**

库存现金的清查，包括人民币和各种外币的清查，都是采用实地盘点，即通过点票数来确定现金的实存数，然后用实存数与库存现金日记账的账面余额进行核对，以查明账实是否相符及盈亏情况。

由于现金的收支业务十分频繁，容易出现差错，需要出纳人员每日进行清查和定期或不定期的专门清查。每日业务终了，出纳人员都应将库存现金日记账的账面余额与库存现金的实存数进行核对，做到账款相符。专门班子清查盘点时，出纳人员必须在场，现钞应逐张查点，还应注意有无违反库存现金管理制度的现象，编制库存现金盘点报告表，并由盘点人员和出纳人员签章。库存现金盘点报告表兼有盘存单和实存账存对比表的作用，是反映库存现金实有数和调整账簿记录的重要原始凭证。其一般格式如表 6-3 所示。

**表 6-3　库存现金盘点报告表**

单位名称：　　　　　　　　　　　　　年　月　日

| 实存金额 | 账存金额 | 对比结果 | | 备注 |
|---|---|---|---|---|
| | | 盘盈 | 盘亏 | |
| | | | | |

盘点人：　　　　　　　　　　　　　　　　出纳：

国库券、其他金融债券、公司债券、股票等有价证券的清查方法和库存现金清查方法相同。

（三）银行存款的清查

银行存款的清查方法与实物和库存现金的清查方法不同，其采用与银行核对账目的方法来进行，即将企业的银行存款日记账与从银行取得的对账单逐笔核对，以查明银行存款的收入、付出和结余的记录是否正确。

开户银行送来的银行对账单是银行在收付企业存款时复写的账页，它完整地记录了企业存放在银行的款项的增减变动情况及结存余额，是进行银行存款清查的重要依据。

在实际工作中，企业银行存款日记账余额与银行对账单余额往往不一致，其主要原因有二：一是双方账目发生错账、漏账。清查人员在与银行核对账目之前，应先仔细检查企业银行存款日记账的正确性和完整性，然后再将其与银行送来的对账单进行逐笔核对。二是存在正常的未达账项。所谓未达账项，是指在企业和银行之间，由于凭证的传递时间不同，导致双方记账时间不一致，即一方已接到有关结算凭证并已经登记入账，另一方由于尚未接到有关结算凭证而尚未入账的款项。概括来说，未达账项有两大类型：一是企业已经入账而银行尚未入账的款项，二是银行已经入账而企业尚未入账的款项。具体有以下四种情况：

（1）企业已收款入账，银行未收款入账的款项。例如，企业送存银行的款项，企业已作为存款增加入账，但银行尚未入账。

（2）企业已付款入账，银行未付款入账的款项。例如，企业开出支票或其他付款凭证，企业已作为存款减少入账，但银行尚未付款，尚未记账。

（3）银行已收款入账，企业未收款入账的款项。例如，银行代企业收进的款项，银行已作为企业存款增加入账，而企业尚未收到通知，因此未入账。

（4）银行已付款入账，企业未付款入账的款项。例如，银行代企业支付的款项，银行已作为企业存款减少入账，但企业尚未收到通知，因此未入账。

上述任何一种未达账项的存在，都会使企业银行存款日记账的余额与银行提供的对账单的余额不符。因此，为了查明企业和银行双方账目的记录有无差错，同时也是为了发现未达账项，在进行银行存款清查时，必须将企业的银行存款日记账与银行对账单逐笔核对。核对的内容包括收付金额、结算凭证的种类和号数、收入来

185

源、支出的用途、发生的时间、某日止的金额等。通过核对，如果发现企业有错账或漏账，应立即更正；如果发现银行有错账或漏账，应及时通知银行查明更正；如果发现有未达账项，则应据以编制银行存款余额调节表进行调节，并验证调节后余额是否相等。

【例6-1】2019年6月30日，益华公司银行存款日记账的账面余额为31 000元，银行对账单的余额为36 000元，经逐笔核对，发现有下列未达账项：

（1）29日，益华公司销售产品收到转账支票一张计2 000元，将支票存入银行，银行尚未办理入账手续。

（2）29日，益华公司采购原材料开出转账支票一张计1 000元，已作银行存款付出，银行尚未收到支票而未入账。

（3）30日，益华公司开出现金支票一张计250元，银行尚未入账。

（4）30日，银行代益华公司收回货款8 000元，收款通知尚未到达益华公司，益华公司尚未入账。

（5）30日，银行代付电费1 750元，付款通知尚未到达益华公司，益华公司尚未入账。

（6）30日，银行代付水费500元，付款通知尚未到达益华公司，益华公司尚未入账。

根据以上资料编制银行存款余额调节表如表6-4所示。

### 表6-4　银行存款余额调节表

2019年6月30日　　　　　　　　　　　　　　　　单位：元

| 项目 | 金额 | 项目 | 金额 |
|---|---|---|---|
| 企业银行存款日记账余额 | 31 000 | 银行对账单余额 | 36 000 |
| 加：银行已收，企业未收 | 8 000 | 加：企业已收，银行未收 | 2 000 |
| 减：银行已付，企业未付 | 1 750 | 减：企业已付，银行未付 | 1 000 |
|  | 500 |  | 250 |
| 调节后的存款余额 | 36 750 | 调节后的存款余额 | 36 750 |

如果调节后双方余额相等，则一般说明双方记账没有差错；若不相等，则表明企业方或银行方或双方记账有差错，应进一步核对，查明原因予以更正。

需要注意的是，对于银行已经入账而企业尚未入账的未达账项，不能根据银行存款余额调节表来编制会计分录，作为记账依据，必须在收到银行的有关凭证后方可入账。另外，对于长期悬置的未达账项，相关人员应及时查明原因，予以解决。

上述银行存款的清查方法，也适用于各种银行借款的清查，但在清查银行借款时，还应检查借款是否按规定的用途使用，是否按期归还。

（四）往来款项的清查

往来款项的清查，采用与对方单位核对账目的方法。清查人员在检查各单位结算往来款项账目正确性和完整性的基础上，根据有关明细分类账的记录，按用户编制对账单，送交对方单位进行核对。对账单一般一式两联，其中一联作为回单。如果对方单位核对相符，应在回单上盖章后退回；如果数字不符，则应将不符的情况在回单上注明，或者另抄对账单退回，以便进一步清查。在核对过程中，如果发现未达账项，双方都应采用调节账面余额的方法来核对往来款项是否相符，尤其应注意查明有无双方发生争议的款项、没有希望收回的款项以及无法支付的款项，以便即使采取措施进行处理，避免或减少坏账损失。

# 第三节　财产清查结果的处理

## 一、财产清查结果的处理步骤

企业对财产清查的结果，应当按照有关企业会计准则、制度的规定进行认真处理。针对财产清查中发现的盘盈和盘亏等问题，企业首先要核准金额，然后按规定的程序报经主管领导批准后，才能进行会计处理。财产清查结果的处理步骤如下：

（一）核准金额，查明原因

企业在对财产清查结果进行具体处理之前，应对有关原始凭证中所记录的盈亏数据进行全面核实，即核准货币资金、财产物资和债权资产的盈亏金额，并对各项差异的性质及其原因进行分析，以便针对不同原因造成的盈亏确定处理方法，提出处理意见，报送有关领导和部门批准。

（二）调整账簿记录，做到账实相符

企业在核准金额、查明原因的基础上，为了做到账实相符，保证会计信息真实正确，对财产清查中发现的盘盈或盘亏，应及时进行批准前的会计处理，即根据"实存账存对比表"等原始凭证编制记账凭证，并据以调整账簿记录。

（三）进行批准后的账务处理

在有关领导和部门对所呈报的财产清查结果处理意见做出批示后，企业应严格按照批复意见编制有关记账凭证，登记有关账簿，及时进行批准后的账务处理。

## 二、财产清查结果的会计处理

为了反映和监督各单位在财产清查过程中查明的各种财产的盈亏或毁损及其报经批准后的转销数额，企业应设置"待处理财产损溢"账户。该账户属于双重性质账户，下设"待处理流动资产损溢"和"待处理固定资产损溢"两个明细分类账户，以进行明细分类核算。该账户借方登记各项财产的盘亏或毁损数额和各项盘盈财产报经批准后的转销数额；贷方登记各项财产的盘盈数额和各项盘亏或毁损财产报经批准后的转销数额。按规定，企业的各项盘盈、盘亏必须于期末结账前处理完毕，因此该账户期末无余额。

（一）库存现金清查结果的会计处理

企业在库存现金清查中发现库存现金短缺或盈余时，除了设法查明原因外，还应及时根据"库存现金盘点报告表"进行会计处理。

**【例6-2】** 某企业在库存现金清查中发现长款150元。其会计处理如下：

（1）批准前：

借：库存现金　　　　　　　　　　　　　　　　　　　　　　　　150
　　贷：待处理财产损溢——待处理流动资产损溢　　　　　　　　　　　150

（2）经反复核查，未查明原因，报经批准转作营业外收入：

借：待处理财产损溢——待处理流动资产损溢　　　　　　　　　　　150
　　贷：营业外收入　　　　　　　　　　　　　　　　　　　　　　　150

**【例6-3】** 某企业在库存现金清查中发现短款500元。其会计处理如下：

（1）批准前：

借：待处理财产损溢——待处理流动资产损溢　　　　　　　　　　　500
　　贷：库存现金　　　　　　　　　　　　　　　　　　　　　　　500

（2）经查，该短款属于出纳员李×的责任，应由该出纳员赔偿：

借：其他应收款——李×　　　　　　　　　　　　　　　　　　　500
　　贷：待处理财产损溢——待处理流动资产损溢　　　　　　　　　　　500

（二）存货清查结果的会计处理

1. 存货盘盈的会计处理

当存货盘盈时，企业应根据"实存账存对比表"，将盘盈存货的价值记入"原材料""生产成本""库存商品"等账户的借方，同时记入"待处理财产损溢——待处理流动资产损溢"账户的贷方；报经批准后，冲减管理费用。

**【例6-4】** 某企业在财产清查中盘盈G材料2 000千克。经查明，是收发计量上的错误造成的，按每千克4元入账。其会计处理如下：

（1）批准前：

借：原材料——G材料　　　　　　　　　　　　　　　　　　　8 000
　　贷：待处理财产损溢——待处理流动资产损溢　　　　　　　　　　8 000

（2）批准后，冲减管理费用：

借：待处理财产损溢——待处理流动资产损溢　　　　　　　　　　8 000
　　贷：管理费用　　　　　　　　　　　　　　　　　　　　　　8 000

2. 存货盘亏的会计处理

当存货盘亏或毁损时，报经批准处理以前，企业应先记入"待处理财产损溢——待处理流动资产损溢"账户的借方，同时记入有关存货账户的贷方；报经批准后，企业再根据造成亏损的原因，分别进行账务处理。

（1）属于自然损耗产生的定额内的合理损耗，经批准后即可计入管理费用。

（2）属于超定额短缺的，能确定过失人的应由过失人负责赔偿；属于保险责任范围时，应向保险公司索赔。扣除过失人或保险公司赔款和残料价值后的余额，应计入管理费用。

（3）属于非常损失所造成的存货毁损的，扣除保险公司赔款和残料价值后的余额，应计入营业外支出。

【例6-5】某企业盘亏 A 产品 100 千克，单位成本为 100 元。经查明，属于定额内的合理损耗。其会计处理如下：

（1）批准前：

借：待处理财产损溢——待处理流动资产损溢　　　　　　　　10 000

　　贷：库存商品——A 产品　　　　　　　　　　　　　　　　10 000

（2）批准后，计入管理费用：

借：管理费用　　　　　　　　　　　　　　　　　　　　　10 000

　　贷：待处理财产损溢——待处理流动资产损溢　　　　　　10 000

【例6-6】某企业盘亏甲材料 10 件，每件 200 元。经查明，是由于工作人员失职造成的材料毁损，应由过失人赔偿 1 000 元，毁损材料残值 300 元。其会计处理如下：

（1）批准前：

借：待处理财产损溢——待处理流动资产损溢　　　　　　　　2 260

　　贷：原材料——甲材料　　　　　　　　　　　　　　　　2 000

　　　　应交税费——应交增值税（进项税额转出）　　　　　260

（2）批准后，分别按不同情况处理：

①由过失人赔偿：

借：其他应收款——××　　　　　　　　　　　　　　　　1 000

　　贷：待处理财产损溢——待处理流动资产损溢　　　　　　1 000

②残料作价入库：

借：原材料——甲材料　　　　　　　　　　　　　　　　　300

　　贷：待处理财产损溢——待处理流动资产损溢　　　　　　300

③扣除过失人的赔款和材料残值后的盘亏数，计入管理费用：

借：管理费用　　　　　　　　　　　　　　　　　　　　　960

　　贷：待处理财产损溢——待处理流动资产损溢　　　　　　960

【例6-7】某企业盘亏一批丙材料，实际成本为 5 000 元。经查明，属于非常事故造成的损失，保险公司应给予 3 000 元的赔偿。其会计处理如下：

（1）批准前：

借：待处理财产损溢——待处理流动资产损溢　　　　　　　　5 650

　　贷：原材料——丙材料　　　　　　　　　　　　　　　　5 000

　　　　应交税费——应交增值税（进项税额转出）　　　　　650

（2）批准后，分别按不同情况处理：

①应由保险公司赔偿的部分：

借：其他应收款——保险公司　　　　　　　　　　　　　3 000

　　贷：待处理财产损溢——待处理流动资产损溢　　　　　　3 000

②计入营业外支出的部分：

借：营业外支出　　　　　　　　　　　　　　　　　　　2 650

　　贷：待处理财产损溢——待处理流动资产损溢　　　　　　2 650

（三）固定资产清查结果的会计处理

企业在固定资产清查过程中，如果发现有盘亏的固定资产，应查明原因，填制固定资产盘亏报告表并出具书面报告，报经企业主管领导批准后才能记入"营业外支出"账户；在批准之前，只能作为待处理财产损溢处理。关于固定资产盘盈，涉及前期差错，相关的会计处理留待后续有关课程介绍。

对于盘亏的固定资产，企业应按盘亏固定资产的净值，借记"待处理财产损溢——待处理固定资产损溢"账户；按已提折旧额，借记"累计折旧"账户；按原值，贷记"固定资产"账户。经批准后，企业应按盘亏固定资产的净值，借记"营业外支出"账户，贷记"待处理财产损溢——待处理固定资产损溢"账户。

【例6-8】某企业在财产清查中，盘亏设备一台，其原价为200 000元，累计折旧为50 000元。其会计处理如下：

（1）批准前：

借：待处理财产损溢——待处理固定资产损溢　　　　　　150 000

　　累计折旧　　　　　　　　　　　　　　　　　　　　50 000

　　贷：固定资产　　　　　　　　　　　　　　　　　　　200 000

（2）批准后予以转销：

借：营业外支出　　　　　　　　　　　　　　　　　　150 000

　　贷：待处理财产损溢——待处理固定资产损溢　　　　　150 000

（四）应收款清查结果的会计处理

企业在财产清查过程中，如发现存在长期应收无法收回的款项，即坏账损失，经批准应予以转销。坏账损失不需要通过"待处理财产损溢"账户进行核算。转销方法通常采用备抵法。

备抵法是指按期估计坏账损失，形成坏账准备，当某一应收款项全部或部分被确认为坏账时，应根据其金额冲减坏账准备，同时转销相应的应收款项金额的一种核算方法。估计坏账损失的方法有应收款项余额百分比法、账龄分析法和销货百分比法等，这里主要介绍常用的应收款项余额百分比法。

采用备抵法，企业需设置"坏账准备"账户。企业计提坏账准备时，借记"信用减值损失"账户，贷记"坏账准备"账户；实际发生坏账时，借记"坏账准备"账户，贷记"应收账款"等账户。如果确认并转销的坏账以后又收回，企业应按收回的金额，借记"应收账款"等账户，贷记"坏账准备"账户，以恢复企业债权、冲回已转销的坏账准备金额；同时，借记"银行存款"账户，贷记"应收账款"等账户，以反映款项收回情况。"坏账准备"账户平时（1~11月）期末余额可能在借方，也可能在贷方，但其年末余额一定在贷方。

【例6-9】某企业自2×16年年末开始计提坏账准备。2×16年年末应收账款余额为4 000 000元，2×17年6月发生坏账22 000元，2×17年年末应收账款余额为4 400 000元，2×18年1月收回上年已转销的坏账10 000元，2×18年年末应收账款余额为5 000 000元。企业各年坏账准备的提取比例均为5%。其会计处理如下：

（1）2×16年年末提取坏账准备200 000元（4 000 000×5%）：

借：信用减值损失　　　　　　　　　　　　　　　　　200 000
　　贷：坏账准备　　　　　　　　　　　　　　　　　　　200 000

（2）2×17年6月发生坏账22 000元：

借：坏账准备　　　　　　　　　　　　　　　　　　　22 000
　　贷：应收账款　　　　　　　　　　　　　　　　　　　22 000

（3）2×17年年末补提坏账准备42 000元（4 400 000×5%-200 000+22 000）：

借：信用减值损失　　　　　　　　　　　　　　　　　42 000
　　贷：坏账准备　　　　　　　　　　　　　　　　　　　42 000

（4）2×18年1月收回已转销坏账10 000元：

借：银行存款　　　　　　　　　　　　　　　　　　　10 000
　　贷：应收账款　　　　　　　　　　　　　　　　　　　10 000

借：应收账款　　　　　　　　　　　　　　　　　　　10 000
　　贷：坏账准备　　　　　　　　　　　　　　　　　　　10 000

（5）2×18年年末补提坏账准备20 000元（5 000 000×5%-220 000-10 000）：

借：信用减值损失　　　　　　　　　　　　　　　　　20 000
　　贷：坏账准备　　　　　　　　　　　　　　　　　　　20 000

**复习思考题**

1. 什么是财产清查？为什么要进行财产清查？财产清查有什么作用？

2. 哪些因素会造成各项财产账面数与实际数不一致？

3. 如何对库存现金、银行存款进行清查？可能会出现什么问题？如何解决？

4. 什么是"未达账项"？企业能否根据银行存款余额调节表将未达账项登记入账？为什么？

5. 说明"待处理财产损溢"账户的用途、结构。

6. 财产清查结果如有差异，在账务上应如何处理？

综合练习题

业务题一

[目的] 练习编制银行存款余额调节表，进行银行存款清查。

[资料] 益华公司 2019 年 8 月 31 日银行存款日记账余额为 37 685 元，银行送来的对账单余额为 38 570 元。经逐笔核对，清查人员发现两者有下列不符之处：

（1）8 月 30 日，益华公司开出转账支票一张向方圆公司购买文具用品，价值 1 045 元，方圆公司尚未到银行办理转账手续。

（2）8 月 30 日，益华公司委托银行代收一笔货款 7 800 元，款项银行已收妥入账，益华公司尚未收到通知入账。

（3）8 月 30 日，益华公司收到申花公司交来的转账支票 4 700 元，益华公司已送交银行办理，并已入账，但银行尚未入账。

（4）8 月 31 日，银行扣收手续费 12 元，益华公司尚未入账。

（5）8 月 31 日，银行代付公用事业费 3 456 元，益华公司尚未收到通知入账。

（6）8 月 31 日，本月银行存款利息 208 元，益华公司尚未收到通知入账。

[要求] 根据以上资料，编制银行存款余额调节表，并确定益华公司 2019 年 8 月 31 日银行存款的实际结存额。

业务题二

[目的] 练习存货、固定资产清查结果的账务处理。

[资料] 益华公司 2019 年 6 月 30 日对存货和固定资产清查发现有关情况如下：

（1）库存 A 产品账面结存数量 2 000 件，单位成本 35 元，金额 70 000 元；实存 1 985 件，盘亏 15 件，价值 525 元。经查明，系保管人员过失所致，经批准责令赔偿。

（2）甲材料账面结存数量 250 千克，每千克 20 元，金额 5 000 元，全部毁损，作为废料处理，计价 100 元。经查明，系自然灾害所致，其损失经批准作为非常损失处理。

（3）经盘点，盘亏机器一台，账面原值为 8 000 元，已提折旧 2 400 元，经批准，同意转销处理。

（4）乙材料账面结存数量 120 吨，每吨成本 100 元，价值 12 000 元；实存 118 吨，盘亏 2 吨，价值 200 元。经查明，属于定额内损耗，经批准转销处理。

（5）丙材料账面结存数量 300 千克，每千克 10 元，价值 3 000 元；实存 310 千克，盘盈 10 千克，价值 100 元。经查明，系收发计量差错原因造成，经批准转销处理。

[要求] 根据以上资料，编制存货和固定资产清查结果审批前后的会计分录。

# 第七章
# 财务报表

- - - - - - - - - - - - - - - - - - - - - - - - - - - - - - - - - - - - - - -

## 第一节 财务报表概述

### 一、财务报表的定义和作用

（一）财务报表的定义

企业、行政部门、事业单位等的经济活动和财务收支，经过日常的会计核算，已在账簿中序时、连续、系统地做了归集和记录。这些核算资料是分散地反映在各个账户之中，不能集中地、总括地、一目了然地反映企业、行政部门、事业单位等的经济活动和财务收支全貌。为了满足经营管理的需要，须将日常核算资料按照科学的方法和一定的指标定期进行系统的整理，以特定的表现形式全面综合地反映整个企业的经济活动和财务收支状况。

财务报表是通过整理、汇总日常会计核算资料而定期编制的，用来集中、总括地反映企业单位在某一特定日期的财务状况以及某一会计期间经营成果和现金流量的书面报告。

（二）财务报表的作用

编制财务报表是会计核算的又一种专门方法，也是会计工作的一项重要内容。财务报表提供的指标，比其他会计资料提供的信息更为综合、系统和全面地反映企业、行政部门、事业单位等的经济活动的情况和结果。因此，财务报表对企业、行政部门、事业单位本身及其主管部门，对企业的债权人和投资者以及财税、银行、审计等部门来说，都是一种十分重要的经济资料。财务报表的作用具体表现在以下几个方面：

（1）财务报表提供的资料可以帮助企业领导和管理人员分析检查企业的经济活动是否符合制度规定；考核企业资金、成本、利润等计划指标的完成程度；分析与评价经营管理中的成绩和缺点，采取措施，加强经营管理，提高经济效益；运用财务报表的资料和其他资料进行分析，为编制下期计划提供依据。同时，企业通过财务报表把经营情况和结果向职工交底，以便职工进行监督，进一步发挥职工主人翁作用，从群众各方面提出改进建议，促进企业增产节约措施的落实。

（2）单位主管部门利用财务报表考核所属单位的业绩以及各项经济政策贯彻执行

情况，并通过各单位同类指标的对比分析，及时总结成绩，推广先进经验；对发现的问题分析原因，采取措施，克服薄弱环节。同时，主管部门通过报表逐级汇总提供的资料，可以在一定范围内反映国民经济计划的执行情况，为国家宏观管理提供依据。

（3）财政、税务、银行和审计部门利用财务报表提供的资料，可以了解企业资金的筹集运用是否合理，检查企业税收的解缴情况、利润计划的完成情况以及有无违反税法和财经纪律的现象，更好地发挥财政、税收的监督职能。银行部门可以考查企业流动资金的利用情况，分析企业银行借款的物资保证程度，研究企业流动资金的正常需要量，了解银行借款的归还及信贷纪律的执行情况，充分发挥银行经济监督和经济杠杆的作用。审计部门可以利用财务报表了解企业财务状况和经营情况以及财经政策、法令和纪律执行情况，从而为财务审计和经济效益审计提供必要的资料。

（4）企业的投资人、债权人和其他利益群体需利用财务报表提供的企业财务状况和偿债能力，作为投资、贷款和交易的决策依据。行政部门、事业单位等的财务报表可以总括地反映预算资金收支情况和预算执行的结果，以便总结经验教训，改进工作，提高管理水平，并为编制下期预算提供必要的资料。

### 二、财务报表的种类

不同性质的经济单位由于会计核算的内容不一样，经济管理的要求及其编制财务报表的种类也不尽相同。就企业而言，其编制的财务报表也可以按不同的标志划分为不同的类别。

（一）按照财务报表反映的经济内容分类

财务报表按反映的经济内容不同，可以分为以下四种类型：

（1）反映一定日期企业资产、负债以及所有者权益等财务状况的报表，如资产负债表。

（2）反映一定时期企业经营成果的财务报表，如利润表。

（3）反映一定时期企业构成所有者权益的各组成部分的增减变动情况的报表，如所有者权益变动表。

（4）反映一定时期企业财务状况变动情况的财务报表，如现金流量表。

以上四类报表可以划分为静态报表和动态报表，前者为资产负债表，后者为利润表、所有者权益变动表和现金流量表。

（二）按照财务报表报送对象分类

财务报表按其服务的对象不同，可以分为以下两大类：

（1）对外报送的财务报表，包括资产负债表、利润表、所有者权益变动表和现金流量表等。这些报表可以用于企业内部管理，但更偏向于满足现在和潜在投资者、贷款人、供应商和其他债权人、顾客、政府机构、社会公众等外部使用者的信息要求。这类报表一般有统一格式和编制要求。

（2）对内报送的财务报表。这类报表是根据企业内部管理需要编制的，主要用于企业内部成本控制、定价决策、投资或筹资方案的选择等。这类报表无规定的格式、种类。

（三）按照财务报表编报的编制分类

财务报表按编报的编制不同，可以分为个别财务报表和合并财务报表两类。这种划分是在企业对外单位进行投资的情况下，由于特殊的财务关系而形成的。

（1）个别财务报表指只反映对外投资企业本身的财务状况和经营情况的财务报表，包括对外财务报表和对内财务报表。

（2）合并财务报表是指一个企业在能够控制另一个企业的情况下，将被控制企业与本企业视为一个整体，将其有关经济指标与本企业的数字合并而编制的财务报表。合并财务报表反映的是企业与被控制企业共同的财务状况与经营成果。合并财务报表一般只编制对外财务报表。

（四）按照财务报表编制的时间分类

财务报表按照编制的时间不同，可以分为定期财务报表和不定期财务报表，其中定期财务报表又可以分为年度财务报表（年报）、季度财务报表（季报）和月度财务报表（月报）三类。年报是年终编制的报表，是全面反映企业财务状况、经营成果及其分配、现金流量等方面的报表。季报是每一季度末编制的报表，种类比年报少一些。月报是月终编制的财务报表，只包括一些主要的报表，如资产负债表、利润表等。

在编制财务报表时，哪些报表为年度财务报表，哪些报表为季度财务报表，哪些报表为月度财务报表，都应根据企业会计准则的规定确定。月度财务报表、季度财务报表称为中期报告，企业在持续经营的条件下，一般是按年、季、月编制财务报表，但在某种特殊情况下则需编制不定期财务报表。例如，企业在宣布破产时应编制和报送破产清算财务报表。

（五）按照财务报表编制单位分类

财务报表按照编制单位不同，可以分为单位财务报表和汇总财务报表两类。

单位财务报表是指由独立核算的会计主体编制的，用以反映某一会计主体的财务状况、经营活动成果和费用支出以及成本完成情况的报表。汇总财务报表是指由上级主管部门将其所属各基层经济单位的财务报表与其本身的财务报表汇总编制的，用以反映一个部门或一个地区经济情况的财务报表。

为了帮助财务报表的使用者更加清晰地了解和掌握企业的经济活动情况，使财务报表在经济管理中起到更大的作用，企业应在编制、报送年度财务报表的同时，撰写并报送财务状况说明书。财务状况说明书的主要内容如下：

（1）企业在报告期内的生产情况。

（2）企业在报告期内的盈亏情况及利润的分配情况。

（3）企业在报告期内的资金周转及其增减变动情况。

（4）企业在报告期内的资本结构及其情况。

（5）企业在报告期内的主要税、费的计算及缴纳情况。

（6）企业在报告期内的财产盈亏及报损情况。

（7）企业在报告期内会计核算方法的变更情况。

（8）其他有必要说明的情况。

### 三、财务报表的编制要求

为了充分发挥财务报表的作用，财务报表的种类、格式、内容和编制方法，都应由财政部门统一制定，企业应严格地按照统一规定填制和上报，才能保证财务报表口径一致，便于各有关部门利用财务报表，了解、考核和管理企业的经济活动。

为确保财务报表质量，编制财务报表必须符合以下要求：

#### （一）数字真实

根据客观性原则，企业财务报表填列的数字必须真实可靠，能准确地反映企业的财务状况和经营成果，不得以估计数字填列财务报表，更不得弄虚作假、篡改或伪造数字。为了确保财务报表的数字真实准确，企业应做到如下几点：

（1）报告期内所有的经济业务必须全部登记入账，企业应根据核对无误的账簿记录编制财务报表，不得用估计数字编制财务报表，不得弄虚作假，不得篡改数字。

（2）在编制财务报表之前，企业应认真核对账簿记录，做到账证相符、账账相符。发现有不符之处，企业应先查明原因，加以更正，再据以编制财务报表。

（3）企业应定期进行财产清查，对各项财产物资、货币资金和往来款项进行盘点、核实，在账实相符的基础上编制财务报表。

（4）在编制财务报表时，企业要核对财务报表之间的数字，有勾稽关系的数字要认真核对；本期财务报表与上期财务报表之间的数字应相对衔接一致，本年度财务报表与上年度财务报表之间相关指标数字应衔接一致。

#### （二）内容完整

财务报表中各项指标和数据是相互联系、相互补充的，必须按规定填列齐全、完整。不论主表、附表或补充资料，都不能漏填、漏报。各财务报表之间、项目之间凡有对应关系的项目的数据，应该相互一致，做到表表相符。

#### （三）计算正确

财务报表上的各项指标都必须按企业会计准则和企业会计制度规定的口径填列，不得任意删减或增加，凡需经计算填列的指标，应按以上两项制度规定的公式计算填列。

#### （四）编报及时

企业应按规定的时间编报财务报表，及时逐级汇总，以便报表的使用者及时、有效地利用财务报表资料。为此，企业应科学地组织好会计的日常核算工作，选择适合本企业具体情况的会计核算组织程序认真做好记账、算账、对账和按期结账工作。

## 第二节　资产负债表

资产负债表是总括反映企业在某一特定日期（月末、季末或年末）全部资产、负债和所有者权益情况的财务报表。

### 一、资产负债表的作用

资产负债表可以提供的信息如下：

（1）流动资产实有情况的信息，包括货币资金、应收及预付款项、交易性金融资产和存货等流动资产实有情况的信息。

（2）非流动资产实有情况的信息，包括债权投资、其他债权投资、其他权益工具投资、长期股权投资、固定资产、无形资产等非流动资产实有情况的信息。

（3）流动负债的信息，包括短期借款、交易性金融负债、应付及预收款项等流动负债的信息。

（4）非流动负债的信息，包括长期借款、应付债券、长期应付款等信息。

（5）所有者权益的信息，包括实收资本、盈余公积和未分配利润的信息。

资产负债表总括地提供了企业的经营者、投资者和债权人等各方面需要的信息，其具体作用如下：

（1）通过资产负债表可以了解企业掌握的经济资源及其分布的情况，经营者可据此分析企业资产分布是否合理，以加强经营管理，提高管理水平。

（2）通过资产负债表可以了解企业资金的来源渠道和构成，投资者和债权人可据此分析企业面临的财务风险，以监督企业合理使用资金。

（3）通过资产负债表可以了解企业的财务实力、短期偿债能力和支付能力，投资者和债权人可据此做出投资和贷款的正确决策。

（4）通过对前后期资产负债表的对比分析，可以了解企业资金结构的变化情况，经营者、投资者和债权人可据此掌握企业财务状况的变化趋势。

### 二、资产负债表的结构

资产负债表一般有表首、正表两部分。其中，表首概括地说明报表名称、编制单位、报表日期、报表编号、货币名称、计量单位等。正表则列示了用以说明企业财务状况的各个项目。资产负债表一般有两种格式：报告式资产负债表和账户式资产负债表。报告式资产负债表是上下结构，上半部列示资产，下半部列示负债和所有者权益。具体排列形式又有两种，一是按"资产=负债+所有者权益"的原理排列，二是按"资产-负债=所有者权益"的原理排列。账户式资产负债表是左右结构，左边列示资产，右边列示负债和所有者权益。不管采取什么格式，资产各项目的合计等于负债和所有者权益各项目的合计这一等式不变。在我国，资产负债表采用账户式，资产负债表左右双方平衡，即资产总计等于负债和所有者权益总计。

在资产负债表中，资产按照其流动性分类分项列示，包括流动资产和非流动资产；负债按照其流动性分类分项列示，包括流动负债和非流动负债；所有者权益按照实收资本（股本）、资本公积、盈余公积、未分配利润等项目分项列示。财政部于2018年6月发布了《财政部关于修订印发2018年度一般企业财务报表格式的通知》（财会〔2018〕15 号），对一般企业财务报表进行了修订完善。此次修订包含两套财务报表格式，分别适用于尚未执行新修订的《企业会计准则第 22 号——金融工具确认和计量》（以下简称"新金融工具准则"）和修订的《企业会计准则第 14 号——收入》的非金融企业和已执行新金融工具准则或新收入准则的非金融企业①。

（一）尚未执行新金融工具准则和新收入准则的非金融企业

资产负债表的基本格式和内容如表 7-1 所示。

表 7-1　资产负债表

编制单位：××公司　　　　　　　　2018 年 12 月 31 日　　　　　　　会企 01 表<br>单位：元

| 资产 | 年初数 | 期末数 | 负债和所有者权益 | 年初数 | 期末数 |
|---|---|---|---|---|---|
| 流动资产： |  |  | 流动负债： |  |  |
| 　货币资金 |  |  | 　短期借款 |  |  |
| 　以公允价值计量且其变动计入当期损益的金融资产 |  |  | 　以公允价值计量企业变动计入当期损益的金融负债 |  |  |
| 　应收票据 |  |  | 　应付票据 |  |  |
| 　应收账款 |  |  | 　应付账款 |  |  |
| 　预付款项 |  |  | 　预收款项 |  |  |
| 　其他应收款 |  |  | 　应付职工薪酬 |  |  |
| 　存货 |  |  | 　应交税费 |  |  |
| 　持有待售资产 |  |  | 　其他应付款 |  |  |
| 　一年内到期的非流动资产 |  |  | 　持有待售负债 |  |  |
| 　其他流动资产 |  |  | 　一年内到期的非流动负债 |  |  |
| 　流动资产合计 |  |  | 　其他流动负债 |  |  |
| 非流动资产： |  |  | 　流动负债合计 |  |  |
| 　可供出售金融资产 |  |  | 非流动负债： |  |  |
| 　持有至到期投资 |  |  | 　长期借款 |  |  |
| 　长期应收款 |  |  | 　应付债券 |  |  |
| 　长期股权投资 |  |  | 　长期应付款 |  |  |
| 　投资性房地产 |  |  | 　预计负债 |  |  |
| 　固定资产 |  |  | 　其他非流动负债 |  |  |
| 　在建工程 |  |  | 　非流动负债合计 |  |  |
| 　无形资产 |  |  | 　负债合计 |  |  |
| 　开发支出 |  |  | 所有者权益（或股东权益）： |  |  |
| 　长期待摊费用 |  |  | 　实收资本（或股本） |  |  |
| 　其他非流动资产 |  |  | 　资本公积 |  |  |
| 　非流动资产合计 |  |  | 　盈余公积 |  |  |
|  |  |  | 　未分配利润 |  |  |
|  |  |  | 　所有者权益（或股东权益）合计 |  |  |
| 资产总计 |  |  | 负债和所有者权益（或股东权益）总计 |  |  |

---

①　新金融工具准则和新收入准则对于境内外同时上市企业以及在境外上市并采用国际财务报告准则或企业会计准则编制财务报告的企业于 2018 年 1 月 1 日起施行；其他境内上市企业分别自 2019 年 1 月 1 日和 2020 年 1 月 1 日起施行；执行企业会计准则的非上市企业均自 2021 年 1 月 1 日起施行，允许提前执行。

（二）已执行新金融工具准则和新收入准则的非金融企业

资产负债表的基本格式和内容如表 7-2 所示。

**表 7-2　资产负债表**　　　　　　　　　　　　会企 01 表

编制单位：××公司　　　　　　　　2018 年 12 月 31 日　　　　　　　　单位：元

| 资产 | 年初数 | 期末数 | 负债和所有者权益 | 年初数 | 期末数 |
|---|---|---|---|---|---|
| 流动资产： | | | 流动负债： | | |
| 　货币资金 | | | 　短期借款 | | |
| 　交易性金融资产 | | | 　交易性金融负债 | | |
| 　应收票据 | | | 　应付票据 | | |
| 　应收账款 | | | 　应付账款 | | |
| 　预付款项 | | | 　预收款项 | | |
| 　其他应收款 | | | 　合同负债 | | |
| 　存货 | | | 　应付职工薪酬 | | |
| 　合同资产 | | | 　应交税费 | | |
| 　持有待售资产 | | | 　其他应付款 | | |
| 　一年内到期的非流动资产 | | | 　持有待售负债 | | |
| 　其他流动资产 | | | 　一年内到期的非流动负债 | | |
| 　　流动资产合计 | | | 　其他流动负债 | | |
| 非流动资产： | | | 　　流动负债合计 | | |
| 　债权投资 | | | 非流动负债： | | |
| 　其他债权投资 | | | 　长期借款 | | |
| 　长期应收款 | | | 　应付债券 | | |
| 　长期股权投资 | | | 　长期应付款 | | |
| 　其他权益工具投资 | | | 　预计负债 | | |
| 　其他非流动金融资产 | | | 　其他非流动负债 | | |
| 　投资性房地产 | | | 　　非流动负债合计 | | |
| 　固定资产 | | | 　　　负债合计 | | |
| 　在建工程 | | | 所有者权益（或股东权益）： | | |
| 　无形资产 | | | 　实收资本（或股本） | | |
| 　开发支出 | | | 　资本公积 | | |
| 　长期待摊费用 | | | 　盈余公积 | | |
| 　其他非流动资产 | | | 　未分配利润 | | |
| 　　非流动资产合计 | | | 　　所有者权益（或股东权益）合计 | | |
| 资产总计 | | | 负债和所有者权益（或股东权益）总计 | | |

### 三、资产负债表的编制方法

根据企业会计准则的规定，会计报表至少应当反映相关两个期间的比较数据。也就是说，企业需要提供比较资产负债表，因此资产负债表各项目需要分为"年初数"和"期末数"两栏分别填列。

资产负债表中"年初数"栏内各项目数字，应根据上年年末资产负债表"期末数"栏内所列数字填列。如果本年度资产负债表规定的各个项目的名称和内容同上年度不相一致，应对上年年末资产负债表各项目的名称和数字按照本年度的规定进行调整，按调整后的数字填入本表"年初数"栏内。

"期末数"是指某一会计期末的数字，即月末、季末、半年末或年末的数字。资产负债表各项目"期末数"栏内的数字，可通过以下几种方式取得：

（1）根据总账余额直接填列，如"短期借款""应收股利"等项目。

（2）根据总账余额计算填列，如"货币资金"项目需要根据"库存现金""银行存款""其他货币资金"账户的期末余额合计数填列。

（3）根据明细账余额计算填列，如"应付账款"项目需要根据"应付账款""预付账款"账户所属相关明细账的期末贷方余额计算填列。

（4）根据总账和明细账余额分析计算填列，如"长期借款"项目需要根据"长期借款"总账期末余额，扣除"长期借款"总账所属明细账中反映的、将于一年内到期且企业不能自主地将清偿义务展期的长期借款部分分析计算填列。

（5）根据有关账户余额减去其备抵账户余额后的净额填列，如"无形资产"项目是用"无形资产"账户余额减去"累计摊销"和"无形资产减值准备"账户余额后的净额填列。

（6）综合运用上述填列方法分析填列，如"应付票据及应付账款"项目应根据"应付票据""应付账款"和"应收账款"账户所属各明细账户的期末借方余额合计数减去"坏账准备"账户中有关应收账款计提的坏账准备期末余额后的金额填列。

（一）资产负债表各项目的填列方法

（1）"货币资金"项目反映企业库存现金、银行存款、外埠存款、银行汇票存款、银行本票存款、信用证保证金存款等的合计数。本项目应根据"库存现金""银行存款""其他货币资金"账户的期末余额合计填列。

（2）"以公允价值计量且其变动计入当期损益的金融资产"项目反映企业购入的各种能随时变现，并准备随时变现的股票、债券和基金投资。本项目应根据"交易性金融资产"账户的期末余额填列。

"交易性金融资产"项目反映资产负债表日企业分类为以公允价值计量且其变动计入当期损益的金融资产以及企业持有的直接指定为以公允价值计量且其变动计入当期损益的金融资产的期末账面价值。本项目应根据"交易性金融资产"账户的相关明细账户期末余额分析填列。自资产负债表日起超过一年到期且预期持有超过一年的以公允价值计量且其变动计入当期损益的非流动金融资产的期末账面价值在"其他非流动金融资产"项目反映。

（3）"应收票据"项目反映企业收到的未到期收款也未向银行贴现的应收票据，包括商业承兑汇票和银行承兑汇票。本项目应根据"应收票据"账户的期末余额填列。已向银行贴现和已背书转让的应收票据不包括在本项目内，其中已贴现的商业承兑汇票应在财务报表附注中单独披露。

（4）"应收账款"项目反映企业因销售商品、产品和提供劳务等而应向购买单位收取的各种款项减去已计提的坏账准备后的净额。本项目应根据"应收账款"账户所属各明细账户的期末借方余额合计数减去"坏账准备"账户中有关应收账款计提的坏账准备期末余额后的金额填列。如"应收账款"账户所属明细账户期末有贷方余额，应在资产负债表"预收款项"项目内填列。

（5）"其他应收款"项目反映企业除应收票据、应收账款、预付账款以外的应收和暂付其他单位和个人的款项，应根据"应收利息""应收股利""其他应收款"账户的期末余额合计数减去"坏账准备"账户中相关坏账准备期末余额后的金额填列。"应收股利"项目反映企业因股权投资而应收取的现金股利，企业应收其他单位的利润，也包括在本项目内，应根据"应收股利"账户的期末余额填列。"应收利息"项目反映企业因债权投资而应收取的利息，本项目应根据"应收利息"账户的期末余额填列。

（6）"预付款项"项目反映企业预付给供应单位的款项。本项目应根据"预付账款"账户和"应付账款"账户所属各明细账户的期末借方余额合计减去"坏账准备"账户中有关预付账款计提的坏账准备期末余额后的金额填列。如"预付账款"账户所属有关明细账期末有贷方余额的，应在资产负债表"应付账款"项目内填列。

（7）"存货"项目反映企业期末库存、在途加工中的各项存货的价值，包括各种材料、商品、在产品、半成品、包装物、低值易耗品等。本项目应根据"在途物资"（或"材料采购"）"原材料""库存商品""周转材料""委托加工物资""生产成本"等账户的期末余额合计减去"存货跌价准备"账户期末余额后的金额填列。原材料采用计划成本核算的企业，还应按加或减材料成本差异后的金额填列。

（8）"持有待售资产"项目反映资产负债表日划分为持有待售类别的非流动资产及划分为持有待售类别的处置组中流动资产和非流动资产的期末账面价值。本项目应根据"持有待售资产"账户的期末余额减去"持有待售资产减值准备"账户的期末余额后的金额填列。

（9）"其他流动资产"项目反映企业除以上流动资产项目外的其他流动资产。本项目应根据有关账户的期末余额填列。如其他流动资产价值较大，应在会计报表附注中披露其内容和金额。

（10）"债权投资"项目反映资产负债表日企业以摊余成本计量的长期债权投资的期末账面价值。本项目应根据"债权投资"账户的相关明细账户期末余额减去"债权投资减值准备"账户中相关减值准备的期末余额后的金额分析填列。自资产负债表日起一年内到期的长期债权投资的期末账面价值，在"一年内到期的非流动资产"项目反映。企业购入的以摊余成本计量的一年内到期的债权投资的期末账面价值在"其他流动资产"项目反映。

（11）"其他债权投资"项目反映资产负债表日企业分类为以公允价值计量且其

变动计入其他综合收益的长期债权投资的期末账面价值。本项目应根据"其他债权投资"账户的相关明细账户期末余额分析填列。自资产负债表日起一年内到期的长期债权投资的期末账面价值，在"一年内到期的非流动资产"项目反映。企业购入的以公允价值计量且其变动计入其他综合收益的一年内到期的债权投资的期末账面价值，在"其他流动资产"项目反映。

（12）"长期应收款"项目反映企业应收期限在一年以上的款项。本项目应根据"长期应收款"账户的期末余额减去相应的"未实现融资收益"账户期末余额和"坏账准备"账户期末余额，再减去所属相关明细账中将于一年内到期的部分后的金额进行填列。

（13）"长期股权投资"项目反映企业不准备在一年内（含一年）变现的各种股权性质投资的可收回金额。本项目应根据"长期股权投资"账户的期末余额减去"长期股权投资减值准备"账户余额后的金额填列。

（14）"其他权益工具投资"项目反映资产负债表日企业指定为以公允价值计量且其变动计入其他综合收益的非交易性权益工具投资的期末账面价值。本项目应根据"其他权益工具投资"账户的期末余额填列。

（15）"投资性房地产"项目反映企业拥有的用于出租的建筑物和土地使用权的金额。本项目应根据"投资性房地产"账户的期末余额填列。

（16）"固定资产"项目反映资产负债表日企业固定资产的期末账面价值和企业尚未清理完毕的固定资产清理净损益。本项目应根据"固定资产"账户的期末余额减去"累计折旧"和"固定资产减值准备"账户的期末余额后的金额以及"固定资产清理"账户的期末余额填列。"固定资产清理"项目反映企业因出售、毁损、报废等原因转入清理但尚未清理完毕的固定资产的账面价值与固定资产清理过程中发生的清理费用和变价收入等各项金额的差额。

（17）"在建工程"项目反映资产负债表日企业尚未达到预定可使用状态的在建工程的期末账面价值和企业为在建工程准备的各种物资的期末账面价值。本项目应根据"在建工程"账户的期末余额减去"在建工程减值准备"账户的期末余额后的金额以及"工程物资"账户的期末余额减去"工程物资减值准备"账户的期末余额后的金额填列。

（18）"无形资产"项目反映企业各项无形资产的期末可收回金额。本项目应根据"无形资产"账户的期末余额减去"累计摊销"和"无形资产减值准备"账户期末余额后的金额填列。

（19）"开发支出"项目反映企业自行研究开发无形资产在期末尚未完成开发阶段的无形资产的价值。本项目应根据"开发支出"账户的期末余额填列。

（20）"长期待摊费用"项目反映企业尚未摊销的摊销期限在一年以上（不含一年）的各种费用，如租入固定资产改良支出、摊销期限在一年以上（不含一年）的其他待摊费用。本项目应根据"长期待摊费用"账户的期末余额填列。

（21）"其他非流动资产"项目反映企业除以上资产以外的其他长期资产。本项目应根据有关账户的期末余额填列。如其他长期资产价值较大的，应在财务报表附注中披露其内容和金额。

（22）"短期借款"项目反映企业借入尚未归还的一年期以下（含一年）的借款。本项目应根据"短期借款"账户的期末余额填列。

（23）"以公允价值计量且其变动计入当期损益的金融负债"项目，反映企业承担的以公允价值计量且其变动计入当期损益的为交易目的持有的金融负债。本项目应根据"交易性金融负债"账户的期末余额填列。

"交易性金融负债"项目反映资产负债表日企业承担的交易性金融负债以及企业持有的直接指定为以公允价值计量且其变动计入当期损益的金融负债的期末账面价值。本项目应根据"交易性金融负债"账户的相关明细账户期末余额填列。

（24）"应付票据"项目反映企业为了抵付货款等而开出、承兑的尚未到期付款的应付票据，包括银行承兑汇票和商业承兑汇票。本项目应根据"应付票据"账户的期末余额填列。

（25）"应付账款"项目反映企业购买原材料、商品和接受劳务供应等而应付给供应单位的款项。本项目应根据"应付账款"账户所属各有关明细账户的期末贷方余额合计填列；如"应付账款"账户所属各明细账户期末有借方余额，应在资产负债表"预付款项"项目内填列。

（26）"预收款项"项目反映企业预收购买单位的账款。本项目应根据"预收账款"和"应收账款"账户所属各有关明细账户的期末贷方余额合计填列。如"预收账款"账户所属有关明细账户有借方余额的，应在本表"应收账款"项目内填列。

（27）"应付职工薪酬"项目反映企业应付未付的职工薪酬。应付职工薪酬包括应付职工的工资、奖金、津贴和补贴、职工福利费和医疗保险费、养老保险费等各种保险费以及住房公积金等。本项目应根据"应付职工薪酬"账户期末贷方余额填列。如"应付职工薪酬"账户期末有借方余额，以"－"号填列。

（28）"应交税费"项目反映企业期末未交、多交或未抵扣的各种税金和其他费用。本项目应根据"应交税费"账户的期末贷方余额填列。如"应交税费"账户期末为借方余额，以"－"号填列。

（29）"其他应付款"项目应根据"应付利息""应付股利""其他应付款"账户的期末余额合计数填列。"其他应付款"项目反映企业除应付票据、应付账款、应付工资、应付利润等以外的应付和暂收其他单位和个人的款项。本项目应根据"其他应付款"账户的期末余额填列。"应付股利"项目反映企业尚未支付的现金股利，应根据"应付股利"账户的期末余额填列。

（30）"持有待售负债"项目反映资产负债表日处置组中与划分为持有待售类别的资产直接相关的负债的期末账面价值。本项目应根据"持有待售负债"账户的期末余额填列。

（31）"其他流动负债"项目反映企业除以上流动负债以外的其他流动负债。本项目应根据有关账户的期末余额填列，如其他流动负债价值较大的，应在财务报表附注中披露其内容及金额。

（32）"长期借款"项目反映企业借入尚未归还的一年期以上（不含一年）的借款本息。本项目应根据"长期借款"账户的期末余额填列。

（33）"应付债券"项目反映企业发行的尚未偿还的各种长期债券的本息。本项目应根据"应付债券"账户的期末余额填列。

（34）"长期应付款"项目反映资产负债表日企业除长期借款和应付债券以外的其他各种长期应付款的期末账面价值。本项目应根据"长期应付款"账户的期末余额减去相关的"未确认融资费用"账户的期末余额，再减去所属相关明细账中将于一年内到期的部分后的金额以及"专项应付款"账户的期末余额填列。其中，"专项应付款"项目反映企业取得的政府作为企业所有者投入的具有专项或特定用途的款项。本项目应根据"专项应付款"账户的期末余额填列。

（35）"预计负债"项目反映企业确认的对外提供担保、未决诉讼、产品质量保证等事项的预计负债的期末余额。本项目应根据"预计负债"账户的期末余额填列。

（36）"其他非流动负债"项目反映企业除以上非流动负债项目以外的其他非流动负债。本项目应根据有关账户的期末余额填列。如其他非流动负债价值较大的，应在会计报表附注中披露其内容和金额。

上述非流动负债各项目中将于一年内（含一年）到期的负债，应在"一年内到期的非流动负债"项目内单独反映。上述非流动负债各项目均应根据有关账户期末余额减去将于一年内（含一年）到期的非流动负债后的金额填列。

（37）"合同资产"和"合同负债"项目。企业应按照《企业会计准则第14号——收入》的相关规定并根据本企业履行履约义务与客户付款之间的关系在资产负债表中列示合同资产或合同负债。"合同资产"项目、"合同负债"项目，应分别根据"合同资产"账户、"合同负债"账户的相关明细账户期末余额分析填列，同一合同下的合同资产和合同负债应当以净额列示，其中净额为借方余额的，应当根据其流动性在"合同资产"或"其他非流动资产"项目中填列，已计提减值准备的，还应减去"合同资产减值准备"账户中相关的期末余额后的金额填列。其中净额为贷方余额的，应当根据其流动性在"合同负债"或"其他非流动负债"项目中填列。

按照《企业会计准则第14号——收入》的相关规定确认为资产的合同取得成本，应当根据"合同取得成本"账户的明细账户初始确认时摊销期限是否超过一年或一个正常营业周期，在"其他流动资产"或"其他非流动资产"项目中填列，已计提减值准备的，还应减去"合同取得成本减值准备"账户中相关的期末余额后的金额填列。

按照《企业会计准则第14号——收入》的相关规定确认为资产的合同履约成本，应当根据"合同履约成本"账户的明细账户初始确认时摊销期限是否超过一年或一个正常营业周期，在"存货"或"其他非流动资产"项目中填列，已计提减值准备的，还应减去"合同履约成本减值准备"账户目中相关的期末余额后的金额填列。

按照《企业会计准则第14号——收入》的相关规定确认为资产的应收退货成本，应当根据"应收退货成本"账户是否在一年或一个正常营业周期内出售，在"其他流动资产"或"其他非流动资产"项目中填列。

按照《企业会计准则第14号——收入》的相关规定确认为预计负债的应付退货款，应当根据"预计负债"账户下的"应付退货款"明细账户是否在一年或一个正常营业周期内清偿，在"其他流动负债"或"预计负债"项目中填列。

（38）"实收资本（或股本）"项目反映企业各投资者实际投入的资本（或股本）总额。本项目应根据"实收资本（或股本）"账户的期末余额填列。

（39）"资本公积"项目反映企业资本公积的期末余额。本项目应根据"资本公积"账户的期末余额填列。

（40）"盈余公积"项目反映企业盈余公积的期末余额。本项目应根据"盈余公积"账户的期末余额填列。

（41）"未分配利润"项目反映企业尚未分配的利润。本项目应根据"本年利润"账户和"利润分配"账户的余额计算填列。未弥补的亏损，在本项目内以"-"号填列。

（二）资产负债表编制方法举例

【例7-1】益华公司年末有关科目资料如表7-3所示。

表7-3 益华公司2019年12月31日有关账户余额表　　　　　单位：元

| 账户名称 | 借方余额 | 贷方余额 | 账户名称 | 借方余额 | 贷方余额 |
|---|---|---|---|---|---|
| 库存现金 | 70 000 | | 短期借款 | | 235 000 |
| 银行存款 | 250 000 | | 应付票据 | | 220 000 |
| 其他货币资金 | 205 000 | | 应付账款 | | 500 000 |
| 交易性金融资产 | 25 000 | | 预收账款 | | 20 000 |
| 应收票据 | 35 000 | | 应付职工薪酬 | | 135 000 |
| 应收股利 | 35 000 | | 应付股利 | | 120 000 |
| 应收利息 | 10 000 | | 应交税费 | | 45 000 |
| 应收账款 | 356 000 | | 其他应付款 | | 35 000 |
| 坏账准备 | | 6 000 | 长期借款 | | 500 000 |
| 预付账款 | 60 000 | | 实收资本 | | 1 500 000 |
| 其他应收款 | 10 000 | | 资本公积 | | 89 000 |

表7-3(续)

| 账户名称 | 借方余额 | 贷方余额 | 账户名称 | 借方余额 | 贷方余额 |
|---|---|---|---|---|---|
| 原材料 | 350 000 | | 盈余公积 | | 256 000 |
| 库存商品 | 165 000 | | 利润分配 | | 125 000 |
| 生产成本 | 185 000 | | | | |
| 其他债权投资 | 350 000 | | | | |
| 长期股权投资 | 140 000 | | | | |
| 长期股权投资减值准备 | | 20 000 | | | |
| 固定资产 | 2 000 000 | | | | |
| 累计折旧 | | 650 000 | | | |
| 在建工程 | 120 000 | | | | |
| 无形资产 | 90 000 | | | | |
| 合计 | 4 456 000 | 676 000 | 合计 | | 3 780 000 |

说明：假定益华公司为尚未执行新金融工具准则和新收入准则的非金融企业。以上资料中有三个账户，经查明，应在列表时按规定予以调整：在"应收账款"账户中有明细账贷方余额10 000元，在"应付账款"账户中有明细账借方余额20 000元，在"预付账款"账户中有明细账贷方余额5 000元。

现将上列资料经归纳分析后填入资产负债表如下：

（1）将"库存现金""银行存款""其他货币资金"账户余额合并列入货币资金项目（70 000+250 000+205 000＝525 000），共计525 000元。

（2）将坏账准备项目6 000元从应收账款项目中减去；将应收账款明细账中的贷方余额10 000元列入预收账款项目。经计算，应收账款项目的账面价值为360 000元（356 000－6 000+10 000＝360 000），预收账款项目为30 000元（20 000+10 000＝30 000）。

（3）其他应收款项目由"其他应收款""应收利息""应收股利"账户余额合并填列为55 000元（10 000+10 000+35 000＝55 000）。

（4）将"原材料""库存商品""生产成本"，即其他存货账户余额合并为存货项目，共计700 000元（350 000+165 000+185 000＝700 000）。

（5）从"长期股权投资"账户中减去"长期股权投资减值准备"20 000元，长期股权投资项目的余额为120 000元（140 000－20 000＝120 000）。

（6）将应付账款明细账中的借方余额20 000元列入预付账款项目；将"预付账款"账户明细账中的贷方余额5 000元列入应付账款项目。经计算，预付账款项目的余额为85 000元（60 000+20 000+5 000＝85 000），应付账款项目的余额为

525 000元（500 000+20 000+5 000＝525 000）。

（7）其他应付款由"其他应付款""应付利息""应付股利"账户余额合并填列为155 000元（35 000+0+120 000＝155 000）。

（8）其余各项目按账户余额表数字直接填入报表。

现试编制益华公司资产负债表，如表7-4所示。

**表7-4 资产负债表**

编制单位：益华公司 　　　　　2019年12月31日 　　　　　单位：元

| 资产 | 期末余额 | 年初余额 | 负债和所有者权益 | 期末余额 | 年初余额 |
|---|---|---|---|---|---|
| 流动资产： | | （略） | 流动负债： | | 略 |
| 　货币资金 | 525 000 | | 　短期借款 | 235 000 | |
| 　以公允价值计量且其变动计入当期损益的金融资产 | 25 000 | | 　应付票据 | 220 000 | |
| | | | 　应付账款 | 525 000 | |
| 　应收票据 | 35 000 | | 　预收款项 | 30 000 | |
| 　应收账款 | 360 000 | | 　应付职工薪酬 | 135 000 | |
| 　预付款项 | 85 000 | | 　应交税费 | 45 000 | |
| 　其他应收款 | 55 000 | | 　其他应付款 | 155 000 | |
| 　存货 | 700 000 | | 　一年内到期的非流动负债 | 0 | |
| 　一年内到期的非流动资产 | 0 | | 　其他流动负债 | 0 | |
| 　其他流动资产 | 0 | | 　流动负债合计 | 1 345 000 | |
| 　流动资产合计 | 1 785 000 | | 非流动负债： | | |
| 非流动资产： | | | 　长期借款 | 500 000 | |
| 　可供出售金融资产 | 350 000 | | 　应付债券 | | |
| 　持有至到期投资 | 0 | | 　长期应付款 | | |
| 　长期应收款 | 0 | | 　递延所得税负债 | | |
| 　长期股权投资 | 120 000 | | 　其他非流动负债 | | |
| 　投资性房地产 | 0 | | 　非流动负债合计 | 500 000 | |
| 　固定资产 | 1 350 000 | | 　负债合计 | 1 845 000 | |
| 　在建工程 | 120 000 | | 所有者权益： | | |
| 　无形资产 | 90 000 | | 　实收资本 | 1 500 000 | |
| 　长期待摊费用 | 0 | | 　资本公积 | 89 000 | |
| 　递延所得税资产 | 0 | | 　盈余公积 | 256 000 | |
| 　其他非流动资产 | 0 | | 　未分配利润 | 125 000 | |
| 　非流动资产合计 | 2 030 000 | | 　所有者权益合计 | 1 970 000 | |
| 资产总计 | 3 815 000 | | 负债及所有者权益总计 | 3 815 000 | |

# 第三节 利润表

利润表是总括反映企业在一定时期（年度、季度或月份）内经营成果的财务报表，用以反映企业一定时期内利润（或亏损）的实际情况。

### 一、利润表的作用

利润表可以提供的信息如下：

（1）企业在一定时期内取得的全部收入，包括营业收入、投资收益和营业外收入。

（2）企业在一定时期内发生的全部费用和支出，包括营业成本、销售费用、管理费用、财务费用和营业外支出。

（3）全部收入与支出相抵后计算出企业一定时期内实现的利润（或亏损）总额。

利润表的作用在于通过利润表可以了解企业利润（或亏损）的形成情况，据以分析、考核企业经营目标及利润计划的执行结果，分析企业利润增减变动的原因，以促进企业加强经营管理，不断提高管理和盈利水平；通过利润表可以评比对企业投资的价值和报酬，判断企业的资本是否保全；根据利润表提供的信息，可以预测企业在未来期间的经营状况和盈利趋势。

### 二、利润表的结构

利润表一般包括表首、正表两部分。其中，表首概括说明报表名称、编制单位、编制日期、报表编号、货币名称、计量单位；正表是利润表的主体，反映形成经营成果的各个项目和计算过程。正表的格式一般有两种：单步式利润表和多步式利润表。单步式利润表是将当期所有的收入列在一起，然后将所有的费用列在一起，两者相减得出当期净损益。多步式利润表是通过对当期的收入、费用、支出项目按性质加以归类，按利润形成的主要环节列示一些中间性的利润指标，如营业利润、利润总额、净利润，分步计算当期净损益。具体格式见表7-5和表7-6。

为了清楚地反映各项指标的报告期数及从年初到报告期为止的累计数，在利润表中应分别设置"本月数"和"本年累计数"两栏。

（一）尚未执行新金融工具准则和新收入准则的非金融企业利润表的格式

表7-5　利润表

会企02表

编制单位：　　　　　　　　　　　____年__月　　　　　　　　　　单位：元

| 项目 | 本期金额 | 上期金额 |
|---|---|---|
| 一、营业收入 | | |
| 减：营业成本 | | |
| 税金及附加 | | |
| 销售费用 | | |
| 管理费用 | | |
| 研发费用 | | |
| 财务费用 | | |
| 其中：利息费用 | | |
| 利息收入 | | |

表7-5(续)

| 项目 | 本期金额 | 上期金额 |
|---|---|---|
| 　　资产减值损失 | | |
| 　加：其他收益 | | |
| 　　投资收益（损失以"-"号填列） | | |
| 　　　其中：对联营企业和合营企业的投资收益 | | |
| 　　公允价值变动收益（损失以"-"号填列） | | |
| 　　资产处置收益（损失以"-"号填列） | | |
| 二、营业利润（亏损以"-"号填列） | | |
| 　加：营业外收入 | | |
| 　减：营业外支出 | | |
| 三、利润总额（亏损总额以"-"号填列） | | |
| 　减：所得税费用 | | |
| 四、净利润（净亏损以"-"号填列） | | |
| 　（一）持续经营净利润（净亏损以"-"号填列） | | |
| 　（二）终止经营净利润（净亏损以"-"号填列） | | |
| 五、其他综合收益的税后净额 | | |
| 　（一）不能重分类进损益的其他综合收益 | | |
| 　　1. 重新计量设定受益计划变动额 | | |
| 　　2. 权益法下不能转损益的其他综合收益 | | |
| 　（二）将重分类进损益的其他综合收益 | | |
| 　　1. 权益法下可转损益的其他综合收益 | | |
| 　　2. 可供出售金融资产公允价值变动损益 | | |
| 　　3. 持有至到期投资重分类为可供出售金融资产损益 | | |
| 　　4. 现金流量套期损益的有效部分 | | |
| 　　5. 外币财务报表折算差额 | | |
| 六、综合收益总额 | | |
| 七、每股收益 | | |
| 　（一）基本每股收益 | | |
| 　（二）稀释每股收益 | | |

（二）已执行新金融工具准则和新收入准则的非金融企业利润表的格式

**表 7-6　利润表**

会企：02 表

编制单位：　　　　　　　　　　___年__月　　　　　　　　　　单位：元

| 项目 | 本期金额 | 上期金额 |
|---|---|---|
| 一、营业收入 | | |
| 　减：营业成本 | | |
| 　　　税金及附加 | | |
| 　　　销售费用 | | |
| 　　　管理费用 | | |
| 　　　研发费用 | | |
| 　　　财务费用 | | |
| 　　　　其中：利息费用 | | |
| 　　　　　　　利息收入 | | |
| 　　　资产减值损失 | | |
| 　　　信用减值损失 | | |
| 　加：其他收益 | | |
| 　　　投资收益（损失以"-"号填列） | | |
| 　　　　其中：对联营企业和合营企业的投资收益 | | |
| 　　　净敞口套期收益（损失以"-"号填列） | | |
| 　　　公允价值变动收益（损失以"-"号填列） | | |
| 　　　资产处置收益（损失以"-"号填列） | | |
| 二、营业利润（亏损以"-"号填列） | | |
| 　加：营业外收入 | | |
| 　减：营业外支出 | | |
| 三、利润总额（亏损总额以"-"号填列） | | |
| 　减：所得税费用 | | |
| 四、净利润（净亏损以"-"号填列） | | |
| 　（一）持续经营净利润（净亏损以"-"号填列） | | |
| 　（二）终止经营净利润（净亏损以"-"号填列） | | |
| 五、其他综合收益的税后净额 | | |
| 　（一）不能重分类进损益的其他综合收益 | | |
| 　　　1. 重新计量设定受益计划变动额 | | |
| 　　　2. 权益法下不能转损益的其他综合收益 | | |
| 　　　3. 其他权益工具投资公允价值变动 | | |

表7-6(续)

| 项目 | 本期金额 | 上期金额 |
|---|---|---|
| 4. 企业自身信用风险公允价值变动 | | |
| （二）将重分类进损益的其他综合收益 | | |
| 1. 权益法下可转损益的其他综合收益 | | |
| 2. 其他债权投资公允价值变动 | | |
| 3. 金融资产重分类计入其他综合收益的金额 | | |
| 4. 其他债权投资信用减值准备 | | |
| 5. 现金流量套期储备 | | |
| 6. 外币财务报表折算差额 | | |
| 六、综合收益总额 | | |
| 七、每股收益 | | |
| （一）基本每股收益 | | |
| （二）稀释每股收益 | | |

**（三）利润表各项目的填列**

利润表中的各个项目，都是根据有关会计账户记录的本期实际发生数和累计发生数分别填列的。

（1）"营业收入"项目反映企业经营活动取得的收入总额。本项目应根据"主营业务收入""其他业务收入"等账户的发生额分析填列。

（2）"营业成本"项目反映企业经营活动发生的实际成本。本项目应根据"主营业务成本""其他业务成本"等账户的发生额分析填列。

（3）"税金及附加"项目反映企业经营业务应负担的消费税、城市维护建设税、资源税、教育费附加及房产税、城镇土地使用税、车船税、印花税等。本项目应根据"税金及附加"账户的发生额分析填列。

（4）"销售费用"项目反映企业在销售商品过程中发生的包装费、广告费等费用和为销售本企业商品而专设的销售机构的职工薪酬、业务费等经营费用。本项目应根据"销售费用"账户的发生额分析填列。

（5）"管理费用"项目反映企业为组织和管理生产经营发生的管理费用。本项目应根据"管理费用"账户的发生额扣除"研发费用"明细账户的发生额填列。

（6）"研发费用"项目反映企业进行研究与开发过程中发生的费用化支出。本项目应根据"管理费用"账户下的"研发费用"明细账户的发生额分析填列。

（7）"财务费用"项目反映企业为筹集生产经营所需资金而发生的利息支出等。本项目应根据"财务费用"账户的发生额分析填列。

其中，"利息费用"项目反映企业为筹集生产经营所需资金等而发生的应予费用化的利息支出。本项目应根据"财务费用"账户的相关明细账户的发生额分析填

211

列。"利息收入"项目反映企业确认的利息收入。本项目应根据"财务费用"账户的相关明细账户的发生额分析填列。

（8）"资产减值损失"项目反映企业因资产减值而发生的损失。本项目应根据"资产减值损失"账户的发生额分析填列。

（9）"信用减值损失"项目反映企业按照《企业会计准则第22号——金融工具确认和计量》的要求计提的各项金融工具减值准备形成的预期信用损失。本项目应根据"信用减值损失"账户的发生额分析填列。

（10）"其他收益"项目反映计入其他收益的政府补助等。本项目应根据在损益类账户新设置的"其他收益"账户的发生额分析填列。

（11）"投资收益"项目反映企业以各种方式对外投资取得的净收益。本项目应根据"投资收益"账户的发生额分析填列。如为投资净损失，以"-"号填列。

（12）"净敞口套期收益"项目反映净敞口套期下被套期项目累计公允价值变动转入当期损益的金额或现金流量套期储备转入当期损益的金额。本项目应根据"净敞口套期损益"账户的发生额分析填列。如为套期损失，以"-"号填列。

（13）"公允价值变动收益"项目反映企业资产因公允价值变动而发生的损益。本项目应根据"公允价值变动损益"账户的发生额分析填列。如为净损失，以"-"号填列。

（14）"资产处置收益"项目反映企业出售划分为持有待售的非流动资产（金融工具、长期股权投资和投资性房地产除外）或处置时确认的处置利得或损失，处置未划分为持有待售的固定资产、在建工程、生产性生物资产以及无形资产而产生的处置利得或损失。债务重组中因处置非流动资产产生的利得或损失和非货币性资产交换产生的利得或损失也包括在本项目内。本项目应根据在损益类账户新设置的"资产处置收益"账户的发生额分析填列。如为处置损失，以"-"号填列。

（15）"营业外收入"项目反映企业发生的与其生产经营无直接关系的各项收入，主要包括债务重组利得、与企业日常活动无关的政府补助、盘盈利得、捐赠利得（企业接受股东或股东的子公司直接或间接的捐赠，经济实质属于股东对企业的资本性投入的除外）等。本项目应根据"营业外收入"账户的发生额分析填列。

（16）"营业外支出"项目反映企业发生的与其生产经营无直接关系的各项支出，主要包括债务重组损失、公益性捐赠支出、非常损失、盘亏损失、非流动资产毁损报废损失等。本项目应根据"营业外支出"账户的发生额分析填列。

（17）"所得税费用"项目反映企业按规定从本期利润总额中减去的所得税。本项目应根据"所得税费用"账户的发生额分析填列。

（18）"净利润"项目，反映企业实现的净利润。如为净亏损，以"-"号填列。

"持续经营净利润"和"终止经营净利润"项目分别反映净利润中与持续经营相关的净利润和与终止经营相关的净利润。如为净亏损，以"-"号填列。这两个项目应按照《企业会计准则第 42 号——持有待售的非流动资产、处置组和终止经营》的相关规定分别列报。

（19）"基本每股收益"和"稀释每股收益"项目反映企业根据每股收益计算的两种每股收益指标的金额。

①基本每股收益。企业应当按照属于普通股股东的当期净利润，除以发行在外普通股的加权平均数计算基本每股收益。

发行在外普通股加权平均数 = 期初发行在外普通股股数 + 当期新发行普通股股数×已发行时间÷报告期时间 - 当期回购普通股股数×已回购时间÷报告期时间

已发行时间、报告期时间和已回购时间一般按照天数计算；在不影响计算结果合理性的前提下，也可以采用简化的计算方法。

②稀释每股收益。企业存在稀释性潜在普通股的，应当分别调整归属于普通股股东的当期净利润和发行在外普通股的加权平均数，并据以计算稀释每股收益。

稀释性潜在普通股是指假设当期转换为普通股会减少每股收益的潜在普通股。潜在普通股是指赋予其持有者在报告期或以后期间享有取得普通股权利的一种金融工具或其他合同，包括可转换公司债券、认股权证、股份期权等。

按照企业会计准则的规定，企业对以前年度损益进行追溯调整或追溯重述的，应当重新计算各列报期间的每股收益。

（20）"其他综合收益"和"综合收益总额"项目。"其他综合收益"项目反映企业未在当期损益中确认的各项利得和损失扣除所得税影响后的净额。"综合收益总额"项目反映净利润和其他综合收益扣除所得税影响后的净额相加后的合计数额。"其他综合收益"项目根据有关账户的明细发生额分析计算填列，"综合收益总额"项目根据利润表中相关项目计算填列。

"其他权益工具投资公允价值变动"项目反映企业指定为以公允价值计量且其变动计入其他综合收益的非交易性权益工具投资发生的公允价值变动。本项目应根据"其他综合收益"账户的相关明细账户的发生额分析填列。

"企业自身信用风险公允价值变动"项目反映企业指定为以公允价值计量且其变动计入当期损益的金融负债，由企业自身信用风险变动引起的公允价值变动而计入其他综合收益的金额。本项目应根据"其他综合收益"账户的相关明细账户的发生额分析填列。

"其他债权投资公允价值变动"项目反映企业分类为以公允价值计量且其变动计入其他综合收益的债权投资发生的公允价值变动。企业将一项以公允价值计量且其变动计入其他综合收益的金融资产重分类为以摊余成本计量的金融资产，或者重分类为以公允价值计量且其变动计入当期损益的金融资产时，之前计入其他综合收益的累计利得或损失从其他综合收益中转出的金额作为本项目的减项。本项目应根据"其他综合收益"账户下的相关明细账户的发生额分析填列。

"金融资产重分类计入其他综合收益的金额"项目反映企业将一项以摊余成本

计量的金融资产重分类为以公允价值计量且其变动计入其他综合收益的金融资产时，计入其他综合收益的原账面价值与公允价值之间的差额。本项目应根据"其他综合收益"账户下的相关明细账户的发生额分析填列。

"其他债权投资信用减值准备"项目反映企业按照《企业会计准则第22号——金融工具确认和计量》的规定分类为以公允价值计量且其变动计入其他综合收益的金融资产的损失准备。本项目应根据"其他综合收益"账户下的"信用减值准备"明细账户的发生额分析填列。

"现金流量套期储备"项目反映企业套期工具产生的利得或损失中属于套期有效的部分。本项目应根据"其他综合收益"账户下的"套期储备"明细账户的发生额分析填列。

### 三、利润表的编制方法

从上述具体项目的填列方法分析，利润表的填列方法可归纳为以下两种：

（一）根据账户的发生额分析填列

利润表中的大部分项目都可以根据账户的发生额分析填列，如销售费用、税金及附加、管理费用、财务费用、营业外收入、营业外支出、所得税费用等。

（二）根据报表项目之间的关系计算填列

利润表中的某些项目需要根据项目之间的关系计算填列，如营业利润、利润总额、净利润等。

下面举例说明一般企业利润表的编制方法。

【例7-2】益华公司2019年12月利润表有关科目的累计发生额如表7-7所示。

表7-7　利润表有关科目累计发生额　　　　　　　　　　　单位：元

| 科目名称 | 借方发生额 | 贷方发生额 |
|---|---|---|
| 主营业务收入 | | 12 500 000 |
| 其他业务收入 | | 230 000 |
| 投资收益 | | 3 200 000 |
| 营业外收入 | | 2 850 000 |
| 主营业务成本 | 8 500 000 | |
| 税金及附加 | 550 000 | |
| 其他业务成本 | 180 000 | |
| 销售费用 | 200 000 | |
| 管理费用 | 1 050 000 | |
| 财务费用 | 1 000 000 | |
| 资产减值损失 | 20 000 | |
| 营业外支出 | 2 000 000 | |

根据以上账户记录，编制益华公司2019年利润表，假设企业所得税税率为25%，如表7-8所示。

表 7-8　利润表

会企 02 表

编制单位：益华公司　　　　　　2019 年　12　月　　　　　　　　单位：元

| 项目 | 本期金额 | 上期金额 |
|---|---|---|
| 一、营业收入 | 12 730 000 | |
| 减：营业成本 | 8 680 000 | |
| 税金及附加 | 550 000 | |
| 销售费用 | 200 000 | |
| 管理费用 | 1 050 000 | |
| 研发费用 | | |
| 财务费用 | 1 000 000 | |
| 其中：利息费用 | | |
| 利息收入 | | |
| 资产减值损失 | 20 000 | |
| 加：其他收益 | | |
| 投资收益（损失以"－"号填列） | 3 200 000 | |
| 其中：对联营企业和合营企业的投资收益 | | |
| 公允价值变动收益（损失以"－"号填列） | | |
| 资产处置收益（损失以"－"号填列） | | |
| 二、营业利润（亏损以"－"号填列） | 4 430 000 | |
| 加：营业外收入 | 2 850 000 | |
| 减：营业外支出 | 2 000 000 | |
| 三、利润总额（亏损总额以"－"号填列） | 5 280 000 | |
| 减：所得税费用 | 1 320 000 | |
| 四、净利润（净亏损以"－"号填列） | | |
| （一）持续经营净利润（净亏损以"－"号填列） | | |
| （二）终止经营净利润（净亏损以"－"号填列） | | |

**复习思考题**

1. 什么是会计报表？编制会计报表有何意义？

2. 编制会计报表有哪些要求？

3. 试述资产负债表的定义、结构及其作用。

4. 试述利润表的定义、结构和编制方法。

综合练习题

**业务题**

[目的] 练习资产负债表和利润表的编制。

[资料] 益华公司 2019 年 6 月底各账户期末余额如表 7-9 所示。

表 7-9　各账户期末余额　　　　　　　　　　　　　　　单位：元

| 账户名称 | 借方余额 | 账户名称 | 贷方余额 |
| --- | --- | --- | --- |
| 库存现金 | 350 | 短期借款 | 41 000 |
| 银行存款 | 76 700 | 应付账款 | 4 050 |
| 应收账款 | 7 000 | 其他应付款 | 8 700 |
| 其他应收款 | 750 | 应付职工薪酬 | 7 000 |
| 原材料 | 349 800 | 应付票据 | 4 100 |
| 生产成本 | 36 000 | 应交税费 | 39 670 |
| 库存商品 | 50 400 | 累计折旧 | 230 500 |
| 长期股权投资 | 7 500 | 本年利润 | 158 765 |
| 固定资产 | 628 500 | 实收资本 | 721 000 |
| 利润分配 | 95 785 | 盈余公积 | 38 000 |
| 合计 | 1 252 785 | 合计 | 1 252 785 |

其他有关资料如下：

各损益账户累计余额："主营业务收入"账户 1 144 900 元，"主营业务成本"账户 944 280 元，"税金及附加"账户 64 320 元，"销售费用"账户 14 600 元，"其他业务收入"账户 35 000 元，"其他业务成本"账户 35 000 元，"营业外收入"账户 800 元，"营业外支出"账户 5 000 元，"管理费用"账户 20 800 元，"财务费用"账户 6 200 元。

[要求]

（1）根据资料编制资产负债表。

（2）根据资料编制利润表。

# 第八章
# 账务处理程序

- - - - - - - - - - - - - - - - - - - - - - - - - - - - - - - - - - - - - - - - - - - - - - - -

## 第一节　账务处理程序概述

### 一、账务处理程序的含义

账务处理程序也称会计核算组织程序或会计核算形式，是指会计凭证、会计账簿、会计报表相结合的方式，包括会计凭证和账簿的种类、格式，会计凭证与账簿之间的联系方法，由原始凭证到编制记账凭证、登记明细分类账和总分类账、编制会计报表的工作程序和方法等。

由于会计凭证、会计账簿、会计报表的种类、格式不同，尤其是登记总分类账簿的程序不同，形成了不同的账务处理程序。在实际工作中，由于各单位的业务性质不一样，组织规模大小各异，经济业务繁简程度不同，需要设置的会计凭证、账簿的格式和种类也会有不同的要求。设置合理的账务处理程序，对于科学地组织本单位的会计核算工作具有重要意义。合理的账务处理程序可以确保会计工作有条不紊地进行，提高会计工作的质量和效率，保证账簿记录能迅速形成财务信息，提高会计核算资料的质量，为企业的经营管理提供准确的财务资料。

### 二、账务处理程序的基本要求

合理确定并运用账务处理程序是做好会计工作的重要前提。科学、合理的账务处理程序应符合下列基本要求：

第一，要结合本单位的实际，考虑本单位的经济业务性质、规模大小和经营业务繁简程度，满足本单位进行会计核算的要求。

第二，要能够正确、全面、及时地反映本单位经济活动情况，提供高质量的会计核算信息，以满足投资者和债权人等外部与单位内部会计信息使用者的需要。

第三，要在保证会计核算资料正确、及时和完整的前提下，力求简化核算手续，提高核算效率。

### 三、账务处理程序的种类

账务处理程序有多种类型，并可根据情况进行适当调整。目前，我国常用的账务处理程序主要有记账凭证账务处理程序、科目汇总表账务处理程序、汇总记账凭证账务处理程序。它们之间的主要区别在于登记总分类账的依据和方法不同。

## 第二节　记账凭证账务处理程序

### 一、记账凭证账务处理程序的特点

记账凭证账务处理程序是指对发生的经济业务，先根据原始凭证或汇总原始凭证填制记账凭证，再直接根据各种记账凭证逐笔登记总分类账的一种账务处理程序。记账凭证账务处理程序是一种最基本的账务处理程序，其他各种账务处理程序都是在此基础上发展形成的。

在记账凭证账务处理程序下，记账凭证一般采用收款凭证、付款凭证和转账凭证等专用记账凭证，也可以采用通用记账凭证。会计账簿一般设置库存现金日记账、银行存款日记账、总分类账和明细分类账。库存现金日记账、银行存款日记账和总分类账一般采用三栏式账簿；明细分类账可以根据实际需要，分别采用三栏式、多栏式和数量金额式账簿。

### 二、记账凭证账务处理程序的基本内容

记账凭证账务处理程序的基本内容如图 8-1 所示。

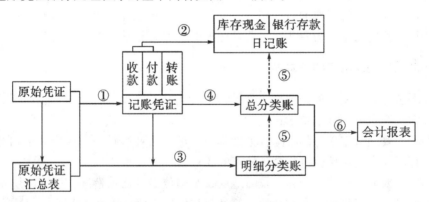

**图 8-1　记账凭证账务处理程序**

①根据原始凭证或原始凭证汇总表填制记账凭证。

②根据收款凭证和付款凭证登记库存现金日记账和银行存款日记账。

③根据原始凭证、原始凭证汇总表和记账凭证，逐笔登记各种明细分类账。

④根据各种记账凭证逐笔登记总分类账。

⑤期末将库存现金日记账、银行存款日记账以及各种明细分类账的余额分别与总分类账的余额核对。

⑥期末根据总分类账和明细分类账的资料编制会计报表。

### 三、记账凭证账务处理程序的优缺点及适用范围

记账凭证账务处理程序简单明了，易于理解。总分类账可以较为详细地反映经济业务的发生情况，便于查账、对账。但是如果企业的规模较大、经济业务数量较多，登记总分类账的工作量也会很大。因此，这种账务处理程序一般适用于规模较小、经济业务量较少的单位。

### 四、记账凭证账务处理程序举例

【例8-1】益华公司采用记账凭证账务处理程序进行会计核算。

益华公司2019年9月30日总分类账账户和有关明细分类账账户的余额如表8-1所示。

219

表8-1 总分类账与明细分类账余额表
2019年9月30日　　　　　　　　　　　　　　　　单位：元

| 会计科目 | 总分类账户 | | 明细分类账户 | |
|---|---|---|---|---|
| | 借方余额 | 贷方余额 | 借方余额 | 贷方余额 |
| 库存现金 | 1 500 | | | |
| 银行存款 | 153 000 | | | |
| 应收账款 | 9 000 | | | |
| ——大格公司 | | | 5 000 | |
| ——宇明公司 | | | 4 000 | |
| 其他应收款 | 4 500 | | | |
| 原材料 | 240 000 | | | |
| ——A材料 | | | 200 000 | |
| ——B材料 | | | 40 000 | |
| 生产成本 | 52 000 | | | |
| 库存商品 | 40 000 | | | |
| 固定资产 | 700 000 | | | |
| 累计折旧 | | 70 000 | | |
| 短期借款 | | 63 000 | | |

表8-1(续)

| 会计科目 | 总分类账户 | | 明细分类账户 | |
| --- | --- | --- | --- | --- |
| | 借方余额 | 贷方余额 | 借方余额 | 贷方余额 |
| 应付账款 | | 5 000 | | |
| 应付职工薪酬 | | 2 000 | | |
| 应交税费 | | 10 000 | | |
| 应付利息 | | 47 000 | | |
| 实收资本 | | 850 000 | | |
| 盈余公积 | | 20 000 | | |
| 利润分配 | | 133 000 | | |
| 合计 | 1 200 000 | 1 200 000 | | |

附：A 材料 50 000 千克，单价 4 元；B 材料 8 000 千克，单价 5 元。

益华公司 2019 年 10 月发生的经济业务如下：

（1）1 日，采购员李登出差借支现金 1 000 元。

（2）2 日，收回宇明公司所欠购货款 3 000 元，已经存入银行。

（3）3 日，从其峰公司购入 A 材料 5 000 千克，单价 4 元，共计 20 000 元，增值税税额 3 200 元，材料未到达，款项以银行存款支付。

（4）3 日，以银行存款支付购入 A 材料的运杂费 400 元。

（5）4 日，从银行取得短期借款 50 000 元并已存入银行。

（6）5 日，A 材料到达，如数验收入库。

（7）7 日，从通俊公司购入 B 材料 900 千克，单价 5 元，共计 4 500 元，增值税税额 720 元，货款尚未支付，材料已验收入库；另以现金支付装卸费 117 元。

（8）8 日，生产车间生产甲产品领用 A 材料 2 000 千克，单价 4 元，共计 8 000 元，B 材料 600 千克，单价 5 元，共计 3 000 元；生产乙产品领用 A 材料 3 200 千克，单价 4 元，共计 12 800 元，B 材料 1 500 千克，单价 5 元，共计 7 500 元；管理部门耗用 B 材料 200 千克，共计 1 000 元。

（9）9 日，按计划预提本月车间修理费 3 500 元。

（10）9 日，支付第三季度预提的短期借款利息 12 500 元。

（11）10 日，从银行提取备用金 1 500 元。

（12）10 日，收到大格公司偿还前欠货款 4 000 元，存入银行。

（13）13 日，向大格公司销售乙产品，售价 40 000 元，增值税税额 6 400 元，款项未收。

（14）15 日，从银行存款中提取现金 22 000 元，备发本月工资。

（15）15 日，发放本月份工资，共计 22 000 元。

（16）15日，按照规定的折旧率，计提本月固定资产折旧4 600元，其中车间使用的房屋、机器设备等折旧3 500元，行政管理部门折旧1 100元。

（17）15日，摊销应由本月负担的预付办公室租金2 000元。

（18）18日，职工李登出差回来报销差旅费1 000元。

（19）18日，以银行存款偿还通俊公司货款2 000元。

（20）20日，购进生产用设备8 800元，价款以银行存款支付，设备投入使用。

（21）22日，以银行存款支付广告费2 500元。

（22）22日，向大格公司赊销甲产品，售价20 000元，增值税税额3 200元。

（23）23日，摊销本月保险费800元。

（24）24日，预提本月短期借款利息3 000元。

（25）31日，结转已售出产品的实际生产成本共计40 000元。

（26）31日，结算本月应付职工工资28 000元，其中制造甲产品的生产工人工资9 000元，制造乙产品的生产工人工资15 000元，车间技术和管理人员工资4 000元。

（27）31日，分配制造费用11 000元，甲、乙产品分别负担4 500元和6 500元。

（28）31日，将本月销售产品收入60 000元，结转到"本年利润"账户。

（29）31日，将本月损益类账户结转到"本年利润"账户。

（30）31日，计算并结转所得税费用1 250.25元。

（一）填制记账凭证

益华公司根据上述业务取得的原始凭证，填制收款凭证、付款凭证和转账凭证（见表8-2至表8-34）。

表8-2　付款凭证

总字第1号

贷方科目：库存现金　　　　　　　2019年10月1日　　　　　　现付字第1号

| 摘要 | 借方科目 | 明细科目 | 金额/元 | 记账 |
|------|----------|----------|---------|------|
| 李登预借差旅费 | 其他应收款 | | 1 000 | |
| 合计 | | | 1 000 | |

会计主管：　　　记账：　　　出纳：　　　复核：　　　复核：　　　制单：

表8-3　收款凭证

总字第2号

借方科目：银行存款　　　　　　　2019年10月2日　　　　　　银收字第1号

| 摘要 | 贷方科目 | 明细科目 | 金额/元 | 记账 |
|------|----------|----------|---------|------|
| 收回宇明公司前欠款 | 应收账款 | 宇明公司 | 3 000 | |
| 合计 | | | 3 000 | |

会计主管：　　　记账：　　　出纳：　　　复核：　　　复核：　　　制单：

## 表 8-4  付款凭证

贷方科目：银行存款　　　　　　2019 年 10 月 3 日　　　　　　　　银付字第 1 号

| 摘要 | 借方科目 | 明细科目 | 金额/元 | 记账 |
|---|---|---|---|---|
| 购入 A 材料 | 在途物资 | A 材料 | 20 000 | |
| | 应交税费 | 应交增值税（进项税额） | 3 200 | |
| 合计 | | | 23 200 | |

会计主管：　　记账：　　出纳：　　复核：　　复核：　　制单：

## 表 8-5  付款凭证

总字第 4 号

贷方科目：银行存款　　　　　　2019 年 10 月 3 日　　　　　　　　银付字第 2 号

| 摘要 | 借方科目 | 明细科目 | 金额/元 | 记账 |
|---|---|---|---|---|
| 支付 A 材料运杂费 | 在途物资 | A 材料 | 400 | |
| 合计 | | | 400 | |

会计主管：　　记账：　　出纳：　　复核：　　复核：　　制单：

## 表 8-6  收款凭证

总字第 5 号

借方科目：银行存款　　　　　　2019 年 10 月 4 日　　　　　　　　银收字第 2 号

| 摘要 | 贷方科目 | 明细科目 | 金额/元 | 记账 |
|---|---|---|---|---|
| 取得短期借款 | 短期借款 | | 50 000 | |
| 合计 | | | 50 000 | |

会计主管：　　记账：　　出纳：　　复核：　　复核：　　制单：

## 表 8-7  转账凭证

总字第 6 号

2019 年 10 月 5 日　　　　　　　　　　　　　　　转字第 1 号

| 摘要 | 总账科目 | 明细科目 | 借方金额/元 | 贷方金额/元 | 记账 |
|---|---|---|---|---|---|
| 结转入库材料成本 | 原材料 | A 材料 | 20 400 | | |
| | 在途物资 | A 材料 | | 20 400 | |
| 合计 | | | 20 400 | 20 400 | |

会计主管：　　记账：　　出纳：　　复核：　　复核：　　制单：

表 8-8 转账凭证

2019 年 10 月 7 日 转字第 2 号

| 摘要 | 总账科目 | 明细科目 | 借方金额 /元 | 贷方金额 /元 | 记账 |
|------|---------|---------|-------------|-------------|------|
| 购入 B 材料 | 在途物资 | B 材料 | 4 500 | | |
| | 应交税费 | 应交增值税（进项税额） | 720 | | |
| | 应付账款 | 通俊公司 | | 5 220 | |
| 合计 | | | 5 220 | 5 220 | |

会计主管: 记账: 出纳: 复核: 复核: 制单:

表 8-9 付款凭证

总字第 8 号

贷方科目：库存现金 2019 年 10 月 7 日 现付字第 2 号

| 摘要 | 借方科目 | 明细科目 | 金额/元 | 记账 |
|------|---------|---------|---------|------|
| 支付 B 材料运杂费 | 在途物资 | B 材料 | 117 | |
| 合计 | | | 117 | |

会计主管: 记账: 出纳: 复核: 复核: 制单:

表 8-10 转账凭证

总字第 9 号

2019 年 10 月 7 日 转字第 3 号

| 摘要 | 总账科目 | 明细科目 | 借方金额 /元 | 贷方金额 /元 | 记账 |
|------|---------|---------|-------------|-------------|------|
| 材料入库 | 原材料 | B 材料 | 4 617 | | |
| | 在途物资 | B 材料 | | 4 617 | |
| 合计 | | | 4 617 | 4 617 | |

会计主管: 记账: 出纳: 复核: 复核: 制单:

表 8-11 转账凭证

总字第 10 号

2019 年 10 月 8 日 转字第 4 号

| 摘要 | 总账科目 | 明细科目 | 借方金额 /元 | 贷方金额 /元 | 记账 |
|------|---------|---------|-------------|-------------|------|
| 领用原材料 | 生产成本 | 甲产品 | 11 000 | | |
| | | 乙产品 | 20 300 | | |

表8-11（续）

| 摘要 | 总账科目 | 明细科目 | 借方金额/元 | 贷方金额/元 | 记账 |
|------|---------|---------|-----------|-----------|------|
|  | 管理费用 |  | 1 000 |  |  |
|  | 原材料 | A 材料 |  | 20 800 |  |
|  |  | B 材料 |  | 11 500 |  |
| 合计 |  |  | 32 300 | 32 300 |  |

会计主管：　　记账：　　出纳：　　复核：　　复核：　　制单：

### 表 8-12　转账凭证

2019 年 10 月 9 日　　　　　　　　　　

| 摘要 | 总账科目 | 明细科目 | 借方金额/元 | 贷方金额/元 | 记账 |
|------|---------|---------|-----------|-----------|------|
| 预提车间修理费 | 制造费用 | 修理费 | 3 500 |  |  |
|  | 其他应付款 | 修理费 |  | 3 500 |  |
| 合计 |  |  | 3 500 | 3 500 |  |

会计主管：　　记账：　　出纳：　　复核：　　复核：　　制单：

### 表 8-13　付款凭证

贷方科目：银行存款　　　2019 年 10 月 9 日　　　　

| 摘要 | 借方科目 | 明细科目 | 金额/元 | 记账 |
|------|---------|---------|--------|------|
| 支付预提利息 | 应付利息 | 利息 | 12 500 |  |
| 合计 |  |  | 12 500 |  |

会计主管：　　记账：　　出纳：　　复核：　　复核：　　制单：

### 表 8-14　付款凭证

贷方科目：银行存款　　　2019 年 10 月 10 日　　　

| 摘要 | 借方科目 | 明细科目 | 金额/元 | 记账 |
|------|---------|---------|--------|------|
| 从银行提取备用金 | 库存现金 |  | 1 500 |  |
| 合计 |  |  | 1 500 |  |

会计主管：　　记账：　　出纳：　　复核：　　复核：　　制单：

表 8-15  收款凭证

总字第 14 号

借方科目：银行存款　　　　2019 年 10 月 10 日　　　　银收字第 3 号

| 摘要 | 贷方科目 | 明细科目 | 金额/元 | 记账 |
|---|---|---|---|---|
| 收到大格公司偿还欠款 | 应收账款 | 大格公司 | 4 000 | |
| 合计 | | | 4 000 | |

会计主管：　　记账：　　出纳：　　复核：　　复核：　　制单：

表 8-16  转账凭证

总字第 15 号

2019 年 10 月 13 日

转字第 6 号

| 摘要 | 总账科目 | 明细科目 | 借方金额 | 贷方金额/元 | 记账 |
|---|---|---|---|---|---|
| 赊销乙产品 | 应收账款 | 大格公司 | 46 400 | | |
| | 主营业务收入 | 乙产品 | | 40 000 | |
| | 应交税费 | 应交增值税（销项税额） | | 6 400 | |
| 合计 | | | 46 400 | 46 400 | |

会计主管：　　记账：　　出纳：　　复核：　　复核：　　制单：

表 8-17  付款凭证

总字第 16 号

贷方科目：银行存款　　　　2019 年 10 月 15 日　　　　银付字第 5 号

| 摘要 | 借方科目 | 明细科目 | 金额/元 | 记账 |
|---|---|---|---|---|
| 提现备发工资 | 库存现金 | | 22 000 | |
| 合计 | | | 22 000 | |

会计主管：　　记账：　　出纳：　　复核：　　复核：　　制单：

表 8-18  付款凭证

总字第 17 号

贷方科目：库存现金　　　　2019 年 10 月 15 日　　　　现付字第 3 号

| 摘要 | 借方科目 | 明细科目 | 金额/元 | 记账 |
|---|---|---|---|---|
| 发放工资 | 应付职工薪酬 | | 22 000 | |
| 合计 | | | 22 000 | |

会计主管：　　记账：　　出纳：　　复核：　　复核：　　制单：

表 8-19 转账凭证

总字第 18 号

2019 年 10 月 15 日 转字第 7 号

| 摘要 | 总账科目 | 明细科目 | 借方金额/元 | 贷方金额/元 | 记账 |
|---|---|---|---|---|---|
| 计提折旧 | 制造费用 | 折旧费 | 3 500 | | |
| | 管理费用 | 折旧费 | 1 100 | | |
| | | 累计折旧 | | 4 600 | |
| 合计 | | | 4 600 | 4 600 | |

会计主管: 记账: 出纳: 复核: 复核: 制单:

表 8-20 转账凭证

总字第 19 号

2019 年 10 月 15 日 转字第 8 号

| 摘要 | 总账科目 | 明细科目 | 借方金额/元 | 贷方金额/元 | 记账 |
|---|---|---|---|---|---|
| 摊销办公室租金 | 管理费用 | 租金 | 2 000 | | |
| | 其他应收款 | 租金 | | 2 000 | |
| 合计 | | | 2 000 | 2 000 | |

会计主管: 记账: 出纳: 复核: 复核: 制单:

表 8-21 转账凭证

总字第 20 号

2019 年 10 月 18 日 转字第 9 号

| 摘要 | 总账科目 | 明细科目 | 借方金额/元 | 贷方金额/元 | 记账 |
|---|---|---|---|---|---|
| 李登报销差旅费 | 管理费用 | 差旅费 | 1 000 | | |
| | 其他应收款 | 李登 | | 1 000 | |
| 合计 | | | 1 000 | 1 000 | |

会计主管: 记账: 出纳: 复核: 复核: 制单:

表 8-22 付款凭证

总字第 21 号

贷方科目:银行存款 2019 年 10 月 18 日 银付字第 6 号

| 摘要 | 借方科目 | 明细科目 | 金额/元 | 记账 |
|---|---|---|---|---|
| 偿还货款 | 应付账款 | 通俊公司 | 2 000 | |
| 合计 | | | 2 000 | |

会计主管: 记账: 出纳: 复核: 复核: 制单:

表 8-23　付款凭证

总字第 22 号

贷方科目：银行存款　　　　　2019 年 10 月 20 日　　　　　银付字第 7 号

| 摘要 | 借方科目 | 明细科目 | 金额/元 | 记账 |
|---|---|---|---|---|
| 购入设备 | 固定资产 | 设备 | 8 800 | |
| 合计 | | | 8 800 | |

会计主管：　　记账：　　出纳：　　复核：　　复核：　　制单：

表 8-24　付款凭证

总字第 23 号

贷方科目：银行存款　　　　　2019 年 10 月 22 日　　　　　银付字第 8 号

| 摘要 | 借方科目 | 明细科目 | 金额/元 | 记账 |
|---|---|---|---|---|
| 支付广告费 | 销售费用 | 广告费 | 2 500 | |
| 合计 | | | 2 500 | |

会计主管：　　记账：　　出纳：　　复核：　　复核：　　制单：

表 8-25　转账凭证

总字第 24 号

2019 年 10 月 22 日　　　　　转字第 10 号

| 摘要 | 总账科目 | 明细科目 | 借方金额/元 | 贷方金额/元 | 记账 |
|---|---|---|---|---|---|
| 赊销甲产品 | 应收账款 | 大格公司 | 23 200 | | |
| | 主营业务收入 | 甲产品 | | 20 000 | |
| | 应交税费 | 应交增值税（销项税额） | | 3 200 | |
| 合计 | | | 23 200 | 23 200 | |

会计主管：　　记账：　　出纳：　　复核：　　复核：　　制单：

表 8-26　转账凭证

总字第 25 号

2019 年 10 月 23 日　　　　　转字第 11 号

| 摘要 | 总账科目 | 明细科目 | 借方金额/元 | 贷方金额/元 | 记账 |
|---|---|---|---|---|---|
| 摊销保险费 | 管理费用 | 保险费 | 800 | | |
| | 其他应收款 | 保险费 | | 800 | |
| 合计 | | | 800 | 800 | |

会计主管：　　记账：　　出纳：　　复核：　　复核：　　制单：

227

表 8-27  转账凭证

总字第 26 号

2019 年 10 月 24 日

转字第 12 号

| 摘要 | 总账科目 | 明细科目 | 借方金额/元 | 贷方金额/元 | 记账 |
|------|----------|----------|------------|------------|------|
| 预提短期借款利息 | 财务费用 | 利息 | 3 000 | | |
| | 应付利息 | 利息 | | 3 000 | |
| 合计 | | | 3 000 | 3 000 | |

会计主管：　　记账：　　出纳：　　复核：　　复核：　　制单：

表 8-28  转账凭证

总字第 27 号

2019 年 10 月 31 日

转字第 13 号

| 摘要 | 总账科目 | 明细科目 | 借方金额/元 | 贷方金额/元 | 记账 |
|------|----------|----------|------------|------------|------|
| 结转已售产品成本 | 主营业务成本 | | 40 000 | | |
| | 库存商品 | 甲产品 | | 40 000 | |
| 合计 | | | 40 000 | 40 000 | |

会计主管：　　记账：　　出纳：　　复核：　　复核：　　制单：

表 8-29  转账凭证

总字第 28 号

2019 年 10 月 31 日

转字第 14 号

| 摘要 | 总账科目 | 明细科目 | 借方金额/元 | 贷方金额/元 | 记账 |
|------|----------|----------|------------|------------|------|
| 结转本月应付工资 | 生产成本 | 甲产品 | 9 000 | | |
| | | 乙产品 | 15 000 | | |
| | 制造费用 | | 4 000 | | |
| | 应付职工薪酬 | | | 28 000 | |
| 合计 | | | 28 000 | 28 000 | |

会计主管：　　记账：　　出纳：　　复核：　　复核：　　制单：

表 8-30　转账凭证

总字第 29 号

2019 年 10 月 31 日　　　　　　　　转字第 15 号

| 摘要 | 总账科目 | 明细科目 | 借方金额/元 | 贷方金额/元 | 记账 |
|---|---|---|---|---|---|
| 结转制造费用 | 生产成本 | 甲产品 | 4 500 | | |
| | | 乙产品 | 6 500 | | |
| | 制造费用 | | | 11 000 | |
| 合计 | | | 11 000 | 11 000 | |

会计主管：　　记账：　　出纳：　　复核：　　复核：　　制单：

表 8-31　转账凭证

总字第 30 号

2019 年 10 月 31 日　　　　　　　　转字第 16 号

| 摘要 | 总账科目 | 明细科目 | 借方金额/元 | 贷方金额/元 | 记账 |
|---|---|---|---|---|---|
| 结转收入类账户 | 主营业务收入 | 甲产品 | 20 000 | | |
| | | 乙产品 | 40 000 | | |
| | 本年利润 | | | 60 000 | |
| 合计 | | | 60 000 | 60 000 | |

会计主管：　　记账：　　出纳：　　复核：　　复核：　　制单：

表 8-32　转账凭证

总字第 31 号

2019 年 10 月 31 日　　　　　　　　转字第 17 号

| 摘要 | 总账科目 | 明细科目 | 借方金额/元 | 贷方金额/元 | 记账 |
|---|---|---|---|---|---|
| 结转费用类账户 | 本年利润 | | 51 400 | | |
| | 主营业务成本 | | | 40 000 | |
| | 销售费用 | | | 2 500 | |
| | 管理费用 | | | 5 900 | |
| | 财务费用 | | | 3 000 | |
| 合计 | | | 51 400 | 51 400 | |

会计主管：　　记账：　　出纳：　　复核：　　复核：　　制单：

229

表 8-33　转账凭证

总字第 32 号

2019 年 10 月 31 日　　　　　　　　　　转字第 18 号

| 摘要 | 总账科目 | 明细科目 | 借方金额/元 | 贷方金额/元 | 记账 |
|---|---|---|---|---|---|
| 计算所得税 | 所得税费用 | | 1 250.25 | | |
| | 应交税费 | 应交所得税 | | 1 250.25 | |
| 合计 | | | 1 250.25 | 1 250.25 | |

会计主管：　　　记账：　　　出纳：　　　复核：　　　复核：　　　制单：

表 8-34　转账凭证

总字第 33 号

2019 年 10 月 31 日　　　　　　　　　　转字第 19 号

| 摘要 | 总账科目 | 明细科目 | 借方金额/元 | 贷方金额/元 | 记账 |
|---|---|---|---|---|---|
| 结转所得税 | 本年利润 | | 1 250.25 | | |
| | 所得税费用 | | | 1 250.25 | |
| 合计 | | | 1 250.25 | 1 250.25 | |

会计主管：　　　记账：　　　出纳：　　　复核：　　　复核：　　　制单：

（二）登记日记账

益华公司根据收款凭证和付款凭证登记库存现金日记账和银行存款日记账（见表 8-35 和表 8-36）。

表 8-35　库存现金日记账　　　　　单位：元

| 2019年 月 | 日 | 凭证 字 | 号 | 摘要 | 对方科目 | 借方 | 贷方 | 余额 |
|---|---|---|---|---|---|---|---|---|
| 10 | 1 | | | 月初余额 | | | | 1 500 |
| | 1 | 现付 | 1 | 李登预借差旅费 | 其他应收款 | | 1 000 | |
| | 1 | | | 本日合计 | | | 1 000 | 500 |
| | 7 | 现付 | 2 | 支付 B 材料运杂费 | 在途物资 | | 117 | |
| | 7 | | | 本日合计 | | | 117 | 383 |
| | 10 | 银付 | 4 | 从银行提取备用金 | 银行存款 | 1 500 | | |
| | 10 | | | 本日合计 | | 1 500 | | 1 883 |
| | 15 | 银付 | 5 | 提现备发工资 | 银行存款 | 22 000 | | |
| | 15 | 现付 | 3 | 发放工资 | 应付职工薪酬 | | 22 000 | |
| | 15 | | | 本日合计 | | 22 000 | 22 000 | 1 883 |
| | 31 | | | 本月合计 | | 23 500 | 23 117 | 1 883 |

表 8-36　银行存款日记账　　　　　　　单位：元

| 2019年 | | 凭证 | | 摘要 | 对方科目 | 借方 | 贷方 | 余额 |
|---|---|---|---|---|---|---|---|---|
| 月 | 日 | 字 | 号 | | | | | |
| 10 | 1 | | | 月初余额 | | | | 158 000 |
| | 2 | 银收 | 1 | 收回宇明公司前欠款 | 应收账款 | 3 000 | | |
| | 2 | | | 本日合计 | | 3 000 | | 161 000 |
| | 3 | 银付 | 1 | 购入材料 | 在途物资 | | 20 000 | |
| | | 银付 | 1 | | 应交税费 | | 3 200 | |
| | 3 | 银付 | 2 | 支付A材料运杂费 | 在途物资 | | 400 | |
| | | | | 本日合计 | | | 23 600 | 137 400 |
| | 4 | 银收 | 2 | 取得短期借款 | 短期借款 | 50 000 | | |
| | | | | 本日合计 | | 50 000 | | 187 400 |
| | 9 | 银付 | 3 | 支付预提利息 | 应付利息 | | 12 500 | |
| | | | | 本日合计 | | | 12 500 | 174 900 |
| | 10 | 银付 | 4 | 从银行提取备用金 | 库存现金 | | 1 500 | |
| | 10 | 银收 | 3 | 大格公司偿还欠款 | 应收账款 | 4 000 | | |
| | | | | 本日合计 | | 4 000 | 1 500 | 177 400 |
| | 15 | 银付 | 5 | 提现备发工资 | 库存现金 | | 22 000 | |
| | | | | 本日合计 | | | 22 000 | 155 400 |
| | 18 | 银付 | 6 | 偿还货款 | 应付账款 | | 2 000 | |
| | | | | 本日合计 | | | 2 000 | 153 400 |
| | 20 | 银付 | 7 | 购入设备 | 固定资产 | | 8 800 | |
| | | | | 本日合计 | | | 8 800 | 144 600 |
| | 22 | 银付 | 8 | 支付广告费 | 销售费用 | | 2 500 | |
| | | | | 本日合计 | | | 2 500 | 142 100 |
| | | | | 本月合计 | | 57 000 | 72 900 | 142 100 |

（三）登记明细分类账

益华公司根据原始凭证和记账凭证登记各种明细分类账（见表 8-37 至表 8-40）。

表 8-37 应收账款明细账

明细科目：大格公司          单位：元

| 2019年 | | 凭证 | | 摘要 | 借方 | 贷方 | 借或贷 | 余额 |
|---|---|---|---|---|---|---|---|---|
| 月 | 日 | 字 | 号 | | | | | |
| 10 | 1 | | | 期初余额 | | | 借 | 5 000 |
| | 10 | 银收 | 3 | 偿还欠款 | | 4 000 | 贷 | 1 000 |
| | 13 | 转 | 6 | 赊销乙产品 | 46 400 | | 借 | 47 400 |
| | 22 | 转 | 10 | 赊销甲产品 | 23 200 | | 借 | 70 600 |
| | 31 | | | 本月合计 | 69 600 | 4 000 | 借 | 70 600 |

表 8-38 应收账款明细账

明细科目：宇明公司          单位：元

| 2019年 | | 凭证 | | 摘要 | 借方 | 贷方 | 借或贷 | 余额 |
|---|---|---|---|---|---|---|---|---|
| 月 | 日 | 字 | 号 | | | | | |
| 10 | 1 | | | 期初余额 | | | 贷 | 4 000 |
| | 2 | 银收 | 1 | 收回宇明公司前欠款 | | 3 000 | 借 | 1 000 |
| | 31 | | | 本月合计 | | 3 000 | 借 | 1 000 |

表 8-39 原材料明细分类账（一）

材料名称：A 材料          计量单位：千克 金额单位：元

| 2019年 | | 凭证 | | 摘要 | 借方 | | | 贷方 | | | 结存 | | |
|---|---|---|---|---|---|---|---|---|---|---|---|---|---|
| 月 | 日 | 字 | 号 | | 数量 | 单价 | 金额 | 数量 | 单价 | 金额 | 数量 | 单价 | 金额 |
| 10 | 1 | | | 期初余额 | | | | | | | 5 000 | 4 | 20 000 |
| | 5 | 转 | 1 | 购入 | 5 000 | 4.08 | 20 400 | | | | 10 000 | | |
| | 8 | 转 | 4 | 领用 | | | | 5 200 | 4 | 20 800 | 4 800 | | |
| | 31 | | | 本月合计 | 5 000 | 4.08 | 20 400 | 5 200 | 4 | 20 800 | 4 800 | 4.083 | 19 600 |

表 8-40 原材料明细分类账（二）

材料名称：B 材料          计量单位：千克 金额单位：元

| 2019年 | | 凭证 | | 摘要 | 借方 | | | 贷方 | | | 结存 | | |
|---|---|---|---|---|---|---|---|---|---|---|---|---|---|
| 月 | 日 | 字 | 号 | | 数量 | 单价 | 金额 | 数量 | 单价 | 金额 | 数量 | 单价 | 金额 |
| 10 | 1 | | | 期初余额 | | | | | | | 8 000 | 5 | 40 000 |
| | 7 | 转 | 2 | 购入 | 900 | 5.13 | 4 617 | | | | 8 900 | | |

表8-40（续）

| 2019 年 | | 凭证 | | 摘要 | 借方 | | | 贷方 | | | 结存 | | |
| 月 | 日 | 字 | 号 | | 数量 | 单价 | 金额 | 数量 | 单价 | 金额 | 数量 | 单价 | 金额 |
|---|---|---|---|---|---|---|---|---|---|---|---|---|---|
| 8 | | 转 | 4 | 领用 | | | | 2 300 | 5 | 11 500 | 6 600 | | |
| 31 | | | | 本月合计 | 900 | 5.13 | 4 617 | 2 300 | 5 | 11 500 | 6 600 | 5.018 | 33 117 |

（四）登记有关总分类账

益华公司根据记账凭证登记部分总分类账（见表8-41）。

表 8-41　总分类账　　　　　　单位：元

会计科目：库存现金

| 2019 年 | | 凭证 | | 摘要 | 借方 | 贷方 | 借或贷 | 余额 |
| 月 | 日 | 字 | 号 | | | | | |
|---|---|---|---|---|---|---|---|---|
| 10 | 1 | | | 期初余额 | | | 借 | 1 500 |
| | 1 | 现付 | 1 | 李登预借差旅费 | | 1 000 | 借 | 500 |
| | 7 | 现付 | 2 | 支付 B 材料运杂费 | | 117 | 借 | 383 |
| | 10 | 银付 | 4 | 提取备用金 | 1 500 | | 借 | 1 883 |
| | 15 | 银付 | 5 | 提现备发工资 | 22 000 | | 借 | 23 883 |
| | 15 | 现付 | 3 | 发放工资 | | 22 000 | 借 | 1 883 |
| | 31 | | | 本月合计 | 23 500 | 23 117 | 借 | 1 883 |

会计科目：银行存款

| 2019 年 | | 凭证 | | 摘要 | 借方 | 贷方 | 借或贷 | 余额 |
| 月 | 日 | 字 | 号 | | | | | |
|---|---|---|---|---|---|---|---|---|
| 10 | 1 | | | 期初余额 | | | 借 | 158 000 |
| | 2 | 银收 | 1 | 收回宇明公司欠款 | 3 000 | | 借 | 161 000 |
| | 3 | 银付 | 1 | 购入 A 材料 | | 23 200 | 借 | 137 800 |
| | 3 | 银付 | 2 | 支付 A 材料运杂费 | | 400 | 借 | 137 400 |
| | 4 | 银收 | 2 | 取得短期借款 | 50 000 | | 借 | 187 400 |
| | 9 | 银付 | 3 | 支付预提利息 | | 12 500 | 借 | 174 900 |
| | 10 | 银付 | 4 | 提取备用金 | | 1 500 | 借 | 173 400 |
| | 10 | 银收 | 3 | 偿还欠款 | 4 000 | | 借 | 177 400 |
| | 15 | 银付 | 5 | 提现备发工资 | | 22 000 | 借 | 155 400 |
| | 18 | 银付 | 6 | 偿还货款 | | 2 000 | 借 | 153 400 |

表8-41（续）

| 2019年 | | 凭证 | | 摘要 | 借方 | 贷方 | 借或贷 | 余额 |
|---|---|---|---|---|---|---|---|---|
| 月 | 日 | 字 | 号 | | | | | |
| | 20 | 银付 | 7 | 购入设备 | | 8 800 | 借 | 144 600 |
| | 22 | 银付 | 8 | 支付广告费 | | 2 500 | 借 | 142 100 |
| | 31 | | | 本月合计 | 57 000 | 72 900 | 借 | 142 100 |

会计科目：应收账款

| 2019年 | | 凭证 | | 摘要 | 借方 | 贷方 | 借或贷 | 余额 |
|---|---|---|---|---|---|---|---|---|
| 月 | 日 | 字 | 号 | | | | | |
| 10 | 1 | | | 期初余额 | | | 借 | 8 000 |
| | 2 | 银收 | 1 | 收回宇明公司欠款 | | 3 000 | 借 | 5 000 |
| | 10 | 银收 | 3 | 偿还欠款 | | 4 000 | 借 | 1 000 |
| | 13 | 转 | 6 | 赊销乙产品 | 46 400 | | 借 | 47 400 |
| | 22 | 转 | 10 | 赊销甲产品 | 23 200 | | 借 | 70 600 |
| | 31 | | | 本月合计 | 69 600 | 7 000 | 借 | 70 600 |

会计科目：其他应收款

| 2019年 | | 凭证 | | 摘要 | 借方 | 贷方 | 借或贷 | 余额 |
|---|---|---|---|---|---|---|---|---|
| 月 | 日 | 字 | 号 | | | | | |
| 10 | 1 | | | 期初余额 | | | 借 | 4 500 |
| | 1 | 现付 | 1 | 李登预借差旅费 | 1 000 | | 借 | 5 500 |
| | 15 | 转 | 8 | 摊销办公室租金 | | 2 000 | 借 | 3 500 |
| | 23 | 转 | 11 | 摊销保险费 | | 800 | 借 | 2 700 |
| | 18 | 转 | 9 | 李登报销差旅费 | | 1 000 | 借 | 1 700 |
| | 31 | | | 本月合计 | 1 000 | 3 800 | 借 | 1 700 |

会计科目：在途物资

| 2019年 | | 凭证 | | 摘要 | 借方 | 贷方 | 借或贷 | 余额 |
|---|---|---|---|---|---|---|---|---|
| 月 | 日 | 字 | 号 | | | | | |
| 10 | 3 | 银付 | 1 | 购入A材料 | 20 000 | | 借 | 20 000 |
| | 3 | 银付 | 2 | 支付A材料运杂费 | 400 | | 借 | 20 400 |
| | 5 | 转 | 1 | 结转入库材料成本 | | 20 400 | 平 | 0 |

表8-41（续）

| 2019年 | | 凭证 | | 摘要 | 借方 | 贷方 | 借或贷 | 余额 |
|:---:|:---:|:---:|:---:|:---|:---:|:---:|:---:|:---:|
| 月 | 日 | 字 | 号 | | | | | |
| | 7 | 转 | 2 | 购入B材料 | 4 500 | | 借 | 4 500 |
| | 7 | 现付 | 2 | 支付B材料运杂费 | 117 | | 借 | 4 617 |
| | 7 | 转 | 3 | B材料入库 | | 4 617 | 平 | 0 |
| | 31 | | | 本月合计 | 25 017 | 25 017 | 平 | 0 |

会计科目：原材料

| 2019年 | | 凭证 | | 摘要 | 借方 | 贷方 | 借或贷 | 余额 |
|:---:|:---:|:---:|:---:|:---|:---:|:---:|:---:|:---:|
| 月 | 日 | 字 | 号 | | | | | |
| 10 | 1 | | | 期初余额 | | | 借 | 240 000 |
| | 5 | 转 | 1 | 结转入库材料成本 | 20 400 | | 借 | 260 400 |
| | 7 | 转 | 3 | B材料入库 | 4 617 | | 借 | 265 017 |
| | 8 | 转 | 4 | 生产领料 | | 32 300 | 借 | 232 717 |
| | 31 | | | 本月合计 | 25 017 | 32 300 | 借 | 232 717 |

会计科目：库存商品

| 2019年 | | 凭证 | | 摘要 | 借方 | 贷方 | 借或贷 | 余额 |
|:---:|:---:|:---:|:---:|:---|:---:|:---:|:---:|:---:|
| 月 | 日 | 字 | 号 | | | | | |
| 10 | 1 | | | 期初余额 | | | 借 | 40 000 |
| | 31 | 转 | 13 | 结转已售产品成本 | | 40 000 | 平 | 0 |
| | 31 | | | 本月合计 | 0 | 40 000 | 平 | 0 |

会计科目：固定资产

| 2019年 | | 凭证 | | 摘要 | 借方 | 贷方 | 借或贷 | 余额 |
|:---:|:---:|:---:|:---:|:---|:---:|:---:|:---:|:---:|
| 月 | 日 | 字 | 号 | | | | | |
| 10 | 1 | | | 期初余额 | | | 借 | 700 000 |
| | 20 | 银付 | 7 | 购入设备 | 8 800 | | 借 | 798 800 |
| | 31 | | | 本月合计 | 8 800 | 0 | 借 | 798 800 |

表 8-41（续）

会计科目：累计折旧

| 2019 年 | | 凭证 | | 摘要 | 借方 | 贷方 | 借或贷 | 余额 |
| 月 | 日 | 字 | 号 | | | | | |
| 10 | 1 | | | 期初余额 | | | 贷 | 70 000 |
| | 15 | 转 | 7 | 计提折旧 | | 4 600 | 贷 | 74 600 |
| | 31 | | | 本月合计 | 0 | 4 600 | 贷 | 74 600 |

会计科目：短期借款

| 2019 年 | | 凭证 | | 摘要 | 借方 | 贷方 | 借或贷 | 余额 |
| 月 | 日 | 字 | 号 | | | | | |
| 10 | 1 | | | 期初余额 | | | 贷 | 63 000 |
| | 4 | 银收 | 2 | 取得短期借款 | | 50 000 | 贷 | 113 000 |
| | 31 | | | 本月合计 | | 50 000 | 贷 | 113 000 |

会计科目：应付账款

| 2019 年 | | 凭证 | | 摘要 | 借方 | 贷方 | 借或贷 | 余额 |
| 月 | 日 | 字 | 号 | | | | | |
| 10 | 1 | | | 期初余额 | | | 贷 | 5 000 |
| | 7 | 转 | 2 | 购入 B 材料 | | 5 220 | 贷 | 10 220 |
| | 18 | 银付 | 6 | 偿还货款 | 2 000 | | 贷 | 8 220 |
| | 31 | | | 本月合计 | 2 000 | 5 220 | 贷 | 8 220 |

会计科目：应付职工薪酬

| 2019 年 | | 凭证 | | 摘要 | 借方 | 贷方 | 借或贷 | 余额 |
| 月 | 日 | 字 | 号 | | | | | |
| 10 | 1 | | | 期初余额 | | | 贷 | 2 000 |
| | 15 | 现付 | 3 | 发放工资 | 22 000 | | 借 | 20 000 |
| | 31 | 转 | 14 | 结转本月应付工资 | | 28 000 | 贷 | 8 000 |
| | 31 | | | 本月合计 | 22 000 | 28 000 | 贷 | 8 000 |

表 8-41（续）

会计科目：应交税费

| 2019 年 | | 凭证 | | 摘要 | 借方 | 贷方 | 借或贷 | 余额 |
|---|---|---|---|---|---|---|---|---|
| 月 | 日 | 字 | 号 | | | | | |
| 10 | 1 | | | 期初余额 | | | 贷 | 10 000 |
| | 3 | 银付 | 1 | 增值税进项税 | 3 200 | | 贷 | 6 800 |
| | 7 | 转 | 2 | 增值税进项税 | 720 | | 贷 | 6 080 |
| | 13 | 转 | 6 | 增值税销项税 | | 6 400 | 贷 | 12 480 |
| | 22 | 转 | 10 | 增值税销项税 | | 3 200 | 贷 | 15 680 |
| | 31 | 转 | 18 | 计算所得税 | | 1 250.25 | 贷 | 16 930.25 |
| | 31 | | | 本月合计 | 3 920 | 10 850.25 | 贷 | 16 930.25 |

会计科目：应付利息

| 2019 年 | | 凭证 | | 摘要 | 借方 | 贷方 | 借或贷 | 余额 |
|---|---|---|---|---|---|---|---|---|
| 月 | 日 | 字 | 号 | | | | | |
| 10 | 1 | | | 期初余额 | | | 贷 | 47 000 |
| | 9 | 银付 | 3 | 支付预提利息 | 12 500 | | 贷 | 34 500 |
| | 24 | 转 | 12 | 预提短期借款利息 | | 3 000 | 贷 | 37 500 |
| | 31 | | | 本月合计 | 12 500 | 3 000 | 贷 | 37 500 |

会计科目：其他应付款

| 2019 年 | | 凭证 | | 摘要 | 借方 | 贷方 | 借或贷 | 余额 |
|---|---|---|---|---|---|---|---|---|
| 月 | 日 | 字 | 号 | | | | | |
| 10 | 1 | | | 期初余额 | | | 平 | 0 |
| | 9 | 转 | 5 | 预提车间修理费 | | 3 500 | 贷 | 3 500 |
| | 31 | | | 本月合计 | | 3 500 | 贷 | 3 500 |

会计科目：实收资本

| 2019 年 | | 凭证 | | 摘要 | 借方 | 贷方 | 借或贷 | 余额 |
|---|---|---|---|---|---|---|---|---|
| 月 | 日 | 字 | 号 | | | | | |
| 10 | 1 | | | 期初余额 | | | 贷 | 850 000 |
| | 31 | | | 本月合计 | 0 | 0 | 贷 | 850 000 |

表 8-41(续)

会计科目：盈余公积

| 2019 年 | | 凭证 | | 摘要 | 借方 | 贷方 | 借或贷 | 余额 |
|---|---|---|---|---|---|---|---|---|
| 月 | 日 | 字 | 号 | | | | | |
| 10 | 1 | | | 期初余额 | | | 贷 | 20 000 |
| | 31 | | | 本月合计 | 0 | 0 | 贷 | 20 000 |

会计科目：本年利润

| 2019 年 | | 凭证 | | 摘要 | 借方 | 贷方 | 借或贷 | 余额 |
|---|---|---|---|---|---|---|---|---|
| 月 | 日 | 字 | 号 | | | | | |
| | 31 | 转 | 16 | 结转收入类账户 | | 60 000 | 贷 | 60 000 |
| | 31 | 转 | 17 | 结转费用类账户 | 51 400 | | 贷 | 8 600 |
| | 31 | 转 | 19 | 结算所得税 | 1 250. 25 | | 贷 | 7 349. 75 |
| | 31 | | | 本月合计 | 52 650. 25 | 60 000 | 贷 | 7 349. 75 |

会计科目：利润分配

| 2019 年 | | 凭证 | | 摘要 | 借方 | 贷方 | 借或贷 | 余额 |
|---|---|---|---|---|---|---|---|---|
| 月 | 日 | 字 | 号 | | | | | |
| 10 | 1 | | | 期初余额 | | | 贷 | 133 000 |
| | 31 | | | 本月合计 | 0 | 0 | 贷 | 133 000 |

会计科目：生产成本

| 2019 年 | | 凭证 | | 摘要 | 借方 | 贷方 | 借或贷 | 余额 |
|---|---|---|---|---|---|---|---|---|
| 月 | 日 | 字 | 号 | | | | | |
| 10 | 1 | | | 期初余额 | | | 借 | 52 000 |
| | 8 | 转 | 4 | 生产领料 | 31 300 | | 借 | 83 300 |
| | 31 | 转 | 14 | 结转本月应付工资 | 24 000 | | 借 | 107 300 |
| | 31 | 转 | 15 | 结转制造费用 | 11 000 | | 借 | 117 300 |
| | 31 | | | 本月合计 | 66 300 | | 借 | 117 300 |

表 8-41（续）

会计科目：制造费用

| 2019 年 | | 凭证 | | 摘要 | 借方 | 贷方 | 借或贷 | 余额 |
|---|---|---|---|---|---|---|---|---|
| 月 | 日 | 字 | 号 | | | | | |
| 10 | 9 | 转 | 5 | 预提车间修理费 | 3 500 | | 借 | 3 500 |
| | 15 | 转 | 7 | 计提折旧 | 3 500 | | 借 | 7 000 |
| | 31 | 转 | 14 | 结转本月应付工资 | 4 000 | | 借 | 11 000 |
| | 31 | 转 | 15 | 结转制造费用 | | 11 000 | 平 | 0 |
| | 31 | | | 本月合计 | 11 000 | 11 000 | 平 | 0 |

会计科目：主营业务收入

| 2019 年 | | 凭证 | | 摘要 | 借方 | 贷方 | 借或贷 | 余额 |
|---|---|---|---|---|---|---|---|---|
| 月 | 日 | 字 | 号 | | | | | |
| 10 | 13 | 转 | 6 | 赊销乙产品 | | 40 000 | 贷 | 40 000 |
| | 22 | 转 | 10 | 赊销甲产品 | | 20 000 | 贷 | 60 000 |
| | 31 | 转 | 16 | 结转收入类账户 | 60 000 | | 平 | 0 |
| | 31 | | | 本月合计 | 60 000 | 60 000 | 平 | 0 |

会计科目：主营业务成本

| 2019 年 | | 凭证 | | 摘要 | 借方 | 贷方 | 借或贷 | 余额 |
|---|---|---|---|---|---|---|---|---|
| 月 | 日 | 字 | 号 | | | | | |
| 10 | 31 | 转 | 13 | 结转已售产品成本 | 40 000 | | 借 | 40 000 |
| | 31 | 转 | 17 | 结转主营业务成本 | | 40 000 | 平 | 0 |
| | 31 | | | 本月合计 | 40 000 | 40 000 | 平 | 0 |

会计科目：销售费用

| 2019 年 | | 凭证 | | 摘要 | 借方 | 贷方 | 借或贷 | 余额 |
|---|---|---|---|---|---|---|---|---|
| 月 | 日 | 字 | 号 | | | | | |
| 10 | 22 | 银付 | 8 | 支付广告费 | 2 500 | | 借 | 2 500 |
| | 31 | 转 | 17 | 结转销售费用 | | 2 500 | 平 | 0 |
| | 31 | | | 本月合计 | 2 500 | 2 500 | 平 | 0 |

表 8-41（续）

会计科目：管理费用

| 2019 年 | | 凭证 | | 摘要 | 借方 | 贷方 | 借或贷 | 余额 |
|---|---|---|---|---|---|---|---|---|
| 月 | 日 | 字 | 号 | | | | | |
| 10 | 8 | 转 | 4 | 生产领料 | 1 000 | | 借 | 1 000 |
| | 15 | 转 | 7 | 计提折旧 | 1 100 | | 借 | 2 100 |
| | 15 | 转 | 8 | 摊销办公室租金 | 2 000 | | 借 | 4 100 |
| | 18 | 转 | 9 | 李登报销差旅费 | 1 000 | | 借 | 5 100 |
| | 23 | 转 | 11 | 摊销保险费 | 800 | | 借 | 5 900 |
| | 31 | 转 | 17 | 结转管理费用 | | 5 900 | 平 | 0 |
| | 31 | | | 本月合计 | 5 900 | 5 900 | 平 | 0 |

会计科目：财务费用

| 2019 年 | | 凭证 | | 摘要 | 借方 | 贷方 | 借或贷 | 余额 |
|---|---|---|---|---|---|---|---|---|
| 月 | 日 | 字 | 号 | | | | | |
| 10 | 24 | 转 | 12 | 预提短期借款利息 | 3 000 | | 借 | 3 000 |
| | 31 | 转 | 17 | 结转财务费用 | | 3 000 | 平 | 0 |
| | 31 | | | 本月合计 | 3 000 | 3 000 | 平 | 0 |

会计科目：所得税费用

| 2019 年 | | 凭证 | | 摘要 | 借方 | 贷方 | 借或贷 | 余额 |
|---|---|---|---|---|---|---|---|---|
| 月 | 日 | 字 | 号 | | | | | |
| 10 | 31 | 转 | 18 | 计算所得税 | 1 250. 25 | | 借 | 1 250. 25 |
| | 31 | 转 | 19 | 结算所得税 | | 1 250. 25 | 平 | 0 |
| | 31 | | | 本月合计 | 1 250. 25 | 1 250. 25 | 平 | 0 |

# 第三节 科目汇总表账务处理程序

## 一、科目汇总表账务处理程序的特点

科目汇总表账务处理程序又称记账凭证汇总表账务处理程序，是指根据记账凭证定期编制科目汇总表，再根据科目汇总表登记总分类账的一种账务处理程序。这种账务处理程序是在记账凭证账务处理程序的基础上简化而来的。与记账凭证账务处理程序相比，科目汇总表账务处理程序的特点是根据定期编制的科目汇总表登记总分类账。

在科目汇总表账务处理程序下，记账凭证除设置收款凭证、付款凭证和转账凭证外，还应设置科目汇总表。会计账簿组织与记账凭证账务处理程序基本相同，可以设置库存现金日记账、银行存款日记账、总分类账和明细分类账。库存现金日记账、银行存款日记账和总分类账采用三栏式账簿；明细分类账可以根据实际需要，分别采用三栏式、多栏式和数量金额式账簿。

### 二、科目汇总表的编制方法

科目汇总表又称记账凭证汇总表，是根据一定期间内的全部记账凭证，按相同的会计科目进行归类，定期汇总出每一个账户的借方本期发生额和贷方本期发生额，并填写在科目汇总表的相关栏目内的一种汇总凭证。

根据企业经济业务量的多少不同，科目汇总表可以每汇总一次编制一张，也可以按旬汇总一次，每月编制一张。其格式可以根据需要设计，常用的两种科目汇总表格式如表 8-42 和表 8-43 所示。

表 8-42　科目汇总表（一）

年　月　日至　日　　　　　　　　　第　号

| 会计科目 | 页数 | 本期发生额 | | 记账凭证起讫号数 |
|---|---|---|---|---|
| | | 借方 | 贷方 | |
| | | | | |
| 合计 | | | | |

会计主管：　　　　　　会计：　　　复核：　　　制表：

表 8-43　科目汇总表（二）

年　月　　　　　　　　　　　　　第　号

| 会计科目 | 页数 | 记账凭证起讫号数 | 1~10 号 | | 11~20 号 | | 21~30 号 | |
|---|---|---|---|---|---|---|---|---|
| | | | 借方 | 贷方 | 借方 | 贷方 | 借方 | 贷方 |
| | | | | | | | | |
| 合计 | | | | | | | | |

会计主管：　　　　　　会计：　　　复核：　　　制表：

241

### 三、科目汇总表账务处理程序的基本内容

科目汇总表账务处理程序的基本内容如图8-2所示。

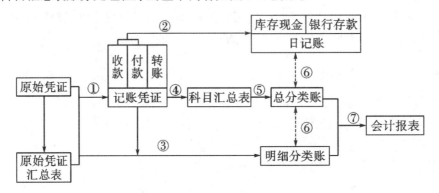

图8-2　科目汇总表账务处理程序

①根据原始凭证或原始凭证汇总表填制记账凭证。

②根据收款凭证和付款凭证登记库存现金日记账和银行存款日记账。

③根据原始凭证、原始凭证汇总表和记账凭证，逐笔登记各种明细分类账。

④根据各种记账凭证编制科目汇总表。

⑤根据科目汇总表登记总分类账。

⑥期末将库存现金日记账、银行存款日记账及各种明细分类账的余额分别与总分类账的余额核对。

⑦期末根据总分类账和明细分类账的资料编制会计报表。

### 四、科目汇总表账务处理程序的优缺点及适用范围

在科目汇总表账务处理程序中，由于总分类账是根据定期编制的科目汇总表登记的，大大减少了登记总分类账的工作量，同时可以做到试算平衡。但是，科目汇总表不能反映账户之间的对应关系，不便于核对账目。这种账务处理程序适用于经营规模较大、经济业务量较多的单位。

### 五、科目汇总表账务处理程序举例

【例8-2】根据【例8-1】中填制的记账凭证，按月编制的科目汇总表如表8-44所示。

### 表 8-44　科目汇总表

2019 年 10 月 1 日至 30 日　　　　　　　　　　　　　　单位：元

| 会计科目 | 页数 | 本期发生额 | |
| --- | --- | --- | --- |
| | | 借方 | 贷方 |
| 库存现金 | | 23 500 | 23 117 |
| 银行存款 | | 57 000 | 72 900 |
| 应收账款 | | 69 600 | 7 000 |
| 其他应收款 | | 1 000 | 3 800 |
| 在途物资 | | 25 017 | 25 017 |
| 原材料 | | 25 017 | 32 300 |
| 库存商品 | | | 40 000 |
| 固定资产 | | 8 800 | |
| 累计折旧 | | | 4 600 |
| 短期借款 | | | 50 000 |
| 应付账款 | | 2 000 | 5 220 |
| 应付职工薪酬 | | 22 000 | 28 000 |
| 应交税费 | | 3 920 | 10 850 |
| 应付利息 | | 12 500 | 3 000 |
| 其他应付款 | | | 3 500 |
| 本年利润 | | 52 650 | 60 000 |
| 生产成本 | | 66 300 | |
| 制造费用 | | 11 000 | 11 000 |
| 主营业务收入 | | 60 000 | 60 000 |
| 主营业务成本 | | 40 000 | 40 000 |
| 销售费用 | | 2 500 | 2 500 |
| 管理费用 | | 5 900 | 5 900 |
| 财务费用 | | 3 000 | 3 000 |
| 所得税费用 | | 1 250 | 1 250 |
| 合计 | | 492 954 | 492 954 |

根据科目汇总表登记的部分总分类账如表 8-45 所示。

243

表 8-45　总分类账　　　　　　　　　　　　单位：元

会计科目：库存现金

| 2019 年 | | 凭证 | | 摘要 | 借方 | 贷方 | 借或贷 | 余额 |
|---|---|---|---|---|---|---|---|---|
| 月 | 日 | 字 | 号 | | | | | |
| 10 | 1 | | | 期初余额 | | | 借 | 1 500 |
| | 31 | 科汇 | 1 | 1 日至 31 日发生额 | 23 500 | 23 117 | 借 | 1 883 |
| | 31 | | | 本月合计 | 23 500 | 23 117 | 借 | 1 883 |

会计科目：银行存款

| 2019 年 | | 凭证 | | 摘要 | 借方 | 贷方 | 借或贷 | 余额 |
|---|---|---|---|---|---|---|---|---|
| 月 | 日 | 字 | 号 | | | | | |
| 10 | 1 | | | 期初余额 | | | 借 | 158 000 |
| | 31 | 科汇 | 1 | 1 日至 31 日发生额 | 57 000 | 72 900 | 借 | 142 100 |
| | 31 | | | 本月合计 | 57 000 | 72 900 | 借 | 142 100 |

会计科目：应收账款

| 2019 年 | | 凭证 | | 摘要 | 借方 | 贷方 | 借或贷 | 余额 |
|---|---|---|---|---|---|---|---|---|
| 月 | 日 | 字 | 号 | | | | | |
| 10 | 1 | | | 期初余额 | | | 借 | 8 000 |
| | 31 | 科汇 | 1 | 1 日至 31 日发生额 | 69 600 | 7 000 | 借 | 70 600 |
| | 31 | | | 本月合计 | 69 600 | 7 000 | 借 | 70 600 |

会计科目：其他应收款

| 2019 年 | | 凭证 | | 摘要 | 借方 | 贷方 | 借或贷 | 余额 |
|---|---|---|---|---|---|---|---|---|
| 月 | 日 | 字 | 号 | | | | | |
| 10 | 1 | | | 期初余额 | | | 借 | 4 500 |
| | 31 | 科汇 | 1 | 1 日至 31 日发生额 | 1 000 | 3 800 | 借 | 1 700 |
| | 31 | | | 本月合计 | 1 000 | 3 800 | 借 | 1 700 |

会计科目：在途物资

| 2019 年 | | 凭证 | | 摘要 | 借方 | 贷方 | 借或贷 | 余额 |
|---|---|---|---|---|---|---|---|---|
| 月 | 日 | 字 | 号 | | | | | |
| 10 | 31 | 科汇 | 1 | 1 日至 31 日发生额 | 0 | 0 | 平 | 0 |

表8-45（续）

| 2019年 | | 凭证 | | 摘要 | 借方 | 贷方 | 借或贷 | 余额 |
|---|---|---|---|---|---|---|---|---|
| 月 | 日 | 字 | 号 | | | | | |
| | 31 | | | 本月合计 | 25 017 | 25 017 | 平 | 0 |

会计科目：原材料

| 2019年 | | 凭证 | | 摘要 | 借方 | 贷方 | 借或贷 | 余额 |
|---|---|---|---|---|---|---|---|---|
| 月 | 日 | 字 | 号 | | | | | |
| 10 | 1 | | | 期初余额 | | | 借 | 240 000 |
| | 31 | 科汇 | 1 | 1日至31日发生额 | 25 017 | 32 300 | 借 | 232 717 |

会计科目：库存商品

| 2019年 | | 凭证 | | 摘要 | 借方 | 贷方 | 借或贷 | 余额 |
|---|---|---|---|---|---|---|---|---|
| 月 | 日 | 字 | 号 | | | | | |
| 10 | 1 | | | 期初余额 | | | 借 | 40 000 |
| | 31 | 科汇 | 1 | 1日至31日发生额 | | 40 000 | 平 | 0 |
| | 31 | | | 本月合计 | 0 | 40 000 | 平 | 0 |

会计科目：固定资产

| 2019年 | | 凭证 | | 摘要 | 借方 | 贷方 | 借或贷 | 余额 |
|---|---|---|---|---|---|---|---|---|
| 月 | 日 | 字 | 号 | | | | | |
| 10 | 1 | | | 期初余额 | | | 借 | 700 000 |
| | 31 | 科汇 | 1 | 1日至31日发生额 | 8 800 | | 借 | 708 800 |
| | 31 | | | 本月合计 | 8 800 | 0 | 借 | 708 800 |

会计科目：累计折旧

| 2019年 | | 凭证 | | 摘要 | 借方 | 贷方 | 借或贷 | 余额 |
|---|---|---|---|---|---|---|---|---|
| 月 | 日 | 字 | 号 | | | | | |
| 10 | 1 | | | 期初余额 | | | 贷 | 70 000 |
| | 31 | 科汇 | 1 | 1日至31日发生额 | | 4 600 | 贷 | 74 600 |
| | 31 | | | 本月合计 | 0 | 4 600 | 贷 | 74 600 |

表 8-45（续）

会计科目：短期借款

| 2019 年 | | 凭证 | | 摘要 | 借方 | 贷方 | 借或贷 | 余额 |
|---|---|---|---|---|---|---|---|---|
| 月 | 日 | 字 | 号 | | | | | |
| 10 | 1 | | | 期初余额 | | | 贷 | 63 000 |
| | 31 | 科汇 | 1 | 1 日至 31 日发生额 | | 50 000 | 贷 | 113 000 |
| | 31 | | | 本月合计 | 0 | 50 000 | 贷 | 113 000 |

会计科目：应付账款

| 2019 年 | | 凭证 | | 摘要 | 借方 | 贷方 | 借或贷 | 余额 |
|---|---|---|---|---|---|---|---|---|
| 月 | 日 | 字 | 号 | | | | | |
| 10 | 1 | | | 期初余额 | | | 贷 | 5 000 |
| | 31 | 科汇 | 1 | 1 日至 31 日发生额 | 2 000 | 5 220 | 贷 | 8 220 |
| | 31 | | | 本月合计 | 2 000 | 5 220 | 贷 | 8 220 |

会计科目：应付职工薪酬

| 2019 年 | | 凭证 | | 摘要 | 借方 | 贷方 | 借或贷 | 余额 |
|---|---|---|---|---|---|---|---|---|
| 月 | 日 | 字 | 号 | | | | | |
| 10 | 1 | | | 期初余额 | | | 贷 | 2 000 |
| | 31 | 科汇 | 1 | 1 日至 31 日发生额 | 22 000 | 28 000 | 贷 | 8 000 |
| | 31 | | | 本月合计 | 22 000 | 28 000 | 贷 | 8 000 |

会计科目：应交税费

| 2019 年 | | 凭证 | | 摘要 | 借方 | 贷方 | 借或贷 | 余额 |
|---|---|---|---|---|---|---|---|---|
| 月 | 日 | 字 | 号 | | | | | |
| 10 | 1 | | | 期初余额 | | | 贷 | 10 000 |
| | 31 | 科汇 | 1 | 1 日至 31 日发生额 | 3 920 | 10 850.25 | 贷 | 16 930.25 |
| | 31 | | | 本月合计 | 3 920 | 10 850.25 | 贷 | 16 930.25 |

会计科目：应付利息

| 2019 年 | | 凭证 | | 摘要 | 借方 | 贷方 | 借或贷 | 余额 |
|---|---|---|---|---|---|---|---|---|
| 月 | 日 | 字 | 号 | | | | | |
| 10 | 1 | | | 期初余额 | | | 贷 | 47 000 |

表8-45(续)

| 2019 年 | | 凭证 | | 摘要 | 借方 | 贷方 | 借或贷 | 余额 |
|---|---|---|---|---|---|---|---|---|
| 月 | 日 | 字 | 号 | | | | | |
| | 31 | 科汇 | 1 | 1 日至 31 日发生额 | 12 500 | 3 000 | 贷 | 37 500 |
| | 31 | | | 本月合计 | 12 500 | 3 000 | 贷 | 37 500 |

会计科目：其他应付款

| 2019 年 | | 凭证 | | 摘要 | 借方 | 贷方 | 借或贷 | 余额 |
|---|---|---|---|---|---|---|---|---|
| 月 | 日 | 字 | 号 | | | | | |
| 10 | 1 | | | 期初余额 | | | 平 | 0 |
| | 31 | 科汇 | 1 | 1 日至 31 日发生额 | | 3 500 | 贷 | 3 500 |
| | 31 | | | 本月合计 | 0 | 3 500 | 贷 | 3 500 |

会计科目：实收资本

| 2019 年 | | 凭证 | | 摘要 | 借方 | 贷方 | 借或贷 | 余额 |
|---|---|---|---|---|---|---|---|---|
| 月 | 日 | 字 | 号 | | | | | |
| 10 | 1 | | | 期初余额 | | | 贷 | 850 000 |
| | 31 | | | 本月合计 | 0 | 0 | 贷 | 850 000 |

会计科目：盈余公积

| 2019 年 | | 凭证 | | 摘要 | 借方 | 贷方 | 借或贷 | 余额 |
|---|---|---|---|---|---|---|---|---|
| 月 | 日 | 字 | 号 | | | | | |
| 10 | 1 | | | 期初余额 | | | 贷 | 20 000 |
| | 31 | | | 本月合计 | 0 | 0 | 贷 | 20 000 |

会计科目：本年利润

| 2019 年 | | 凭证 | | 摘要 | 借方 | 贷方 | 借或贷 | 余额 |
|---|---|---|---|---|---|---|---|---|
| 月 | 日 | 字 | 号 | | | | | |
| 10 | 31 | 科汇 | 1 | 1 日至 31 日发生额 | 52 650. 25 | 60 000 | 贷 | 7 350 |
| | 31 | | | 本月合计 | 52 650. 25 | 60 000 | 贷 | 7 350 |

表 8-45（续）

会计科目：利润分配

| 2019 年 | | 凭证 | | 摘要 | 借方 | 贷方 | 借或贷 | 余额 |
|---|---|---|---|---|---|---|---|---|
| 月 | 日 | 字 | 号 | | | | | |
| 10 | 1 | | | 期初余额 | | | 贷 | 133 000 |
| | 31 | | | 本月合计 | 0 | 0 | 贷 | 133 000 |

会计科目：生产成本

| 2019 年 | | 凭证 | | 摘要 | 借方 | 贷方 | 借或贷 | 余额 |
|---|---|---|---|---|---|---|---|---|
| 月 | 日 | 字 | 号 | | | | | |
| 10 | 1 | | | 期初余额 | | | 借 | 52 000 |
| | 31 | 科汇 | 1 | 1 日至 31 日发生额 | 66 300 | | 借 | 118 300 |
| | 31 | | | 本月合计 | 66 300 | 0 | 借 | 118 300 |

会计科目：制造费用

| 2019 年 | | 凭证 | | 摘要 | 借方 | 贷方 | 借或贷 | 余额 |
|---|---|---|---|---|---|---|---|---|
| 月 | 日 | 字 | 号 | | | | | |
| 10 | 31 | 科汇 | 1 | 1 日至 31 日发生额 | 11 000 | 11 000 | 平 | 0 |
| | 31 | | | 本月合计 | 11 000 | 11 000 | 平 | 0 |

会计科目：主营业务收入

| 2019 年 | | 凭证 | | 摘要 | 借方 | 贷方 | 借或贷 | 余额 |
|---|---|---|---|---|---|---|---|---|
| 月 | 日 | 字 | 号 | | | | | |
| 10 | 31 | 科汇 | 1 | 1 日至 31 日发生额 | 60 000 | 60 000 | 平 | 0 |
| | 31 | | | 本月合计 | 60 000 | 60 000 | 平 | 0 |

会计科目：主营业务成本

| 2019 年 | | 凭证 | | 摘要 | 借方 | 贷方 | 借或贷 | 余额 |
|---|---|---|---|---|---|---|---|---|
| 月 | 日 | 字 | 号 | | | | | |
| 10 | 31 | 科汇 | 1 | 1 日至 31 日发生额 | 40 000 | 40 000 | 平 | 0 |
| | 31 | | | 本月合计 | 40 000 | 40 000 | 平 | 0 |

表 8-45（续）

会计科目：销售费用

| 2019 年 | | 凭证 | | 摘要 | 借方 | 贷方 | 借或贷 | 余额 |
|---|---|---|---|---|---|---|---|---|
| 月 | 日 | 字 | 号 | | | | | |
| 10 | 31 | 科汇 | 1 | 1 日至 31 日发生额 | 2 500 | 2 500 | 平 | 0 |
| | 31 | | | 本月合计 | 2 500 | 2 500 | 平 | 0 |

会计科目：管理费用

| 2019 年 | | 凭证 | | 摘要 | 借方 | 贷方 | 借或贷 | 余额 |
|---|---|---|---|---|---|---|---|---|
| 月 | 日 | 字 | 号 | | | | | |
| 10 | 31 | 科汇 | 1 | 1 日至 31 日发生额 | 5 900 | 5 900 | 平 | 0 |
| | 31 | | | 本月合计 | 5 900 | 5 900 | 平 | 0 |

会计科目：财务费用

| 2019 年 | | 凭证 | | 摘要 | 借方 | 贷方 | 借或贷 | 余额 |
|---|---|---|---|---|---|---|---|---|
| 月 | 日 | 字 | 号 | | | | | |
| 10 | 31 | 科汇 | 1 | 1 日至 31 日发生额 | 3 000 | 3 000 | 平 | 0 |
| | 31 | | | 本月合计 | 3 000 | 3 000 | 平 | 0 |

会计科目：所得税费用

| 2019 年 | | 凭证 | | 摘要 | 借方 | 贷方 | 借或贷 | 余额 |
|---|---|---|---|---|---|---|---|---|
| 月 | 日 | 字 | 号 | | | | | |
| 10 | 31 | 科汇 | 1 | 1 日至 31 日发生额 | 1 250.25 | 1 250.25 | 平 | 0 |
| | 31 | | | 本月合计 | 1 250.25 | 1 250.25 | 平 | 0 |

# 第四节 汇总记账凭证账务处理程序

## 一、汇总记账凭证账务处理程序的特点

汇总记账凭证账务处理程序是根据原始凭证或原始凭证汇总表编制记账凭证，定期根据记账凭证分类编制汇总收款凭证、汇总付款凭证和汇总转账凭证，再根据汇总记账凭证登记总分类账的一种账务处理程序。这种账务处理程序是在科目汇总表账务处理程序的基础上发展起来的，其特点是定期将所有记账凭证编制成汇总记

249

账凭证，并据以登记总分类账。

在汇总记账凭证账务处理程序下，记账凭证设置收款凭证、付款凭证和转账凭证，根据收、付、转记账凭证编制汇总收款凭证、汇总付款凭证和汇总转账凭证。会计账簿设置与科目汇总表账务处理程序相同。

### 二、汇总记账凭证的编制方法

汇总记账凭证是根据收款凭证、付款凭证和转账凭证定期汇总编制而成的，可以分为汇总收款凭证、汇总付款凭证和汇总转账凭证。下面分别介绍其编制方法。

（一）汇总收款凭证的编制方法

汇总收款凭证是根据一定时期的全部收款凭证按月编制而成的。编制时，汇总收款凭证按"库存现金"和"银行存款"账户的借方设置，并按与其相对应的贷方账户归类汇总。月末，企业将汇总收款凭证中各贷方科目的合计数结算出来，分别计入"库存现金""银行存款"总分类账户的借方以及各个对应账户的贷方。汇总收款凭证的一般格式如表 8-46 所示。

表 8-46　汇总收款凭证

借方科目：　　　　　　　　　　　　　　　年　月　　　　　　　　　　　　汇收第　号

| 贷方科目 | 金额 | | | | 页数 | |
|---|---|---|---|---|---|---|
| | 1~10 日<br>收款凭证<br>第 号至第 号 | 11~20 日<br>收款凭证<br>第 号至第 号 | 21~30 日<br>收款凭证<br>第 号至第 号 | 合计 | 借方 | 贷方 |
| | | | | | | |
| 合计 | | | | | | |

会计主管：　　　　　　　会计：　　　　复核：　　　　制表：

（二）汇总付款凭证的编制方法

汇总付款凭证是根据一定时期的全部付款凭证按月编制而成的。编制时，汇总付款凭证按"库存现金"和"银行存款"账户的贷方设置，并按与其相对应的借方账户归类汇总。月末，企业将汇总付款凭证中各借方科目的合计数结算出来，分别计入"库存现金""银行存款"总分类账户的贷方以及各个对应账户的借方。汇总付款凭证的一般格式如表 8-47 所示。

表 8-47　汇总付款凭证

贷方科目：　　　　　　　　　　年　月　　　　　　　　　汇付第　号

| 借方科目 | 金额 | | | | 页数 | |
| | 1~10 日<br>付款凭证<br>第 号至第 号 | 11~20 日<br>付款凭证<br>第 号至第 号 | 21~30 日<br>付款凭证<br>第 号至第 号 | 合计 | 借方 | 贷方 |
|---|---|---|---|---|---|---|
| | | | | | | |
| 合计 | | | | | | |

会计主管：　　　　　　　　会计：　　　　　　复核：　　　　　　制表：

（三）汇总转账凭证的编制方法

汇总转账凭证是根据一定时期的转账凭证按月编制而成的。编制时，汇总付款凭证按转账凭证的贷方设置，并按与其相对应的借方账户归类汇总。月末，企业将汇总转账凭证中各借方科目的合计数结算出来，分别计入该汇总转账凭证所列贷方账户的总分类账户的贷方以及各个对应账户的借方。汇总转账凭证的一般格式如表8-48 所示。

表 8-48　汇总转账凭证

贷方科目：　　　　　　　　　　年　月　　　　　　　　　汇转第　号

| 借方科目 | 金额 | | | | 页数 | |
| | 1~10 日<br>转账凭证<br>第 号至第 号 | 11~20 日<br>转账凭证<br>第 号至第 号 | 21~30 日<br>转账凭证<br>第 号至第 号 | 合计 | 借方 | 贷方 |
|---|---|---|---|---|---|---|
| | | | | | | |
| 合计 | | | | | | |

会计主管：　　　　　　　　会计：　　　　　　复核：　　　　　　制表：

为了便于汇总转账凭证的编制，企业平时编制转账凭证时，只能按一个贷方账户与一个或多个借方账户相对应填制，而不能以一个或多个借方账户与多个贷方账户相对应填制，即编制的会计分录应为一借一贷、多借一贷，不能一借多贷或多借多贷，否则会给汇总转账凭证的编制带来不便。

### 三、汇总记账凭证账务处理程序的基本内容

汇总记账凭证账务处理程序的基本内容如图 8-3 所示。

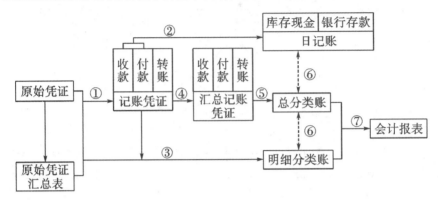

图 8-3　汇总记账凭证账务处理程序

①根据原始凭证或原始凭证汇总表填制记账凭证。

②根据收款凭证和付款凭证登记库存现金日记账和银行存款日记账。

③根据原始凭证、原始凭证汇总表和记账凭证，逐笔登记各种明细分类账。

④根据各种记账凭证编制各种汇总记账凭证。

⑤根据各种汇总记账凭证登记总分类账。

⑥期末将库存现金日记账、银行存款日记账以及各种明细分类账的余额分别与总分类账的余额核对。

⑦期末根据总分类账和明细分类账的资料，编制会计报表。

### 四、汇总记账凭证账务处理程序的优缺点及适用范围

在汇总记账凭证账务处理程序中，定期将所有记账凭证编制成汇总记账凭证，期末一次性记入总分类账，大大减轻了登记总分类账的工作量；按照会计科目汇总记账凭证，便于了解账户之间的对应关系。汇总记账凭证账务处理程序的不足之处在于按每一贷方科目编制汇总转账凭证，不利于核算的日常分工；当转账凭证较多时，编制汇总记账凭证的工作量较大。这种账务处理程序一般适用于经营规模较大、经济业务量较多的单位。

### 五、汇总记账凭证账务处理程序举例

【例 8-3】根据【例 8-1】中填制的记账凭证，说明汇总记账凭证账务处理程序。填制记账凭证的程序与前面一样，这里仅说明汇总记账凭证的填制及登记总分类账的方法。

对于贷方科目不多的转账凭证，不再填制汇总记账凭证，直接根据转账凭证登

记总分类账。填制的部分汇总记账凭证如表 8-49 至表 8-54 所示。

**表 8-49　汇总收款凭证**

借方科目：银行存款　　　　　　　　　　2019 年 10 月　　　　　　　　　　汇收第 1 号

| 贷方科目 | 金额/元 | | | | 页数 | |
| --- | --- | --- | --- | --- | --- | --- |
| | 1~10 日<br>收款凭证<br>第 号至第 号 | 11~20 日<br>收款凭证<br>第 号至第 号 | 21~30 日<br>收款凭证<br>第 号至第 号 | 合计 | 借方 | 贷方 |
| 应收账款 | 7 000 | | | 7 000 | | |
| 短期借款 | 50 000 | | | 50 000 | | |
| 合计 | 57 000 | | | 57 000 | | |

会计主管：　　　　　　　会计：　　　　　　复核：　　　　　　制表：

**表 8-50　汇总付款凭证**

贷方科目：库存现金　　　　　　　　　　2019 年 10 月　　　　　　　　　　汇付第 1 号

| 借方科目 | 金额/元 | | | | 页数 | |
| --- | --- | --- | --- | --- | --- | --- |
| | 1~10 日<br>付款凭证<br>第 号至第 号 | 11~20 日<br>付款凭证<br>第 号至第 号 | 21~30 日<br>付款凭证<br>第 号至第 号 | 合计 | 借方 | 贷方 |
| 其他应收款 | 1 000 | | | 1 000 | | |
| 在途物资 | 117 | | | 117 | | |
| 应付账款 | | 22 000 | | 22 000 | | |
| 合计 | 1 117 | 22 000 | | 23 117 | | |

会计主管：　　　　　　　会计：　　　　　　复核：　　　　　　制表：

**表 8-51　汇总付款凭证**

贷方科目：银行存款　　　　　　　　　　2019 年 10 月　　　　　　　　　　汇付第 2 号

| 借方科目 | 金额/元 | | | | 页数 | |
| --- | --- | --- | --- | --- | --- | --- |
| | 1~10 日<br>付款凭证<br>第 号至第 号 | 11~20 日<br>付款凭证<br>第 号至第 号 | 21~30 日<br>付款凭证<br>第 号至第 号 | 合计 | 借方 | 贷方 |
| 在途物资 | 20 400 | | | 20 400 | | |
| 应交税费 | 3 200 | | | 3 200 | | |
| 应付利息 | 12 500 | | | 12 500 | | |
| 库存现金 | 1 500 | 22 000 | | 23 500 | | |
| 应付账款 | | 2 000 | | 2 000 | | |
| 固定资产 | | 8 800 | | 8 800 | | |
| 销售费用 | | | 2 500 | 2 500 | | |
| 合　计 | 37 600 | 32 800 | 2 500 | 70 400 | | |

会计主管：　　　　　　　会计：　　　　　　复核：　　　　　　制表：

表 8-52 汇总转账凭证

贷方科目：在途物资　　　　　　　　2019 年 10 月　　　　　　　　汇转第 1 号

| 借方科目 | 金额/元 | | | | 页数 | |
| --- | --- | --- | --- | --- | --- | --- |
| | 1~10 日<br>转账凭证<br>第 号至第 号 | 11~20 日<br>转账凭证<br>第 号至第 号 | 21~30 日<br>转账凭证<br>第 号至第 号 | 合计 | 借方 | 贷方 |
| 原材料 | 25 017 | | | 25 017 | | |
| 合计 | 25 017 | | | 25 017 | | |

会计主管：　　　　　　会计：　　　　　复核：　　　　　制表：

表 8-53　汇总转账凭证

贷方科目：原材料　　　　　　　　　2019 年 10 月　　　　　　　　汇转第 2 号

| 借方科目 | 金额/元 | | | | 页数 | |
| --- | --- | --- | --- | --- | --- | --- |
| | 1~10 日<br>转账凭证<br>第 号至第 号 | 11~20 日<br>转账凭证<br>第 号至第 号 | 21~30 日<br>转账凭证<br>第 号至第 号 | 合计 | 借方 | 贷方 |
| 生产成本 | 31 300 | | | 31 300 | | |
| 管理费用 | 1 000 | | | 1 000 | | |
| 合计 | 32 300 | | | 32 300 | | |

会计主管：　　　　　　会计：　　　　　复核：　　　　　制表：

表 8-54　汇总转账凭证

贷方科目：其他应收款　　　　　　　2019 年 10 月　　　　　　　　汇转第 3 号

| 借方科目 | 金额/元 | | | | 页数 | |
| --- | --- | --- | --- | --- | --- | --- |
| | 1~10 日<br>转账凭证<br>第 号至第 号 | 11~20 日<br>转账凭证<br>第 号至第 号 | 21~30 日<br>转账凭证<br>第 号至第 号 | 合计 | 借方 | 贷方 |
| 管理费用 | | 3 000 | 800 | 3 800 | | |
| 合计 | | 3 000 | 800 | 3 800 | | |

会计主管：　　　　　　会计：　　　　　复核：　　　　　制表：

**复习思考题**

1. 什么是账务处理程序？账务处理程序有何作用？

2. 会计工作中主要有哪几种账务处理程序？

3. 什么是科目汇总表？如何编制科目汇总表？

4. 什么是汇总记账凭证？如何编制汇总记账凭证？

5. 科目汇总表与汇总记账凭证相比，各有哪些优缺点？

综合练习题

一、单项选择题

1. （　　　）账务处理程序是一种最基本的账务处理程序。

　　A. 记账凭证　　　　　　　　　　　　B. 日记账

　　C. 科目汇总表　　　　　　　　　　　D. 汇总记账凭证

2. 下列选项中，属于记账凭证账务处理程序优点的是（　　　）。

　　A. 便于核对账目和进行试算平衡　　　B. 减轻了登记总分类账的工作量

　　C. 总分类账反映经济业务较详细　　　D. 有利于会计核算的日常分工

3. 汇总记账凭证是依据（　　　）编制的。

　　A. 原始凭证　　　　　　　　　　　　B. 原始凭证汇总表

　　C. 记账凭证　　　　　　　　　　　　D. 各种总账

4. 下列选项中，属于科目汇总账务处理程序缺点的是（　　　）。

　　A. 不便于进行试算平衡

　　B. 增加了登记总分类账的工作量

　　C. 增加了会计核算的账务处理程序

　　D. 不便于检查核对账目

5. 科目汇总表账务处理程序，一般适用于（　　　）的企业。

　　A. 规模大、业务量繁多　　　　　　　B. 规模小、业务量少

　　C. 规模小　　　　　　　　　　　　　D. 经济业务单一

6. 各种账务处理程序之间的主要区别是（　　　）。

　　A. 记账程序不同　　　　　　　　　　B. 记账方法不同

　　C. 凭证及账簿组织不同　　　　　　　D. 登记总账的依据和方法不同

7. 汇总记账凭证账务处理的适用范围是（　　　）。

　　A. 规模较小、业务较少的单位　　　　B. 规模较小、业务较多的单位

　　C. 规模较大、业务较少的单位　　　　D. 规模较大、业务较多的单位

8. 采用科目汇总表账务处理程序，（　　　）是其登记总分类账的直接依据。

　　A. 记账凭证　　　　　　　　　　　　B. 科目汇总表

　　C. 汇总记账凭证　　　　　　　　　　D. 原始凭证

9. 我国企业普遍采用的账务处理程序是（　　　）。

　　A. 记账凭证账务处理程序　　　　　　B. 科目汇总表账务处理程序

　　C. 汇总记账凭证账务处理程序　　　　D. 计算机账务处理程序

10. 汇总付款凭证的贷方科目可能是（　　　）。

　　A. "应收账款"或"应付账款"　　　　B. "管理费用"或"销售费用"

　　C. "库存现金"或"银行存款"　　　　D. "固定资产"或"实收资本"

255

## 二、多项选择题

1. 账务处理程序也叫会计核算程序，是指（　　）相结合的方式。
   - A. 会计科目
   - B. 会计凭证
   - C. 会计账簿
   - D. 财务报表

2. 在不同的账务处理程序下，登记总分类账的依据有（　　）。
   - A. 科目汇总表
   - B. 记账凭证
   - C. 汇总原始凭证
   - D. 汇总记账凭证

3. 下列选项中，属于记账凭证账务处理程序的优点的有（　　）。
   - A. 减轻了登记总分类账的工作量
   - B. 简单明了、易于理解
   - C. 便于进行会计科目的试算平衡
   - D. 总分类账可以较详细地记录经济业务发生情况

4. 汇总记账凭证账务处理程序下，记账凭证采用（　　）形式。
   - A. 一借一贷
   - B. 一借多贷
   - C. 一贷多借
   - D. 多借多贷

5. 各种账务处理程序下，登记明细账的依据可能是（　　）。
   - A. 原始凭证
   - B. 记账凭证
   - C. 汇总原始凭证
   - D. 汇总记账凭证

## 三、判断题

1. 在不同的账务处理程序下，会计报表编制的依据不同。（　　）

2. 采用记账凭证账务处理程序时，总分类账是根据记账凭证逐笔登记的。
   （　　）

3. 在记账凭证账务处理程序下，其记账凭证必须采用收款凭证、付款凭证和转账凭证三种格式。（　　）

4. 科目汇总表不仅可以起到试算平衡的作用，而且可以反映账户之间的对应关系。（　　）

5. 在不同的账务处理程序中，登记总分类账的依据相同。（　　）

6. 同一企业可以同时采用几种不同的账务处理程序。（　　）

7. 在各种账务处理程序中，原始凭证都不能直接登记总账和明细账。（　　）

# 第九章
# 会计工作管理

## 第一节 会计工作管理体制

会计工作管理体制是指会计工作的组织形式与基本制度，是贯彻落实国家会计法律、法规、规章、制度和方针、政策的组织保障和制度保障，主要包含会计工作管理组织形式、管理权限划分、管理机构设置等内容。会计工作管理体制从其所属的层级不同，又可以分为会计工作的行政管理、会计工作的行业管理和单位内部的会计工作管理等。

按照我国当前的社会经济现状，政府部门对会计工作的指导与管理工作必不可少，包括制定会计政策、标准；检查政策、标准执行情况；确认会计专业技术资格和管理会计从业资格；督促提高基层单位会计水平，等等。这些内容一起构成了我国会计工作管理制度。在实际工作过程中，会计工作管理制度主要可以分为以下四个方面的工作内容：

（1）明确会计工作主管部门。

（2）明确国家会计制度制定权限。

（3）明确会计工作监督检查部门与范围。

（4）明确会计人员管理内容。

其中，会计工作主管部门与国家会计制度制定权限在《中华人民共和国会计法》（以下简称《会计法》）第一章中有明确的规定，会计工作监督检查部门与范围在《会计法》第四章中有相应的规定，会计人员管理在《会计法》第五章中有相应的规定。

### 一、会计工作的主管部门

《会计法》第七条明确规定："国务院财政部门主管全国的会计工作。县级以上地方各级人民政府财务部门管理本行政区域内的会计工作。"

这一规定明确了由财政部门主管会计工作的管理体制，即遵循"统一领导，分级管理"的原则。财政部门主管会计工作不仅仅是一项权利，更重要的是一种责任。

257

在中华人民共和国成立之初，财政部就设立了专门管理会计工作的机构，在管理会计工作方面积累了丰富的经验。同时，财务会计工作与国家财税工作的关系十分密切，是确定税基、规范财政收支的重要基础。财政部门主管会计工作，有利于财税工作和会计工作相互结合、相互促进，更好地为经济工作服务。

对于财政部门而言，其最主要的任务在于实行宏观经济调控，合理组织财政收入，安排财政支出。同时，财政部门兼顾着会计工作管理的职责，加强会计工作管理，是维护财经纪律、抓好增收节支、强化财政管理职能的重要措施。一旦会计秩序出现混乱，财政制度不能很好地被贯彻执行，会在很大程度上造成财政收入的流失和财政支出的失控，最终必然给财政工作带来不利影响。因此，《会计法》授予财政部门主管会计工作这一权利的同时，也赋予了财政部门重要职责，如果财政部门不能很好地开展会计工作的管理，造成会计秩序混乱，不仅是工作失职，更是一种违法行为，将要承担相应法律责任。

财政部门在主管会计工作时，遵循的是"统一领导，分级管理"的重要原则。"统一领导，分级管理"体现了管理的效率原则，也是划分会计工作管理权责的重要原则。财政部门主管会计工作，主要是在统一规划、统一领导的前提下，实行分级负责、分级管理，充分调动地区、部门、单位管理会计工作的积极性和创造性，实现国家财政部门与地方财政部门、财政部门与有关业务主管部门以及企事业单位之间的适当分工与协调配合。具体做法是：国务院财政部门实行统一规划、统一领导，各级人民政府财政部门和中央各部门发挥管理会计工作各自的积极性，各级人民政府与各业务主管部门积极配合国务院财政部门管理好本地区、本部门的会计工作；各级人民政府财政部门根据上级财政部门的规划和要求，结合本地区的实际情况，管理本地区的会计工作，并取得同级其他管理部门的支持和配合。

### 二、会计工作管理的权限划分

国务院财政部门根据《会计法》制定并公布全国统一的会计制度。全国统一的会计制度是关于会计核算、会计监督、会计机构和会计人员以及会计工作管理的制度，包括规章和规范性文件，具有实施范围的广泛性，制定主体的法定统一性，制度本身的科学性、权威性与公认性以及制度内容的动态发展性。

对于有特殊核算要求与会计监督要求的行业，国务院各相关业务部门可以依据《会计法》与财政部门发布的会计制度，制定相应的行业会计制度，作为国家统一的会计制度的具体实施办法与补充规定，并上报国务院财政部门审核批准并备案。

各级人民政府在《会计法》与国家统一的会计制度的基础上，可根据管辖范围内经济发展现状、经济环境与发展目标、特定的地方性政策，提出相应的法规、规章、制度，作为会计制度的具体实施办法与补充规定。

企业在遵守《会计法》的基础上，根据国家统一的会计制度，各级主管部门颁布的法律、法规、规章、制度以及具体的实施方法，科学、合理地制定全面的企业内部会计工作管理制度，如实反映企业内部各项会计工作。

### 三、企业内部会计管理制度

对于企业而言，建立规范、适用、全面的内部会计管理制度，是贯彻执行相关会计法律、法规、规章、制度最直接的手段，也是加强会计基础工作、保证企业内部会计工作有序进行必不可少的重要措施。

（一）企业内部会计工作管理制度制定的原则

制定企业内部会计制度应当遵循一定的原则，以确保制定的制度能在企业中发挥其应有的作用。主要原则如下：

（1）执行法律法规以及国务院财政部门制定的财务会计制度。

（2）能切实反映本企业日常业务特征，满足本企业经营管理要求。

（3）建立全面且系统的事前、事中、事后全过程控制制度，能全面规范企业的各项会计工作，保证企业各项会计工作有序进行。

（4）制定的会计管理制度务必科学、合理，在规范各项会计工作的同时，能保证其操作和执行的便捷性。

（5）应当为内部会计管理制度的执行制定相应的保障制度，定期检查执行情况，确保企业各项会计工作按制度执行。

（6）根据企业内外部环境的变化，不断完善与调整企业内部会计工作管理制度，保证制度的适用性与全面性。

（二）企业内部会计工作管理制度内容

在贯彻落实各项法律、法规、规章、制度的基础上，企业应当根据实际情况制定企业内部会计工作管理制度的具体内容。

参照《会计基础工作规范》，企业应当建立的 12 项内部会计管理制度如下：

（1）内部会计管理体系。

（2）会计人员岗位职责制度。

（3）账务处理程序制度。

（4）内部牵制制度。

（5）稽核制度。

（6）原始记录管理制度。

（7）定额管理制度。

（8）计量验收制度。

（9）财产清查制度。

（10）财务收支审批制度。

（11）成本核算制度。

（12）财务会计分析制度。

需要指出的是，《会计基础工作规范》只是作为企业内部会计工作管理制度建设的示范性文件，并不要求企业强制执行。其提出的 12 项内容意在引导企业加强内部会计工作制度建设，尽量避免企业在制定内部会计工作管理制度的过程中出现失误。

# 第二节　会计工作组织形式

## 一、会计工作的组织形式概述

会计工作的组织形式是指单位内部各部门之间的会计核算工作的相关关系。由于不同单位的业务范围、规模大小等各不相同，会计核算工作的组织形式也就有所不同。会计核算组织形式一般有以下两种：

（一）集中核算

集中核算就是把整个单位的主要会计工作全部集中在会计部门。单位内部的其他部门、下属单位只负责完成发生会计工作的经济业务原始凭证与原始凭证汇总工作，在完成相应的工作后交送会计部门。其他部门与下属单位完成的原始凭证与原始凭证汇总表由会计部门负责审核，并填制相应的记账凭证，登记对应的账簿，编制会计报表。

集中核算的单位将主要的会计工作集中在会计部门进行处理，因此无需在下属单位中设立会计部门，缩短了会计工作的审核流程，对于提高会计工作的效率具有一定的作用；同时，会计工作的集中能有效控制会计部门的人力成本。

但是，集中核算也有其不足之处，主要表现在以下三个方面：

（1）会计监督力度不足。会计人员脱离各下属单位与部门，对发生会计工作的具体经济业务的细节理解程度有限；同时，会计人员面对的从事不同经济业务的下级单位相对较多，因此很难做到全面、及时监督。

（2）经费支出控制力度不足。会计人员由于对单位的经济业务缺乏必要的了解，只能通过原始单据的审批情况进行监督审核，无法减少不合理支出，也很难及时封堵经费支出的漏洞。

（3）核算中心人员工作量偏大。会计部门集中处理全部单位经济业务的会计工作，由于工作总量大、经济业务跨度大，容易导致会计人员工作效率低、工作量时间长。

（二）非集中核算

非集中核算与集中核算的形式相对应，即将会计工作分散在各职能部门或下级单位进行。在非集中核算的会计工作组织形式下，单位内的各职能部门或下级单位在会计部门的指导下负责本部门或本单位的会计工作，会计部门负责单位整体会计事务的核算与各部门或下级单位会计工作的汇总。

非集中核算形式下，各职能部门或下级单位的会计工作人员能及时、有效地对各职能部门或下级单位的经济业务进行监督，合理地管控经费的支出。各级部门或单位拥有一定程度上的财务自主权，能增强其经济业务的处理能力与响应能力，也有利于明确经济业务的职权责。

同样，非集中核算的会计工作组织形式也有其不足之处，主要表现如下：

（1）不利于精简人员。由于各职能部门或下级单位需要设置执行会计工作的机构，并配备人员，会计工作人员总数相对偏多。

（2）会计工作审批流程复杂。非集中核算通常实行分级管理的模式，对于主要的会计工作需要层层审批，审批层级多、耗费的审批时间长。

### 二、会计工作组织形式的选择

会计工作组织形式的选择，即实行集中核算、非集中核算或者两种形式相混合，取决于企业自身会计工作管理的需求，主要考虑的内容如下：

（一）企业的组织形式

企业的组织形式对会计工作组织形式有着直接的影响，企业与下级单位之间的组织关系的不同、经营管理控制权的强弱，都对其会计工作组织形式的选择有着直接的影响。

（二）企业的战略规划

对企业而言，如果其部分职能部门需要组成独立的利润中心，或者其部分下级单位需要进行独立核算，则其必须对相应的职能部门或下级单位实行非集中核算的形式。

（三）企业的业务特征

通常而言，业务相对单一的企业采取集中核算的方式在实现经济业务活动监督与控制的前提下，能有效控制成本。

（四）企业的经营理念

集中核算与非集中核算都有其明显的优势与不足，因此会计工作组织形式的选择也是企业经营理念的表现之一。

业务、组织形式单一的企业采取集中核算的方式，能达到资源集中与直接管控的效果。业务、组织形式相对复杂的大型企业需要综合考虑其经营管理需求，决定采取集中核算或非集中核算。

相对而言，大型集团性企业可以实行集中核算与非集中核算多重互相搭配的方式，以做到经营管理的有效控制与资源的合理搭配。其中，多重互相搭配的方式包括：

（1）集团全面接管部分职能部门或下级单位的会计工作。

（2）部分职能部门或下级单位的会计工作独立核算，只将核算后的结果汇报给集团。

（3）职能部门或下级单位之间存在会计工作汇报的上下级关系以及会计业务托

261

管关系。

（4）集团与各职能部门或下级单位之间、各职能部门或下级单位之间存在部门业务的托管关系。

# 第三节  会计档案管理

会计档案是我国档案体系中不可或缺的重要组成部分，主要是指会计凭证、会计账簿、财务会计报告等会计核算工作中涉及的专业材料，是记录、反映企业经济业务的重要资料和证据，是企业最重要档案之一。

相对于文书档案、科技档案等其他档案而言，会计档案有其自身的特点，主要表现如下：

第一，涉及范围广。凡是涉及独立核算的组织，都会形成会计档案。这些组织包括国家机关、社会团体、企业、事业单位，按规定应当建账的个体工商户、其他组织以及按照企业管理需要进行独立核算的部门，涵盖了国家日常生活中出现的全部行业与领域。

第二，档案类别稳定。会计核算的方法、工作程序以及形成的会计核算材料的成分是一致的。会计档案内容成分的稳定和共性，是其他门类档案无可比拟的，其便于整理分类，有利于管理制度的制定和实际操作的规范、统一。

第三，外在形式多样。会计专业的性质决定了会计档案形式的多样化。例如，会计账簿有订本式账簿、活页式账簿、卡片式账簿之分；财务报告由于有文字、表格、数据而出现了 16 开或 8 开的纸张规格以及计算机打印报表等；会计凭证在不同行业，外形更是大小各异、长短不一。

## 一、会计档案的内容

企业经济业务的核算过程中涉及的会计核算专业材料都可以归类为会计档案，具体又可以分为以下四个部分的内容：

### （一）会计凭证

会计凭证是记录经济业务，明确经济责任的书面证明。会计凭证包括自制原始凭证、外来原始凭证、原始凭证汇总表、记账凭证（收款凭证、付款凭证、转账凭证三种）、记账凭证汇总表、银行存款（借款）对账单、银行存款余额调节表等内容。

### （二）会计账簿

会计账簿是由一定格式、相互联结的账页组成，以会计凭证为依据，全面、连续、系统地记录各项经济业务的簿籍。会计账簿包括按会计科目设置的总分类账、明细分类账、库存现金日记账、银行存款日记账以及辅助登记的备查簿等。

（三）会计报表

会计报表是反映企业财务会计状况和经营成果的总结性书面文件，主要有重要财务指标快报，月、季度会计报表，年度会计报表，包括资产负债表、损益表、财务情况说明书等。

（四）其他会计核算资料

其他会计核算资料属于经济业务范畴，与会计核算、会计监督紧密相关的，由会计部门负责办理的有关数据资料。例如，经济合同、财务数据统计资料、财务清查汇总资料、核定资金定额数据资料、会计档案移交清册、会计档案保管清册、会计档案销毁清册等。

## 二、电子会计档案

单位可以利用计算机、网络通信等信息技术手段管理会计档案。

同时满足下列条件的，单位内部形成的属于归档范围的电子会计资料可仅以电子形式保存，形成电子会计档案：

（1）形成的电子会计资料来源真实有效，由计算机等电子设备形成和传输。

（2）使用的会计核算系统能够准确、完整、有效接收和读取电子会计资料，能够输出符合国家标准归档格式的会计凭证、会计账簿、财务会计报表等会计资料，设定了经办、审核、审批等必要的审签程序。

（3）使用的电子档案管理系统能够有效接收、管理、利用电子会计档案，符合电子档案的长期保管要求，并建立了电子会计档案与相关联的其他纸质会计档案的检索关系。

（4）采取有效措施，防止电子会计档案被篡改。

（5）建立电子会计档案备份制度，能够有效防范自然灾害、意外事故和人为破坏的影响。

（6）形成的电子会计资料不属于具有永久保存价值或者其他重要保存价值的会计档案。

满足上述条件，单位从外部接收的电子会计资料附有符合《中华人民共和国电子签名法》规定的电子签名的，可仅以电子形式归档保存，形成电子会计档案。

## 三、会计档案管理的作用

会计档案是会计活动的产物，是记录和反映企业经济业务活动的重要历史材料与证据。建立会计档案可以有效防止会计核算资料的遗失，有利于会计核算资料的保存以及会计工作过程的追溯，有利于通过会计核算资料总结生产经营管理过程中的得失与经验教训。会计档案管理的具体作用可归纳如下：

（1）总结企业生产经营管理经验、揭露事故责任划分、打击经济犯罪、分析和判断事故原因。

（2）利用会计档案提供的经济业务活动史料，为企业经济前景的预测、经营管理活动的决策提供了有力的支持，有助于企业编制合理的财务计划、成本计划、预算计划。

（3）利用会计档案资料，可以为解决企业之间的经济纠纷、处理遗留的经济事务、追究经营管理事故责任提供依据。

### 四、会计档案的保管

（一）会计档案的装订

1. 会计档案的整理立卷

会计年度终了后，单位应对会计资料进行整理立卷。会计档案的整理一般采用"三统一"的办法，即分类标准统一、档案形成统一、管理要求统一，并分门别类按各卷顺序编号。

2. 会计档案的装订

会计档案的装订主要包括会计凭证、会计账簿、会计报表以及其他文字资料的装订。

（1）会计凭证的装订。一般每月装订一次，装订好的凭证按年分月妥善保管归档。

（2）会计账簿的装订。各种会计账簿年度结账后，除跨年使用的账簿外，其他账簿应按时整理立卷。

（3）会计报表的装订。会计报表编制完成及时报送后，留存的报表按月装订成册谨防丢失。

（二）会计档案的保管

按照《会计档案管理办法》的规定，当年会计档案，在会计年度终了后，可暂由本单位财务会计部门保管一年，期满之后原则上应由财务会计部门编制清册移交本单位的档案部门保管。会计档案的保管要求主要如下：

1. 会计档案的移交手续

财务会计部门在将会计档案移交本单位档案部门时，应按下列程序进行：

（1）开列清册，填写交接清单。

（2）在账簿使用日期栏填写移交日期。

（3）交接人员按移交清册和交接清单项目核查，无误后签章。

2. 会计档案的保管要求

（1）会计档案室应选择在干燥防水的地方，并远离易燃品堆放地，周围应备有适应的防火器材。

（2）采用透明塑料膜作防尘罩、防尘布，遮盖所有档案架和堵塞鼠洞。

（3）会计档案室内应经常用消毒药剂喷洒，经常保持清洁卫生，以防虫蛀。

（4）会计档案室保持通风透光，并有适当的空间、通道和查阅地方，以利查阅，并防止潮湿。

（5）设置归档登记簿、档案目录登记簿、档案借阅登记簿，严防毁坏损失、散失和泄密。

（6）会计电算化档案保管要注意防盗、防磁等安全措施。

3. 会计档案的借阅

（1）会计档案为本单位所提供利用，原则上不得借出，有特殊需要须经上级主管单位或单位领导、会计主管人员批准。

（2）外部借阅会计档案时，应持有单位正式介绍信，经会计主管人员或单位领导人批准后，方可办理借阅手续；单位内部人员借阅会计档案时，应经会计主管人员或单位领导人批准后，办理借阅手续。借阅人应认真填写档案借阅登记簿，将借阅人姓名、单位、日期、数量、内容、归期等情况登记清楚。

（3）借阅会计档案人员不得在案卷中乱画、标记，拆散原卷册，也不得涂改抽换、携带外出或复制原件（如有特殊情况，须经领导批准后方能携带外出或复制原件）。

（4）对于借出的会计档案，会计档案管理人员要按期如数收回，并办理注销借阅手续。

（三）会计档案的保管期限

会计档案的保管期限分为永久、定期两类。定期保管期限一般分为 10 年和 30 年。会计档案的保管期限，从会计年度终了后的第一天算起。

各类会计档案的保管期限原则上应当按照《会计档案管理办法》规定的期限执行，该期限为最低保管期限。

企业和其他组织会计档案保管期限如表 9-1 所示。

表 9-1  会计档案保管期限人

| 序号 | 档案名称 | 保管期限 | 备注 |
|---|---|---|---|
| 一 | 会计凭证 | | |
| 1 | 原始凭证 | 30 年 | |
| 2 | 记账凭证 | 30 年 | |
| 二 | 会计账簿 | | |
| 3 | 总账 | 30 年 | |
| 4 | 明细账 | 30 年 | |
| 5 | 日记账 | 30 年 | |
| 6 | 固定资产卡片账 | | 固定资产报废清理后保管 5 年 |
| 7 | 其他辅助性账簿 | 30 年 | |

表9-1(续)

| 序号 | 档案名称 | 保管期限 | 备注 |
|------|----------|----------|------|
| 三 | 财务会计报告 | | |
| 8 | 月度、季度、半年度财务会计报告 | 10 年 | |
| 9 | 年度财务会计报告 | 永久 | |
| 四 | 其他会计资料 | | |
| 10 | 银行存款余额调节表 | 10 年 | |
| 11 | 银行对账单 | 10 年 | |
| 12 | 纳税申报表 | 10 年 | |
| 13 | 会计档案移交清册 | 30 年 | |
| 14 | 会计档案保管清册 | 永久 | |
| 15 | 会计档案销毁清册 | 永久 | |
| 16 | 会计档案鉴定意见书 | 永久 | |

### 五、会计档案的鉴定和销毁

单位应当定期对已到保管期限的会计档案进行鉴定，并形成会计档案鉴定意见书。经鉴定，仍需继续保存的会计档案，应当重新划定保管期限；保管期满且确无保存价值的会计档案，可以销毁。

会计档案鉴定工作应当由单位档案管理机构牵头，组织单位会计、审计、纪检监察等机构或人员共同进行。

经鉴定可以销毁的会计档案，应当按照以下程序销毁：

（1）单位档案管理机构编制会计档案销毁清册，列明拟销毁会计档案的名称、卷号、册数、起止年度、档案编号、应保管期限、已保管期限和销毁时间等内容。

（2）单位负责人、档案管理机构负责人、会计管理机构负责人、档案管理机构经办人、会计管理机构经办人在会计档案销毁清册上签署意见。

（3）单位档案管理机构负责组织会计档案销毁工作，并与会计管理机构共同派员监销。监销人在会计档案销毁前，应当按照会计档案销毁清册所列内容进行清点核对；在会计档案销毁后，应当在会计档案销毁清册上签名或盖章。电子会计档案的销毁还应当符合国家有关电子归档的规定，并由单位档案管理机构、会计管理机构和信息管理机构共同派员监销。

保管期满但未结清的债权债务会计凭证和涉及其他未了事项的会计凭证不得销毁，纸质会计档案应当单独抽出立卷，电子会计档案单独转存，保管到未了事项完结时为止。单独抽出立卷或转存的会计档案，应当在会计档案鉴定意见书、会计档案销毁清册和会计档案保管清册中列明。

### 六、特殊情形下的会计档案保管要求

（一）单位合并、分立的情形

单位因撤销、解散、破产或其他原因而终止的，在终止或办理注销登记手续之前形成的会计档案，按照国家档案管理的有关规定处置。

单位分立后原单位存续的，其会计档案应当由分立后的存续方统一保管，其他方可以查阅、复制与其业务相关的会计档案。单位分立后原单位解散的，其会计档案应当经各方协商后由其中一方代管或按照国家档案管理的有关规定处置，各方可以查阅、复制与其业务相关的会计档案。单位分立中未结清的会计事项涉及的会计凭证，应当单独抽出由业务相关方保存，并按照规定办理交接手续。单位因业务移交其他单位办理涉及的会计档案，应当由原单位保管，承接业务单位可以查阅、复制与其业务相关的会计档案。其中，未结清的会计事项涉及的会计凭证，应当单独抽出由承接业务单位保存，并按照规定办理交接手续。

单位合并后原各单位解散或者一方存续其他方解散的，原各单位的会计档案应当由合并后的单位统一保管。单位合并后原各单位仍存续的，其会计档案仍应当由原各单位保管。

（二）单位之间移交会计档案的情形

建设单位在项目建设期间形成的会计档案，需要移交给建设项目接受单位的，应当在办理竣工财务决算后及时移交，并按照规定办理交接手续。

单位之间交接会计档案时，交接双方应当办理会计档案交接手续。移交会计档案的单位，应当编制会计档案移交清册，列明应当移交的会计档案名称、卷号、册数、起止年度、档案编号、应保管期限和已保管期限等内容。交接会计档案时，交接双方应当按照会计档案移交清册所列内容逐项交接，并由交接双方的单位有关负责人负责监督。交接完毕后，交接双方经办人和监督人应当在会计档案移交清册上签名或盖章。

电子会计档案应当与其元数据一并移交，特殊格式的电子会计档案应当与其读取平台一并移交。档案接受单位应当对保存电子会计档案的载体及其技术环境进行检验，确保接收电子会计档案的准确、完整、可用和安全。

单位的会计档案及其复制件需要携带、寄运或者传输至境外的，应当按照国家有关规定执行。

（三）代理记账情形下的管理责任

单位委托中介机构代理记账的，应当在签订的书面委托合同中明确会计档案的管理要求及相应责任。

### 复习思考题

1. 会计工作管理的主管部门是什么？简要说明其作为主管部门的必要性。

2. 企业应当如何制定内部会计工作管理制度，简述应当遵循的原则。

3. 会计工作组织形式可以分为哪几种？分别说明不同组织形式的含义。

4. 什么是会计档案？简要说明会计档案的整理与保管。

**综合练习题**

**一、单项选择题**

1. 我国会计工作行政管理的主管部门是（　　）。
   A. 财政部　　　　　　　　　　　B. 证监会
   C. 审计署　　　　　　　　　　　D. 国家税务总局

2. 根据《会计法》的规定，有权制定国家统一的会计制度的政府部门是（　　）。
   A. 国务院　　　　　　　　　　　B. 国务院财政部门
   C. 国务院各业务主管部门　　　　D. 省级人民政府财政部门

3. （　　）应该对本单位的会计工作和会计资料的真实性、完整性负责。
   A. 单位负责人　　　　　　　　　B. 会计专职人员
   C. 本单位会计机构负责人　　　　D. 会计总管人员

4. 集中核算方式是把（　　）主要会计核算工作都集中在企业一级的会计部门进行。
   A. 整个企业　　　　　　　　　　B. 企业某些重要部门
   C. 企业的主要生产经营单位　　　D. 各职能管理部门

5. 按照《会计档案管理办法》的规定，记账凭证的保管期限是（　　）。
   A. 3 年　　　　　　　　　　　　B. 5 年
   C. 15 年　　　　　　　　　　　 D. 永久

**二、多项选择题**

1. 关于单位负责人在内部会计监督中的职责，下列表述正确的是（　　）。
   A. 单位负责人对本单位会计资料的真实性、完整性负责
   B. 单位负责人应当事事参与、严格把关
   C. 单位负责人不能授意、指使、强令会计人员办理违法事项
   D. 单位负责人应依法做好会计核算工作

2. 下列会计档案中，需要永久保存的是（　　）。
   A. 总账　　　　　　　　　　　　B. 年度财务报告
   C. 会计档案保管清册　　　　　　D. 会计档案销毁清册

3. 下列各项中，不属于会计档案的是（　　）。
   A. 预算　　　　　　　　　　　　B. 计划
   C. 银行对账单　　　　　　　　　D. 工资计算表

4. 会计工作的组织形式包括（　　　）。

　　A. 集中核算　　　　　　　　　　B. 实地核算

　　C. 非集中核算　　　　　　　　　D. 盘点核算

5. 下列各项中，属于单位内部会计管理制度的是（　　　）。

　　A. 原始记录管理制度　　　　　　B. 会计专业技术资格考试制度

　　C. 行政单位会计制度　　　　　　D. 会计人员岗位职责制度

**三、判断题**

1. 会计档案的原件不得借出，如有特殊情况，必须经总会计师批准，办理登记手续后方可借出。（　　　）

2. 各单位制定的内部会计制度不属于我国统一会计制度的组成部分。（　　　）

3. 单位负责人为单位会计责任主体，如果一个单位在会计工作中出现违法违纪行为，单位负责人应当承担全部责任。（　　　）

4. 会计档案销毁是指故意将依法应当保存的会计凭证、会计账簿、财务会计报告予以毁灭的行为。（　　　）

5. 会计凭证、会计账簿、会计报表以外的，用于会计核算的资料也属于会计档案的内容。（　　　）

# 附　录
# 模拟实训

--------------------------------------------------------

**目标：**

通过模拟实训将适用于课堂教学的会计分录和 T 形账户融入实务中的记账凭证和会计账簿，完成从原始凭证到记账凭证，从记账凭证到会计账簿，从会计账簿到试算平衡表，从试算平衡表到会计报表编制的业务流程，并完成总分类账与明细分类账的平行登记，从而实现从理论到实际操作的转换。

模拟公司名称：黑天鹅智能扫地机有限责任公司。

法定代表人：吴黑天。

公司基本情况如下：

（1）税收信息：公司是一般纳税人，开具增值税专用发票，适用增值税税率为13%，所得税税率为25%。

（2）公司主要产品：扫地机 A 号和扫地机 B 号。

（3）主要供应商：纷纷电子有限责任公司和泽泽电池有限责任公司。

（4）主要销售商：乐乐商城有限责任公司。

（5）公司付款方式：支票+网上银行。

（6）公司收款方式：各类票据+网上银行。

（7）会计记账基础：权责发生制，原材料采用实际成本法核算。

（8）折旧政策：固定资产折旧按直线法计提，当月购入固定资产，当月不计提折旧，下月开始计提；当月减少固定资产，当月仍计提折旧。记账凭证采用通用记账凭证。

**资料：**

1. 黑天鹅智能扫地机有限责任公司20××年11月30日总账科目余额及部分明细科目余额见附表1至附表3。

附表 1 总账科目余额表

20××年 11 月 30 日　　　　　　　　　　　　单位：元

| 会计科目 | 借方余额 | 贷方余额 |
|---|---|---|
| 库存现金 | 40 000 | |
| 银行存款 | 1 800 000 | |
| 应收账款 | 0 | |
| 原材料 | 200 000 | |
| 库存商品 | 0 | |
| 生产成本 | 0 | |
| 其他应收款 | 0 | |
| 固定资产 | 1 000 000 | |
| 累计折旧 | | 100 000 |
| 短期借款 | | |
| 应付账款 | | |
| 应交税费 | | |
| 应付职工薪酬 | | |
| 应付利息 | | |
| 实收资本 | | 2 500 000 |
| 盈余公积——法定盈余公积 | | 100 000 |
| 盈余公积——任意盈余公积 | | 100 000 |
| 利润分配——未分配利润 | | 240 000 |
| 合计 | 3 040 000 | 3 040 000 |

附表 2 原材料——模块　　　　　　金额单位：元

| 年 | | 凭证号 | 摘要 | 增加 | | | 减少 | | | 余额 | | |
|---|---|---|---|---|---|---|---|---|---|---|---|---|
| 月 | 日 | | | 数量 | 单价 | 金额 | 数量 | 单价 | 金额 | 数量 | 单价 | 金额 |
| 11 | 30 | | 期初余额 | | | | | | | 300 | 500 | 150 000 |

附表 3 原材料——锂电池　　　　　　金额单位：元

| 年 | | 凭证号 | 摘要 | 增加 | | | 减少 | | | 余额 | | |
|---|---|---|---|---|---|---|---|---|---|---|---|---|
| 月 | 日 | | | 数量 | 单价 | 金额 | 数量 | 单价 | 金额 | 数量 | 单价 | 金额 |
| 11 | 30 | | 期初余额 | | | | | | | 125 | 400 | 50 000 |

2. 黑天鹅智能扫地机有限责任公司20××年12月发生了下列经济业务：

（1）12月1日，公司向工商银行借入期限为1年，利率为6%，金额为3 000 000元的借款。借款已到账。

（2）12月3日，公司为了增加产能，新购入一条不需要安装的生产线，增值税专用发票上显示的价款为500 000元，税额为65 000元，价税合计565 000元，货款已通过网上银行支付。

（3）12月5日，公司向纷纷电子有限责任公司购入主机模块1 000套（500元/套），增值税专用发票上显示的价款为500 000元，税额为65 000元，价税合计565 000元。公司通过网银已将货款支付给纷纷电子有限责任公司，主机模块已验收入库。

（4）12月6日，公司向泽泽电池有限责任公司购入锂电池1 000块（400元/块），增值税专用发票上显示的价款为400 000元，税额为52 000元，价税合计452 000元。电池已验收入库，货款未付。

（5）12月9日，公司通过网上银行向泽泽电池有限责任公司支付前欠货款452 000元。

（6）12月11日，公司生产智能扫地机A号领用主机模块500套，锂电池500块；生产智能扫地机B号领用主机模块400套，锂电池400块。

（7）12月15日，公司通过网上银行向电力公司支付水电费15 820元（其中增值税1 820元，税率13%），管理部门承担1 000元，车间承担13 000元。

（8）12月18日，公司总经理李四出差，向财务部门预支现金5 000元。

（9）12月31日，公司分配当月职工的薪酬总额为40万元，其中生产智能扫地机A号的生产工人工资18万元，生产智能扫地机B号的生产工人工资12万元，车间管理人员工资4万元，管理部门人员工资6万元。

（10）12月31日，公司计提本月车间用生产线折旧10 000元。

（11）12月31日，公司归集制造费用，将制造费用按产量分配给智能扫地机A号（500件）和智能扫地机B号（400件）。

（12）12月31日，智能扫地机A号500件和智能扫地机B号400件全部完工，检验合格，已验收入库，结转完工产品成本。

（13）12月31日，公司通过网上银行向远远广告有限责任公司支付广告费31 800元（其中增值税1 800元，税率6%）。

（14）12月31日，公司向永乐商城销售智能扫地机A号500件（2 000元/件），智能扫地机B号300件（1 800元/件），增值税税率为13%。公司收到永乐商场签发的转账支票一张，货款已收到。

（15）12月31日，公司结转已售智能扫地机A、B产品的成本。

（16）12月31日，出差人员李四回财务部门报销差旅费，带回机票2张，每张1 230元，上海住宿费发票一张1 590元（2天，750元/天，增值税90元，税率6%）。财务在报销时按规定给予交通补助240元（80元×3天），餐费补助300元（100元×3天），差旅费合计 4 500 元，退回现金 410 元。

（17）12 月 31 日，公司开出转账支票一张，金额为 40 万元，委托银行将工资打入每位员工的工资卡。

（18）12 月 31 日，公司计算本月应负担的借款利息。

（19）12 月 31 日，公司通过网上银行缴纳增值税 14 490 元。

（20）12 月 31 日，公司将所有收入和费用转入"本年利润"账户。

（21）12 月 31 日，公司计算应缴纳的所得税，所得税税率为 25%。公司计算并结转所得税。

（22）公司将本年利润余额转入"利润分配——未分配利润"账户。

（23）按当期（12 月）净利润的 10% 计提法定盈余公积，按 8% 提取任意盈余公积。

（24）公司将所有利润分配明细账除未分配利润外，全部清零。

要求：

（1）根据公司 12 月发生的经济业务依次填写和审核原始凭证，编制记账凭证并连续编号。

（2）根据总账科目开设总分类账和明细分类账，将余额过入各总账和明细账；根据记账凭证登记总账和明细账，计算出本期发生额和期末余额并单独登记库存现金日记账和银行存款日记账。

（3）编制试算平衡表。

（4）编制资产负债表和利润表。

**模拟实训的原始凭证：**

第 1 笔业务：借款（见附图 1）。

| | 中国工商银行借款凭证（回单）<br>年　月　日 | | | | | |
|---|---|---|---|---|---|---|
| 借款单位名称 | | | 放款账号： | | 往来账号： | |
| 借款金额 | | 人民币（大写） | | | ￥ | |
| 种<br>类 | | 单位提出期限 | | | | 利<br>率 |
| | | 银行核定期限 | | | | |
| 上列借款已收入你单位往来户内<br>单位（银行签章） | | | | 单位会计分类 | | |

附图 1　银行借款凭证（回单）

第2笔业务：采购设备（见附图2、附图3和附表4）。

**广州增值税专用发票**

发票联

开票日期： 年 月 日

| 购买单位 | 名　　　称：<br>纳税人识别号：<br>地 址 、电 话：<br>开户行及账号： | | | | 密码区 | 6+-〈2〉6）927+296+/ ＊加密版本：01<br>446〈600375〈35〉〈4/ ＊37009931410<br>2-2〈2051+24+2618〈7 07050445<br>/3-15〉〉09/5/-1〉〉〉+2 | | |
| --- | --- | --- | --- | --- | --- | --- | --- | --- |
| 货物或应税<br>劳务名称 | 规格型号 | 单位 | 数量 | 单价 | 金额 | 税率<br>13% | 税额 | |
| | | | | | | | | |
| 合 计 | | | | | | | | |
| 价税合计（大写） | | | | （小写）¥ | | | | |
| 销货单位 | 名　　　称：<br>纳税人识别号：<br>地 址 、电 话：<br>开户行及账号： | | | | | | 备注 | |

第二联：发票联

附图2 增值税专用发票

中国工商银行

转账支票存根

NO.

**附加信息**

──────────

──────────

**出票日期** 年 月 日

| 收款人： |
| --- |
| 金　额： |
| 用　途： |

单位主管　会计：

附图3 转账支票存根

初级财务会计

附表 4　设备验收单

供货单位：　　　　　　　　　　年　月　日　　　　　使用部门：

| 设备名称 | 设备编号 | 规格/型号 | 单位 | 数量 | 备注 |
|---|---|---|---|---|---|
|  |  |  |  |  |  |
|  |  |  |  |  |  |
|  |  |  |  |  |  |
|  |  |  |  |  |  |
|  |  |  |  |  |  |
|  |  |  |  |  |  |

验收单位：　　　　　　　　验收人员：　　　　　　　　使用单位：

　（签章）　　　　　　　　　（签章）　　　　　　　　　（签章）

第 3 笔业务：采购原材料（见附图 4、附表 5 和附图 5）。

电子银行回单号码：　　　　　　　中国工商银行　　　　　　　电子银行回单

| 收款人 | 户名 |  | 付款人 | 户名 |  |
|---|---|---|---|---|---|
|  | 卡(账)号 |  |  | 卡(账)号 |  |
|  | 开户银行 |  |  | 开户银行 |  |
| 币种 | 人民币 |  | 钞汇标志 | 钞 |  |
| 金额 |  |  | 手续费 |  |  |
| 合计 | 人民币（大写）：　　　　　　整 |  |  |  |  |
| 交易时间 |  |  | 时间戳 |  |  |
| 中国工商银行 电子回单 专用章 | 给收款人留言：<br><br><br>验证码： |  |  |  |  |

附图 4　电子银行回单

附表5 原材料入库单

编号： 年 月 日

| 进货单位 | 品名 | 规格型号 | 数量 | 单位 | 体积 | 结算方式 | 金额 | |
|---|---|---|---|---|---|---|---|---|
| | | | | | | | 单价 | 总额 |
| | | | | | | | | |
| | | | | | | | | |
| | | | | | | | | |
| | | | | | | | | |
| | | | | | | | | |

采购员： 库管员：

注：本单一式两联，第一联为仓库计账联，第二联交采购员办理付款并作为财务计账联。

## 广州增值税专用发票

发票联

开票日期： 年 月 日

| 购买单位 | 名　　　　称：<br>纳税人识别号：<br>地　址、电　话：<br>开户行及账号： | | | 密码区 | 6+-〈2〉6〉927+296+/ ＊ 加密版本：01<br>446〈600375〈35〉〈4/ ＊ 37009931410<br>2-2〈2051+24+2618〈7 07050445<br>/3-15〉〉09/5/-1〉〉〉+2 | | |
|---|---|---|---|---|---|---|---|
| 货物或应税劳务名称 | 规格型号 | 单位 | 数量 | 单价 | 金额 | 税率13% | 税额 |
| | | | | | | | |
| 合计 | | | | | | | |
| 价税合计（大写） | | | | （小写）¥ | | | |
| 销货单位 | 名　　　　称：<br>纳税人识别号：<br>地　址、电　话：<br>开户行及账号： | | | | | 备注 | |

第二联：发票联

附图5 增值税专用发票

初级财务会计

第4笔业务：采购原材料（见附图6和附表6）。

**广州增值税专用发票**

发票联

开票日期：　　年　月　日

| 购买单位 | 名　　　称：<br>纳税人识别号：<br>地　址、电话：<br>开户行及账号： | | | | 密码区 | 6+-〈2〉6〉927+296+/ ＊加密版本：01<br>446〈600375〈35〉〈4/ ＊ 37009931410<br>2-2〈2051+24+2618〈7 07050445<br>/3-15〉〉09/5/-1〉〉〉+2 | | | |
| --- | --- | --- | --- | --- | --- | --- | --- | --- | --- |
| 货物或应税<br>劳务名称 | 规格型号 | 单位 | 数量 | 单价 | 金额 | 税率<br>13% | 税额 | | |
| | | | | | | | | | |
| 合计 | | | | | | | | | |
| 价税合计（大写） | | | | （小写）￥ | | | | | |
| 销货单位 | 名　　　称：<br>纳税人识别号：<br>地　址、电话：<br>开户行及账号： | | | | | | 备注 | | |

第二联：发票联

附图6　增值税专用发票

附表6　原材料入库单

编号：　　　　　　　　　　　　　　　　　　　　　　　　　　年　月　日

| 进货单位 | 品名 | 规格型号 | 数量 | 单位 | 体积 | 结算方式 | 金额 | |
| --- | --- | --- | --- | --- | --- | --- | --- | --- |
| | | | | | | | 单价 | 总额 |
| | | | | | | | | |
| | | | | | | | | |
| | | | | | | | | |
| | | | | | | | | |
| | | | | | | | | |

采购员：　　　　　　　　　　　　　　　　　　　库管员：

注：本单一式两联，第一联为仓库计账联，第二联交采购员办理付款并作为财务计账联。

第 5 笔业务：支付前欠货款（见附图 7 和附图 8）。

中国工商银行
转账支票存根
NO.
附加信息

_____

_____

出票日期　　年　　月　　日

收款人：

金　额：

用　途：

单位主管　会计：

电子银行回单号码：　　　　　中国工商银行　　　　　　　电子银行回单

| 收款人 | 户名 | | 付款人 | 户名 | |
|---|---|---|---|---|---|
| | 卡(账)号 | | | 卡(账)号 | |
| | 开户银行 | | | 开户银行 | |
| 币种 | 人民币 | | 钞汇标志 | 钞 | |
| 金额 | | | 手续费 | | |
| 合计 | 人民币（大写）：　　　　　整 | | | | |
| 交易时间 | | | 时间戳 | | |
| 中国工商银行 电子回单 专用章 | 给收款人留言： | | | | |
| | 验证码： | | | | |

附图 8　电子银行回单

第6笔业务：领用原材料进行生产（见附表7至附表9）。

**附表7 领料单**

领料部门：　　　　　　　　　　　　　　　年　月　日

| 材料 | | 单位 | 数量 | | 单位成本 | 金额 | 过账 |
|---|---|---|---|---|---|---|---|
| 名称 | 规格 | | 请领 | 实发 | | | |
| | | | | | | | |
| | | | | | | | |
| 工作单号 | | 用途 | | | | | |
| 工作项目 | | | | | | | |

会计：　　　　　记账：　　　　　发料：　　　　　领料：

**附表8 领料单**

领料部门：　　　　　　　　　　　　　　　年　月　日

| 材料 | | 单位 | 数量 | | 单位成本 | 金额 | 过账 |
|---|---|---|---|---|---|---|---|
| 名称 | 规格 | | 请领 | 实发 | | | |
| | | | | | | | |
| | | | | | | | |
| 工作单号 | | 用途 | | | | | |
| 工作项目 | | | | | | | |

会计：　　　　　记账：　　　　　发料：　　　　　领料：

**附表9 发出材料汇总表**

　　　　　　　　　　　　年　月　日　　　　　　　　　　第　号

| 总账科目 | 明细科目 | 材料名称 | 领用数量 | 计划成本 | 成本差异 | 实际成本 |
|---|---|---|---|---|---|---|
| | | | | | | |
| | | | | | | |
| | | | | | | |
| 备注 | | | | | 合计 | |

会计主管：　　　　　记账：　　　　　审核：　　　　　制单：

注：第一联：存根联（仓库），第二联：记账联，第三联：生产部。

第 7 笔业务：支付电费（见附图 9、附图 10 和附表 10）。

## 广州增值税专用发票

发票联

开票日期：　年　月　日

| 购买单位 | 名　　　称： |  | 密码区 | 6+-〈2〉6〉927+296+/ ＊ 加密版本：01 446〈600375〈35〉〈4/ ＊ 37009931410 2-2〈2051+24+2618〈7 07050445 /3-15〉〉 09/5/-1〉〉+2 |  |  |  |
|  | 纳税人识别号： |  |  |  |  |  |  |
|  | 地　址、电话： |  |  |  |  |  |  |
|  | 开户行及账号： |  |  |  |  |  |  |
| 货物或应税劳务名称 | 规格型号 | 单位 | 数量 | 单价 | 金额 | 税率13% | 税额 |
|  |  |  |  |  |  |  |  |
| 合计 |  |  |  |  |  |  |  |
| 价税合计（大写） |  | （小写）¥ |  |  |  |  |  |
| 销货单位 | 名　　　称： |  |  |  |  | 备注 |  |
|  | 纳税人识别号： |  |  |  |  |  |  |
|  | 地　址、电话： |  |  |  |  |  |  |
|  | 开户行及账号： |  |  |  |  |  |  |

第二联：发票联

附图 9　增值税专用发票

电子银行回单号码：　　　　**中国工商银行**　　　　电子银行回单

| 收款人 | 户名 |  | 付款人 | 户名 |  |
|  | 卡(账)号 |  |  | 卡(账)号 |  |
|  | 开户银行 |  |  | 开户银行 |  |
| 币种 | 人民币 |  | 钞汇标志 | 钞 |  |
| 金额 |  |  | 手续费 |  |  |
| 合计 | 人民币（大写）： |  | 整 |  |  |
| 交易时间 |  |  | 时间戳 |  |  |
| 中国工商银行 电子回单 专用章 | 给收款人留言： |  |  |  |  |
|  | 验证码： |  |  |  |  |

附图 10　电子银行回单

初级财务会计

**附表 10　电费分配表**

年　月　日　　　　　　　　　　　　　　　　单位：元

| 部门 | 金额 |
|---|---|
| 生产车间 | |
| 管理部门 | |
| | |
| 合计 | |

会计主管：　　　　　　　　复核：　　　　　　　制单：

第 8 笔业务：出差借款（见附表 11 和附表 12）。

**附表 11　借款单**

年　月　日

| 部　门 | | 借款事由 | |
|---|---|---|---|
| 借款金额 | 金额(大写) | ￥ | |
| 批准金额 | 金额(大写) | ￥ 现金付讫 | |
| 领导 | | 财务主管 | | 借款人 | |

第 9 笔业务：分配工资（见附表 12）。

**附表 12　工资费用分配汇总表**

年　月　日

| 部门 | | 应分配金额 |
|---|---|---|
| 车间生产人员工资 | 生产 A 产品 | |
| | 生产 B 产品 | |
| | 生产人员工资小计 | |
| 车间管理人员 | | |
| 厂部管理人员 | | |
| 合计 | | |

第 10 笔业务：计提折旧（见附表 13）。

附表 13　固定资产折旧计算表

年　月　日

| 固定资产类别 | 使用部门 | 固定资产原值 | 折旧率 | 折旧额 | 固定资产净值 | 备注 |
|---|---|---|---|---|---|---|
|  |  |  |  |  |  |  |
|  |  |  |  |  |  |  |
|  |  |  |  |  |  |  |
| 合计 |  |  |  |  |  |  |

复核　　　　　　　　　　　　制表

注：第一联：存根联，第二联：记账联。

第 11 笔业务：归集并分配制造费用（见附表 14）。

附表 14　制造费用分配表

年　月　日

| 产品 | 分配标准 | 分配率 | 制造费用分配额 | 备注 |
|---|---|---|---|---|
| 扫地机 A 号 |  |  |  |  |
| 扫地机 B 号 |  |  |  |  |
| 合计 |  |  |  |  |

复核　　　　　　　　　　　　制表

注：第一联：存根联，第二联：记账联。

第 12 笔业务：产品完工（见附表 15 和附表 16）。

附表 15　生产成本计算表

| 产品名称 | 原材料 | 工资 | 制造费用 | 合计 | 产量 | 单位成本 |
|---|---|---|---|---|---|---|
|  |  |  |  |  |  |  |
|  |  |  |  |  |  |  |
|  |  |  |  |  |  |  |
| 合计 |  |  |  |  |  |  |

会计主管：　　　　　　　　　复核：　　　　　　　　制单：

附表 16　产成品入库单

编号：　　　　　　　　　　　　　　　　　　　　　　　　年　月　日

| 产品名称 | 规格型号 | 数量 | 单位 | 体积 | 订单号 | 金额 | |
|---|---|---|---|---|---|---|---|
| | | | | | | 单价 | 总额 |
| | | | | | | | |
| | | | | | | | |
| | | | | | | | |

入库员：　　　　　　　　　　　　　　　　　　库管员：

注：本单一式两联，第一联为仓库计账联，第二联交采购员办理付款并作为财务计账联。

**第 13 笔业务：支付广告费**（见附图 11 和附图 12）。

**广州增值税专用发票**

发票联

开票日期：　　　年　月　日

| 购买单位 | 名　　　称： | | | | 密码区 | 6+−〈2〉6〉927+296+/　＊加密版本：01 446〈600375〈35〉〈4/　＊37009931410 2−2〈2051+24+2618〈7 07050445 /3−15〉〉09/5/−1〉〉〉+2 | | |
| | 纳税人识别号： | | | | | | | |
| | 地　址、电话： | | | | | | | |
| | 开户行及账号： | | | | | | | |
| 货物或应税劳务名称 | 规格型号 | 单位 | 数量 | 单价 | 金额 | 税率13% | 税额 | |
| | | | | | | | | |
| 合计 | | | | | | | | |
| 价税合计（大写） | | | | （小写）￥ | | | | |
| 销货单位 | 名　　　称： | | | | | | 备注 | |
| | 纳税人识别号： | | | | | | | |
| | 地　址、电话： | | | | | | | |
| | 开户行及账号： | | | | | | | |

第二联：发票联

附图 11　增值税专用发票

中国工商银行

转账支票存根

NO.

附加信息

————————————

————————————

出票日期　　年　月　日

收款人：

金　额：

用　途：

单位主管　会计：

附图 12　转账支票存根

第 14 笔业务：销售产品（见附图 13）。

中国工商银行进账单（收账通知）　　第　　联

年　月　日

| 出票人 | 全称 | | 收款人 | 全称 | | | | | | | | | | |
| | 账号 | | | 账号 | | | | | | | | | | |
| | 开户银行 | | | 开户银行 | | | | | | | | | | |
| 金额 | 人民币（大写） | | | | 亿 | 千 | 百 | 十 | 万 | 千 | 百 | 十 | 元 | 角 | 分 |
| 票据种类 | | 票据张数 | | | | | | | | | | | | | |
| 票据号码 | | | | | | | | | | | | | | | |
| 复核 | | 记账 | | 开户银行签章 | | | | | | | | | | | |

此联是开户银行交给持票人的回单

附图 13　进账单

284

初级财务会计

第 15 笔业务：结转已售产品成本（见附表 17）。

附表 17 产成品出库单

编号：                                                                年 月 日

| 产品名称 | 购货方 | 规格型号 | 数量 | 单位 | 体积 | 订单号 | 金额 | |
|---|---|---|---|---|---|---|---|---|
| | | | | | | | 单价 | 总额 |
| | | | | | | | | |
| | | | | | | | | |
| | | | | | | | | |
| | | | | | | | | |

销售员：                                                  库管员：

注：本单一式两联，第一联为仓库计账联，第二联交采购员办理付款并作为财务计账联。

第 16 笔业务：出差报销（见附图 14 和附表 18）。

统一收款收据(三联单)

第二联：收据             年 月 日                       NO.8803529

| 交款单位 或交款人 | | 收款 方式 | | 说明： |
|---|---|---|---|---|
| 事由 _____ 现金收讫 | | | 备注： | 收据 不得使 作行政 事业性 收费 |
| 人民币(大写) | | | | |
| | | ¥ _____ | | |

收款单位(盖章)：                     收款人(签章)：

附图 14 统一收款收据

285

附表 18　差旅费报销单

报销日期：　　年　月　日

| 部　门 | | | 姓　名 | | | | | |
|---|---|---|---|---|---|---|---|---|
| 项目名称 | | | 职称（务） | | | | | |
| | | | 出差事由 | | | | 附单据 | 张 |

| 出　差地　点 | 起　止日　期 | 天数 | 交　通　费 | | | | 住宿费 | 补　贴 | | 其　他 |
|---|---|---|---|---|---|---|---|---|---|---|
| | | | 飞机 | 火车 | 其他 | 市内 | | 伙食 | 其他 | |
| | | | | | | | | | | |
| | | | | | | | | | | |
| | | | | | | | | | | |
| | | | | | | | | | | |
| | | | | | | | | | | |
| 核准报销金额 | | | | | | | | | | |
| 合计人民币（大写） | | | | | | | | | ￥ | |

审批：　　　　　复核人：　　　　　部门负责人：　　　　　经办人：

第 17 笔业务：付工资（见附图 15）。

中国工商银行

转账支票存根

NO.

附加信息

————————————

————————————

出票日期　　年　月　日

| 收款人： |
|---|
| |
| 金　额： |
| |
| 用　途： |
| |
| 单位主管　会计： |

附图 15　转账支票存根

第 18 笔业务（见附表 19）。

**附表 19　利息计算表**

年　月　日　　　　　　　　　　单位：元

| 开户行： | | | 账号： | | |
|---|---|---|---|---|---|
| 计息项目 | 起息日 | 结息日 | 本金 | 利率 | 利息 |
| | | | | | |
| | | | | | |
| 合计（大写） | 佰　拾　万　仟　佰　拾　元　角　分 | | | | |

会计主管：　　　　　　　审核：　　　　　　　制单：

第 19 笔业务（见附表 20）。

**附表 20　中华人民共和国企业所得税年度纳税申报表（A 类）**

税款所属期间：　　年　月　日至　　年　月　日

纳税人名称：

纳税人识别号：

纳税人编码：　　　　　　　　　　　　金额单位：元（列至角分）

| 类别 | 行次 | 项目 | 金额 |
|---|---|---|---|
| 利润总额计算 | 1 | 一、营业收入（填附表一） | |
| | 2 | 减：营业成本（填附表二） | |
| | 3 | 营业税金及附加 | |
| | 4 | 销售费用（填附表二） | |
| | 5 | 管理费用（填附表二） | |
| | 6 | 财务费用（填附表二） | |
| | 7 | 资产减值损失 | |
| | 8 | 加：公允价值变动收益 | |
| | 9 | 投资收益 | |
| | 10 | 二、营业利润 | |
| | 11 | 加：营业外收入（填附表一） | |
| | 12 | 减：营业外支出（填附表二） | |
| | 13 | 三、利润总额（10+11-12） | |

| 类别 | 行次 | 项目 | 金额 |
|---|---|---|---|
| 应纳税所得额计算 | 14 | 加：纳税调整增加额（填附表三） | |
| | 15 | 减：纳税调整减少额（填附表三） | |
| | 16 | 其中：不征税收入 | |
| | 17 | 免税收入 | |
| | 18 | 减计收入 | |
| | 19 | 减、免税项目所得 | |
| | 20 | 加计扣除 | |
| | 21 | 抵扣应纳税所得额 | |
| | 22 | 加：境外应税所得弥补境内亏损 | |
| | 23 | 纳税调整后所得（13+14－15+22） | |
| | 24 | 减：弥补以前年度亏损（填附表四） | |
| | 25 | 应纳税所得额（23－24） | |
| 应纳税额计算 | 26 | 税率（25%） | |
| | 27 | 应纳所得税额（25×26） | |
| | 28 | 减：减免所得税额（填附表五） | |
| | 29 | 减：抵免所得税额（填附表五） | |
| | 30 | 应纳税额（27－28－29） | |
| | 31 | 加：境外所得应纳所得税额（填附表六） | |
| | 32 | 减：境外所得抵免所得税额（填附表六） | |
| | 33 | 实际应纳所得税额（30+31－32） | |
| | 34 | 减：本年累计实际已预缴的所得税额 | |
| | 35 | 其中：汇总纳税的总机构分摊预缴的税额 | |
| | 36 | 汇总纳税的总机构财政调库预缴的税额 | |
| | 37 | 汇总纳税的总机构所属分支机构分摊的预缴税额 | |
| | 38 | 合并纳税（母子体制）成员企业就地预缴比例 | |
| | 39 | 合并纳税企业就地预缴的所得税额 | |
| | 40 | 本年应补（退）的所得税额（33－34） | |
| 附列资料 | 41 | 以前年度多缴的所得税额在本年抵减额 | |
| | 42 | 以前年度应缴未缴在本年入库所得税额 | |

| 纳税人公章： | 代理申报中介机构公章： | 主管税务机关受理专用章： |
|---|---|---|
| 经办人： | 经办人及执业证件号码： | 受理人： |
| 申报日期： 年 月 日 | 代理申报日期： 年 月 日 | 受理日期： 年 月 日 |

第 20 笔业务：缴纳增值税（见附表 21 和附图 16）。

### 附表 21　增值税进（销）项税额汇总表

年　月　日　　　　　　　　　　　　　单位：元

| 项目 | 借方 | 贷方 |
|---|---|---|
| 进项税额 | | |
| 销项税额 | | |
| | | |
| 合计 | | |

会计主管：　　　　　　　　审核：　　　　　　　制单：

电子银行回单号码：　　　　　**中国工商银行**　　　　　电子银行回单

| 收款人 | 户名 | | 付款人 | 户名 | |
|---|---|---|---|---|---|
| | 卡(账)号 | | | 卡(账)号 | |
| | 开户银行 | | | 开户银行 | |
| 币种 | 人民币 | | 钞汇标志 | 钞 | |
| 金额 | | | 手续费 | | |
| 合计 | 人民币（大写）： | | 整 | | |
| 交易时间 | | | 时间戳 | | |
| 中国工商银行 电子回单 专用章 | 给收款人留言： | | | | |
| | 验证码： | | | | |

附图 16　电子银行回单

第 21 笔业务：结转收入、成本和费用（见附表 22）。

### 附表 22　损益类账户发生额汇总表

| 项目 | 借方 | 贷方 |
|---|---|---|
| 主营业务收入 | | |
| 主营业务成本 | | |
| 销售费用 | | |
| 管理费用 | | |

| 项目 | 借方 | 贷方 |
|---|---|---|
| 财务费用 | | |
| 所得税费用 | | |
| 合计 | | |

会计主管：　　　　　　　　　审核：　　　　　　　　　制单：

第22笔业务：提取盈余公积（见附表23）。

**附表23　利润分配计算表**

年　月　日　　　　　　　　　　　单位：元

| 项目 | 当年税后利润 | 计提比例 | 金额 | 备注 |
|---|---|---|---|---|
| | | | | |
| | | | | |
| | | | | |
| | | | | |
| | | | | |
| | | | | |
| | | | | |

会计主管：　　　　　　　　　审核：　　　　　　　　　制单：

第23笔业务：结转利润分配明细账（见附表24）。

**附表24　利润分配明细汇总表**

| 项目 | 借方 | 贷方 |
|---|---|---|
| 未分配利润 | | |
| 提取法定盈余公积 | | |
| 提取任意盈余公积 | | |
| | | |
| 合计 | | |

图书在版编目(CIP)数据

初级财务会计/朱小云主编.—2版.—成都:西南财经大学出版社,
2023.2
ISBN 978-7-5504-5377-7

Ⅰ.①初… Ⅱ.①朱… Ⅲ.①财务会计—教材 Ⅳ.①F234.4

中国国家版本馆 CIP 数据核字(2023)第 020906 号

## 初级财务会计(第二版)

主　　编　朱小云
副主编　唐　浩　伍程程　张小云　杨　春

责任编辑:李晓嵩
责任校对:王甜甜
封面设计:何东琳设计工作室
责任印制:朱曼丽

| | |
|---|---|
| 出版发行 | 西南财经大学出版社(四川省成都市光华村街55号) |
| 网　　址 | http://cbs.swufe.edu.cn |
| 电子邮件 | bookcj@swufe.edu.cn |
| 邮政编码 | 610074 |
| 电　　话 | 028-87353785 |
| 照　　排 | 四川胜翔数码印务设计有限公司 |
| 印　　刷 | 郫县犀浦印刷厂 |
| 成品尺寸 | 185mm×260mm |
| 印　　张 | 18.75 |
| 字　　数 | 408 千字 |
| 版　　次 | 2023 年 2 月第 2 版 |
| 印　　次 | 2023 年 2 月第 1 次印刷 |
| 印　　数 | 1— 3000 册 |
| 书　　号 | ISBN 978-7-5504-5377-7 |
| 定　　价 | 39.80 元 |